DEMOCRACIAS ASEDIADAS

DEMOCRACIAS ASEDIADAS

Golpes de Estado en América Latina (siglos XX y XXI)

David Díaz Arias
Werner Mackenbach
(editores)

David Díaz Arias y Werner Mackenbach (editores)
Democracias asediadas: Golpes de Estado en América Latina (siglos XX y XXI) / David Díaz Arias y Werner Mackenbach (editores). – 1a ed. –
Ciudad Autónoma de Buenos Aires: Teseo / SDL, 2024. 276 pp.
ISBN 978-1-911693-35-2
1. Golpes de Estado – América Latina. 2. Historia política – América Latina. I. Título.
CDD 980.03

DOI: 10.55778/ts911693352

Imagen de tapa: Mikey Dabro en Pexels

EBOOK

TeseoPress Design (www.teseopress.com)

Índice

Prefacio

Democracias asediadas

Mientras que el siglo XIX y, especialmente, el siglo XX en Europa pueden ser interpretados como una era de grandes guerras interestatales, suscitadas entre los Estados nación de ese continente,[1] los doscientos años de vida independiente de los Estados nación latinoamericanos, y particularmente el siglo XX, se caracterizan por la sucesión de conflictos intraestatales: guerras civiles, guerrillas, golpes de Estado y gobiernos dictatoriales-militares. Así, para 1944, de cerca de 20 países latinoamericanos, solo Uruguay, Chile, Costa Rica y Colombia tenían ciertos niveles de democracia que involucraban gobiernos civiles y elegidos por sufragio (siempre limitado), donde se permitía la competencia política y la ley era respetada en ciertos niveles, y con ella las libertades civiles. Al mismo tiempo, entre 1940 y 1954, América Latina vivió una ola de reformas democráticas. Este patrón, como lo advirtieron Leslie Bethell e Ian Roxborough,[2] se caracterizó por el desarrollo de una cierta democratización, un giro hacia políticas sociales que habían sido relacionadas con reformas de izquierda y el desarrollo de una militancia en la clase trabajadora.

---

1 Matthias von Hellfeld, *Das lange 19. Jahrhundert: Zwischen Revolution und Krieg 1776-1914* (Bonn: Dietz, J.H.W., Nachf., 2015); Geoffrey Wawro, *Warfare and Society in Europe, 1792-1914* (Londres: Routledge, 2000); Richard C. Hall, *Consumed by War: European Conflict in the 20th Century* (University Press of Kentucky, 2010).

2 Leslie Bethell e Ian Roxborough, "Introduction: the postwar conjuncture in Latin America: democracy labor, and the Left", en Leslie Bethell e Ian Roxborough (eds.), *Latin America between the Second World War and the Cold War 1944-1948* (Cambridge: Cambridge University Press, 1992), pp. 1-32.

Pero después de 1947, este breve periodo democrático se desmoronó. Los partidos comunistas fueron proscritos y reprimidos en la mayoría de países latinoamericanos; los partidos "reformistas" se movieron más hacia la derecha; los avances en las políticas sociales y democráticas fueron contenidos y, en algunos casos, lanzados hacia atrás; la clase obrera y sus sindicatos más militantes fueron perseguidos. En Brasil, el gobierno de Eurico Gaspar Dutra introdujo nuevos decretos ley para controlar a los trabajadores en marzo de 1946. En Chile, se volvió famoso el rompimiento de la huelga de transportistas de octubre de 1947 con varios muertos y con la capital bajo estado de sitio. Otras legislaciones para controlar o reprimir trabajadores se aprobaron en Cuba (primero bajo Grau en 1947 y luego con Carlos Prío Socarrás en 1948 después de las elecciones), en Costa Rica (en 1948 tras la guerra civil) y en México (el charrazo en octubre de 1948). En ese nuevo contexto, los partidos comunistas fueron purgados, perseguidos, reprimidos y declarados ilegales, como, por ejemplo, en Brasil en mayo de 1947, en Chile en abril de 1948, en Costa Rica en 1948, y en Brasil en enero de 1948 diputados comunistas fueron removidos del congreso. Los golpes de Estado se volvieron la norma: en Perú, Bustamante sufrió un golpe de Estado en octubre de 1948; en Venezuela, el trienio democrático se acabó el 24 de noviembre de 1948 e inició la dictadura de Marco Pérez Jiménez que se extendería por 10 años; en Colombia, Laureano Gómez fue derrocado en junio de 1953; en Guatemala, Jacobo Árbenz fue derrocado en junio de 1954. Para finales de 1954, había unas 11 dictaduras en América Latina (incluyendo a Guatemala, El Salvador, Honduras, Nicaragua, Panamá, Cuba, la República Dominicana, Venezuela, Colombia, Perú y Paraguay).[3]

El contexto era nuevo e inscribía a América Latina en la Guerra Fría y la intervención directa de los Estados Unidos en la región que legitimó la transición del breve periodo

---

[3]   Bethell y Roxborough, "Introduction".

democrático a la violencia. La estructura imperial de control de la región prácticamente se refrescó en estos años: en 1946 se creó el Western Hemisphere Institute for Security Cooperation (llamado Escuela de las Américas a partir de 1963), y Estados Unidos impulsó "guardias nacionales" en Haití, República Dominicana, Panamá, Guatemala, Cuba y El Salvador, lo que ya había realizado en Nicaragua desde inicios de la década de 1930. Se crearon centrales de inteligencia impulsadas por Estados Unidos en Argentina (la Secretaría de Inteligencia del Estado), en Chile (la Dirección General de Inteligencia), en Brasil (el Sistema Nacional de Informaciones), en Uruguay (la Dirección General de Información e Inteligencia), en El Salvador (la Agencia Nacional de Servicios Especiales), en Haití (la Inteligencia de Seguridad Nacional) y en Venezuela (la Dirección de Servicios de Inteligencia y Previsión). Asimismo, a mediados de 1960, se creó el Sistema Militar Centroamericano de Comunicaciones. A partir de entonces, se sucederían nuevos golpes en América Latina en el marco de la Doctrina de Seguridad Nacional.

En estas constelaciones los golpes de Estado –con la participación de importantes facciones de los aparatos de represión estatales y paraestatales y frecuentemente con la intervención de fuerzas extranjeras (en primer lugar, de Estados Unidos)– han marcado, configurado y hasta determinado la historia de numerosas naciones latinoamericanas. Además, la estrategia del golpe de Estado no se detuvo con el final de la Guerra Fría.

En 2002, el presidente venezolano Hugo Chávez enfrentó un infructuoso golpe de Estado perpetrado por la élite económica de Venezuela. En 2009, el presidente hondureño Manuel Zelaya sufrió un golpe de Estado: una noche fue puesto en un avión y sacado del país. Ese golpe convirtió a Honduras en un infierno para los líderes sociales, los grupos opositores y también para los ambientalistas durante varios meses. En los siguientes años, América Latina vivió varios momentos similares a lo ocurrido en América Central: en junio de 2012, el presidente paraguayo Fernando Lugo sufrió un golpe de Estado producido desde el Congreso; en 2016, Dilma Rousseff fue removida del poder por un *impeachment.*

Con base en estas reflexiones, el Centro Maria Sibylla Merian de Estudios Latinoamericanos Avanzados (CALAS), desde su Centro Regional Centroamérica y el Caribe afincado en el Centro de Investigaciones Históricas de la Universidad de Costa Rica, convocó a una plataforma para el diálogo que se desarrolló en diciembre de 2022 en San José, Costa Rica. El encuentro ofreció un espacio para presentar y discutir experiencias individuales, análisis académicos, posicionamientos políticos, representaciones literarias y artísticas sobre los golpes de Estado en América Latina, sus aplicaciones, sus efectos colaterales, el pensamiento económico-social que los motivó, sus impactos y sus efectos en el presente. También se propuso contribuir a una historia del concepto "golpe de Estado", sus usos y abusos y sus interrelaciones con la historia política, social y militar.

Los capítulos que integran este libro son resultado de ese encuentro. En el capítulo 1, Sofía Cortés Sequeira explora la posición política del izquierdista Partido Vanguardia Popular de Costa Rica con respecto a las propuestas de golpes de Estado en contra de dictadores en América Central y el Caribe entre 1948 y 1955 y muestra las evaluaciones que hicieron los comunistas costarricenses con respecto a esos movimientos.

En el capítulo 2, Randall Chaves Zamora estudia los conceptos de "paz" y "libertad" utilizados por el Congreso por la Libertad de la Cultura y las implicaciones y acciones de la Guerra Fría cultural en América Central, principalmente en Costa Rica en el periodo 1949-1954. Asimismo, Chaves se interesa por rastrear la composición y las tareas del Comité Nacional de Partidarios de la Paz de Costa Rica.

En el capítulo 3, basado en archivos diplomáticos bolivianos y peruanos, Alejandro Santistevan Gutti muestra los procesos de formación militar y de disputa hegemónica que llevaron a golpes de Estado en esos dos países en el periodo 1968-1971 y caracteriza esos movimientos como marcados por la derechización de las Fuerzas Armadas y los enmarca dentro de las dificultades que implicaba el enfrentamiento con Estados Unidos en la Guerra Fría latinoamericana.

En el capítulo 4, a partir de la revisión de documentos desclasificados de la Agencia Central de Inteligencia de Estados Unidos, documentos producidos por las izquierdas radicalizadas ecuatorianas, hojas volantes y la recuperación de trayectorias militantes, Sofia Lanchimba Velastegui reconstruye la relación insurgencia-contrainsurgencia y el carácter, los objetivos y la política que asumieron las dictaduras y el gobierno autoritario de León Febres Cordero en Ecuador para contener la radicalización de izquierda y la movilización social entre 1959 y 1990.

En el capítulo 5, Leonardo Astorga Sánchez analiza las razones discursivas que fueron utilizadas para justificar el derrocamiento de gobiernos civiles por parte de los militares en Chile (1973) y en Argentina (1976). Por eso, en ese texto se delimita el concepto de "seguridad", para luego adentrarse en el estudio de declaraciones, bandos y proclamas militares de aquellos golpes, con el fin de comprender cómo el honor, el deber y el sacrificio se unieron a las justificaciones en materia de seguridad planteadas por los militares.

En el capítulo 6, Malena Zunino y Rebeca Ávila realizan un análisis del género en la historiografía de la Guerra Fría de Brasil y Chile, en un intento por develar su desempeño en la movilización y sus relaciones con las dinámicas y los imaginarios de la Guerra Fría, al identificar aspectos que puedan estimular nuevas interrogantes sobre género y mujeres de derecha en la región. Ellas discuten esas obras junto a los paradigmas más recientes acerca de la latinoamericanización y la transnacionalización de la Guerra Fría, con el propósito de allanar el camino para la exploración y formulación de nuevas propuestas de investigación que propicien avances en el análisis desde la perspectiva de género.

En el capítulo 7, Carla Espósito Guevara inspecciona el golpe de Estado de Bolivia en 2019 y desarrolla un análisis detallado de los antecedentes del golpe, sus actores y los componentes políticos, simbólicos y religiosos que lo legitimaron.

El capítulo 8 constituye una entrevista de los editores de este libro al escritor salvadoreño Horacio Castellanos acerca de su novela *Tirana memoria*, publicada en 2008 y cuya trama está ambientada en el golpe de Estado de 1944 en El Salvador.

Finalmente, en el epílogo, Marcos Roitman Rosenmann disecciona las nuevas estrategias golpistas puestas en práctica en América Latina en los últimos lustros.

Los editores agradecen enormemente a las personas autoras por sus contribuciones a este libro, a los miembros de la Junta Directiva de CALAS y al personal administrativo del CIHAC-UCR, que fue fundamental en la logística del evento que dio origen a este texto, particularmente la valiosa ayuda de Isma Yaira Guillén Montero y Rosa Alvarado Brenes. Este libro ha sido posible, además, gracias al valioso apoyo del Ministerio Federal de Educación e Investigación (BMBF, Alemania).

1

Contra el golpismo
y el "aventurerismo político"

El Partido Vanguardia Popular (Costa Rica) y la Guerra Fría en el Caribe (1948-1955)

SOFÍA CORTÉS SEQUEIRA

Introducción

Este capítulo explora el posicionamiento del Partido Vanguardia Popular (PVP) de Costa Rica, frente a la intensificación de violencia política en Costa Rica, América Central y el Caribe, en el marco del inicio de la Guerra Fría en la región, en particular, en el periodo que va de la Guerra Civil de 1948 en Costa Rica hasta 1955, cuando el entonces expresidente Rafael Ángel Calderón Guardia (1940-1944), en conjunto con las fuerzas de los dictadores de Venezuela y de Nicaragua, invadió Costa Rica con el objetivo de derrocar al presidente José Figueres Ferrer (1953-1958).

El capítulo se interesa, en especial, por ubicar el debate en torno a la vía armada o la vía institucional para enfrentar a las férreas dictaduras que se consolidaron en el Caribe, así como a la persecución y violencia anticomunista tras finalizar la guerra civil en Costa Rica. Como se verá, producto de los altos niveles de autoritarismo y violencia política estatal que se profundizaron en la región desde la segunda mitad de la década de 1940, y que llevó a la organización de redes de opositores que intentaron derrocar por la vía armada a las dictaduras del área, así como de la adopción de la teoría etapista de la revolución y su política de alianzas de frentes populares, los comunistas costarricenses entraron en el debate sobre la estrategia armada o institucional para enfrentar este adverso escenario desde la década de 1940, mucho antes de la Revolución cubana y de la expansión de la llamada "nueva izquierda" en la década de 1960.

El capítulo se divide en tres apartados, en los cuales se da seguimiento a esta discusión. En el primero, se presenta un breve esbozo del desarrollo del PVP durante la década de 1940 y sus vínculos y lecturas sobre la situación política en la región centroamericana y caribeña. En el segundo, se explora el debate en torno a la vía pacífica o armada para enfrentar la persecución posterior a la guerra civil de 1948, y sus debates sobre la Legión del Caribe y la participación de Figueres en la dinámica de complots regionales. En el tercero, se da seguimiento a este debate en el contexto de la caída de Jacobo Árbenz en Guatemala y la posterior invasión a Costa Rica en 1955.

1. Contra el "aventurerismo político"

Al iniciar la década de 1940, bajo el gobierno populista de Calderón Guardia, el PVP experimentó un importante crecimiento político y electoral, basado en la expansión del movimiento obrero organizado en sindicatos comunistas, que a su vez fungieron como soporte de las principales reformas sociales impulsadas por el gobierno, que propiciaron una alianza formal entre ambas fuerzas políticas en 1943, conocida como el "Bloque de la Victoria" o "caldero-comunismo". En este contexto, en las elecciones de 1944, los comunistas se convirtieron en una importante fuerza política en la Asamblea Legislativa, cuyos diputados actuaban en bloque con la bancada de gobierno.[1]

La política de alianzas de los comunistas con el Partido Republicano Nacional (PRN) de Calderón respondió, en parte, a la aplicación local de la estrategia global de Frentes Populares y la teoría de la "revolución por etapas" promulgada por la Unión Soviética en el marco de la Segunda Guerra Mundial, que orientaba a los partidos comunistas a buscar alianzas con las fuerzas democráticas de la burguesía nacional en la lucha global en contra del fascismo. Dicha política emanó del VII Congreso del Partido Comunista de la Unión Soviética (PCUS) en 1935, espacio en el que los comunistas costarricenses participaron bajo la representación de Rodolfo Guzmán Rodríguez.[2] Esta estrategia fue acompañada, a su vez, por la divulgación de la "teoría de la revolución por etapas" y la "transición pacífica al socialismo". Esta teoría sostenía que en América Latina no había condiciones aún para emprender una revolución socialista, ya que no se había desarrollado plenamente el capitalismo moderno, sino que la región estaba en una etapa "premoderna", "feudal", oligárquica e imperialista. Por lo tanto, primero había que transitar a una etapa "democrático-burguesa", en alianza con los elementos progresistas y democráticos de las burguesías nacionales en contra de las oligarquías conservadoras, que permitiera superar la condición de atraso de la economía y política latinoamericana y las llevara a la modernidad capitalista, para después pensar en las posibilidades de una revolución socialista. Esto implicaba que los comunistas debían participar dentro de los marcos institucionales, buscando alianzas con las fuerzas democráticas de la burguesía nacional para combatir

---

1   David Díaz Arias, *Crisis social y memorias en lucha: guerra civil en Costa Rica 1940-1948* (San José: EUCR, 2015). Iván Molina Jiménez, *Los pasados de la memoria. El origen de la reforma social en Costa Rica (1938-1943)* /Heredia: EUNA, 2008).

2   Arnoldo Ferreto Segura, *Vida Militante* (San José: Editorial Presbere, 1984), p. 48.

a las "oligarquías feudales" y modernizar económicamente a sus países. La transición al socialismo no sería entonces producto de un evento violento, sino de la consecución y la secuencia natural de las etapas.[3]

Cabe destacar que las características políticas de Costa Rica, en particular la existencia de un régimen democrático y de un gobierno de corte populista, permitieron una aplicación más exitosa de la política de alianzas de Frentes Populares en la década de 1940, a diferencia del resto de América Central, donde predominaban las dictaduras y los regímenes autoritarios, que, desde la década de 1930, habían ilegalizado y perseguido ferozmente a los partidos comunistas de la región. Así, hasta 1948, el PVP era el único partido comunista centroamericano que operaba en la legalidad.[4] Dicha condición le permitió a su vez desempeñar un importante papel en la promoción y el acompañamiento de la organización del movimiento obrero en la región, en el marco de la Central de Trabajadores de América Latina (CTAL), que había sido fundada en México en 1938, bajo la presidencia de Vicente Lombardo Toledano, quien era a su vez partidario de una política de "unidad nacional" basada en una alianza entre el proletariado y la burguesía progresista.[5] En 1944 el PVP accedió a un puesto dentro del Comité Central del organismo regional, con el objetivo de colaborar en las labores de organización y apoyo al movimiento obrero de la región centroamericana.[6] Este puesto

---

[3] Eduardo Rey Tristán, "Del etapismo a la inmediatez. Debates en torno a la idea de revolución en América Latina a partir de 1959", *SÉMATA Ciencias Sociais e Humanidades*, vol. 28 (2016), 369-370.

[4] Iván Molina Jiménez, "Communist Parties of Central America", *Oxford Research Encyclopedia of Latin American History* (UK: Oxford University Press, 2014). DOI: 10.1093/acrefore/9780199366439.013.601.

[5] Horacio Crespo, "El comunismo mexicano y la lucha por la paz en los inicios de la guerra fría", *HMex lxVi*, n.º 2 (2016), pp. 659-677. Javier Mac Gregor Campuzano, "Browderismo, unidad nacional y crisis ideológica: el Partido Comunista Mexicano en la encrucijada (1940-1950)", *Revista de Ciencias Sociales y Humanidades*, n.º 36 (1995), pp. 174-176.

[6] "La posición del movimiento obrero latinoamericano frente al afrentoso dominio del imperialismo", *Trabajo*, 16 de noviembre de 1946, pp. 1-2.

fue desempeñado por Guzmán, quien fungía a su vez como secretario general de la Central de Trabajadores Costarricenses (CTCR), fundada bajo el amparo de la CTAL en 1943. Asimismo, y en buena medida gracias a su vinculación con la CTAL, a lo largo de la década de 1940, los comunistas costarricenses construyeron y profundizaron sus vínculos con la mayoría de partidos comunistas de la región.[7]

Este accionar regional se vinculaba a una lectura atenta de la realidad centroamericana, bajo los marcos del etapismo revolucionario. La dirección vanguardista consideraba, y así instruyó a su militancia, que la situación centroamericana debía ser objeto de su preocupación, en un momento en que la mayoría de los países libraban cruentas luchas en contra de la casta político-militar que ostentaba el poder desde la década de 1930. Por razones de cercanía geográfica y cultural, la lucha en contra de Anastasio Somoza en Nicaragua era una de las que más ocupaba la atención de los comunistas costarricenses. Bajo la lógica etapista y pacifista, instaron a los revolucionarios nicaragüenses a abandonar "el aventurerismo político" y los intentos de derrocar mediante expediciones armadas al dictador, para abrazar una "política realista y científica", y aprender a aprovechar las concesiones democráticas que Somoza parecía dispuesto a realizar, tales como su supuesta anuencia a no buscar la reelección, el proyecto de Ley de Código de Trabajo, la legalización del movimiento obrero y del Partido Socialista Nicaragüense (PSN), entre otras, para intentar ganar espacios en la sociedad y el sistema político, y desde ahí impulsar su democratización.[8]

Esta lectura de la realidad nicaragüense respondió a un periodo en el cual el somocismo intentó constituirse como un movimiento populista, entre 1944 y 1946, a través del impulso y la construcción de alianzas con un movimiento

---

7   Arnoldo Ferreto Segura, *Vida militante*, 50.
8   "Continúa lleno de incógnita el panorama centroamericano", *Trabajo*, 15 de setiembre de 1944, p. 3.

obrero sindical urbano, de corte oficialista. En este marco, el PSN, de corte comunista y con importantes vínculos con el PVP, optó por defender una "alianza táctica" con el régimen como vía para proteger del desarrollo del movimiento obrero y sus conquistas. No obstante, este impulso populista se agotó prontamente, entre 1947 y 1949, cuando Somoza decidió privilegiar sus alianzas con la burguesía terrateniente, descontenta con el avance en la organización sindical, y la represión por sobre los intentos de construcción de hegemonía.[9]

El conflicto nicaragüense se inscribió en una intensa dinámica que, desde finales de la década de 1930, se desarrolló en América Central y el Caribe, entre dos redes transnacionales, una de actores democráticos y la otra de actores autoritarios. Ambas redes conspiraron y actuaron una en contra de la otra a nivel regional, con el uso de los golpes de Estado, los complots y las invasiones armadas, lo que intensificó los conflictos al interior, y entre los países de la región. Lo anterior se entrelazó con la Guerra Fría y configuró lo que Nicolás Prados de Ortiz denominó como una "guerra fría caribeña", marcada por el protagonismo y los antagonismos de los actores centroamericanos y caribeños que estaban en conflicto desde la década de 1930.[10]

De acuerdo con Aaron Coy Moulton y Prados de Ortiz, en la red de fuerzas democráticas o "revolucionarias", sobresalieron los presidentes de Cuba, Carlos Prío Socarras (1948-1952), de Venezuela, Rómulo Betancourt Bello (1945-1948), de Guatemala, Juan José Arévalo Bermejo (1945-1951) y Jacobo Árbenz Guzmán (1950-1954), y de Costa Rica, José Figueres Ferrer, así como una serie

---

[9] Jeffrey L. Gould, *Orgullo amargo: el desarrollo del movimiento obrero nicaragüense (1912-1950)* (Managua: IHNCA, 1997).

[10] Nicolás Prados Ortiz de Solórzano, *Cuba in the Caribbean Cold War. Exiles, Revolutionaries and Tyrants, 1952-1959* (Oxford: Palgrave Macmillan, 2020), p. 17. Aaron Coy Moulton, "Building their own Cold War in their own backyard: the transnational, international conflicts in the greater Caribbean basin, 1944–1954", *Cold War History*, vol. 15, n.º 2 (2015), pp. 135-139.

de exiliados y opositores a las dictaduras de República Dominicana, Nicaragua, Cuba y Honduras. Mientras que la red de fuerzas "contrarrevolucionarias" o autoritarias estuvo comandada por los dictadores Marcos Pérez Jiménez (1948-1958) de Venezuela, Anastasio Somoza García (1937-1947 y 1950-1956) de Nicaragua, y Rafael Leónidas Trujillo (1930-1961) de República Dominicana, a quienes se les unieron el coronel golpista guatemalteco Carlos Castillo Armas (1954-1957) y el dictador cubano Fulgencio Batista y Zaldívar (1952-1959).[11]

A nivel regional, el triunfo de la revuelta popular en contra de la dictadura de Jorge Ubico en Guatemala se consolidó mediante un golpe cívico-militar perpetrado el 20 de octubre de 1944, encabezado por los militares Jacobo Árbenz Guzmán, Francisco Javier Arana Castro, y el político y empresario Jorge Toriello Garrido, quienes se pusieron al frente de un gobierno provisional que finalmente convocó a las primeras elecciones libres en la historia de Guatemala. Como indica Edelberto Torres Rivas, dado el fuerte conservadurismo de la política guatemalteca, dicho proceso pasó a ser conocido popularmente como "la revolución de octubre", que, protagonizada mayoritariamente por jóvenes intelectuales y de clase media de la pequeña burguesía urbana, expresaba una voluntad modernizadora de la estructura económica del país, de la institucionalidad estatal, y de apertura democrática para la emergencia de nuevos actores sociales. De acuerdo con el mismo autor, el talante reformista y las iniciativas emprendidas por el nuevo gobierno democrático, encabezado por Arévalo, fueron similares a las impulsadas en Costa Rica por Calderón Guardia.[12]

---

11 Moulton, "Building their own Cold War", pp. 135-136. Prados, *Cuba in the Caribbean Cold War*, p. 35.

12 Edelberto Torres Rivas, "Crisis y coyuntura crítica: la caída de Árbenz y los contratiempos de la revolución burguesa (1979)", *Centroamérica: entre revoluciones y democracia*, comp. Jorge Rovira Mas (Bogotá: Siglo del Hombre Editores, Clacso, 2008), p. 34. Edelberto Torres Rivas, "Contrapunto entre reforma y revolución: la democracia en Costa Rica y Guatemala (2001)",

A raíz de los sucesos guatemaltecos, Manuel Mora
Valverde, secretario general del PVP, declaró que la tarea
principal de su partido era colaborar con todas las fuerzas
democráticas del istmo para democratizar la región y avanzar hacia una transformación "realista" de sus sociedades.
Consideraba que el destino de Costa Rica estaba ligado al de
América Central, ya que, si en la región predominaban los
gobiernos autoritarios, entonces todas las políticas sociales
recién conquistadas en la administración Calderón Guardia
correrían peligro, porque, con el pretexto del anticomunismo, los dictadores podían intentar agredir y desestabilizar
al país, al cual veían como una amenaza para sus intereses.[13]

En este escenario, Mora realizó un llamado a las fuerzas
obreras de la región a encarar la política centroamericana
sin romanticismo, con un profundo sentido de responsabilidad y alejándose de todo lo que oliera a "idealidades
vacuas". Así, la táctica de las fuerzas democráticas en contextos de gobiernos autoritarios debía consistir en utilizar
"todas las rendijas a su alcance" para trabajar dentro de ellos
y en contacto con las masas populares por construir gobiernos democráticos, o para intentar orientar a los gobiernos
existentes hacia la democracia. Por esto, rechazó y condenó
tajantemente a quienes aún consideraban el uso de la violencia mediante "invasiones descabelladas" en contra de las
dictaduras de la región.[14]

En este mismo sentido, luego de que, en marzo de 1945,
Arévalo asumiera la presidencia en Guatemala, los comunistas costarricenses advirtieron a las fuerzas que comba-
tían a las dictaduras de Nicaragua, Honduras y El Salvador

Centroamérica: entre revoluciones y democracia, comp. Jorge Rovira Mas (Bogotá: Siglo del Hombre Editores, Clacso, 2008), pp. 227-229.

[13] "Informe sobre política nacional e internacional rendido por el c. Manuel
Mora en el reciente Pleno del Comité Nacional de Vanguardia Popular",
Trabajo, 17 de marzo de 1945, p. 3.

[14] "Informe sobre política nacional e internacional rendido por el c. Manuel
Mora en el reciente Pleno del Comité Nacional de Vanguardia Popular",
Trabajo, 17 de marzo de 1945, p. 3.

para que no pretendieran utilizar a las democracias de Costa Rica y Guatemala como "trampolines para lanzar sobre sus países románticas expediciones armadas", estrategia que, según su criterio, ya estaba obsoleta. Asimismo, recalcaron que tenían que abandonar las posiciones del "todo o nada", y aprender a aprovechar los portillos que ofreciera la dictadura, ya fuera libertad de prensa, de reunión, etc., para ensanchar las posibilidades democráticas para sus respectivos pueblos. Aclararon que con esto no instaban a una "capitulación" frente a las dictaduras, sino a aprender a aprovechar a su favor cada concesión que estas hicieran, por más mínima que fuera, para conseguir mejoras sociales, en lugar de perder el tiempo "en la emigración ideando fantásticos complots". Finalmente sentenciaron con amargura: "Hay que decir con franqueza que la tendencia conspirativa se ha convertido en una especie de enfermedad centroamericana, y que deben comprenderlo para que puedan realizar algo positivo para sus respectivos pueblos".[15]

Así, al igual que la mayoría de partidos comunistas latinoamericanos, el PVP utilizó las teorías de la transición pacífica al socialismo y la revolución por etapas como marcos de referencia para interpretar la realidad política centroamericana y caribeña, y de ahí construir sus estrategias de acción, lo que les llevó a condenar tempranamente la vía armada que otros sectores revolucionarios, como los que se organizaron en la Legión del Caribe desde 1944, llevaron adelante para combatir a las férreas dictaduras de la región, que, lejos de abrir portillos para la participación democrática, los cerraban cada vez más.

En este sentido, el final de la Segunda Guerra Mundial y el inicio de la Guerra Fría, a nivel regional y nacional, marcó una intensificación de la violencia política en contra de los comunistas y de las fuerzas democráticas latinoamericanas, y fortaleció a los elementos más conservadores y

---

15 "Nueva democracia de Guatemala es una conquista para los pueblos centroamericanos", *Trabajo*, 24 de marzo de 1945, p. 4.

autoritarios,[16] lo que configuró un escenario político, social y cultural que chocó de frente con las posibilidades reales de implementar con éxito las teorías y estrategias soviéticas para la región. Como indica Torres Rivas, al analizar la Guatemala democrática de 1944 a 1954, la lectura del contexto y las estrategias emanadas del etapismo soviético no les permitió a las fuerzas comunistas comprender el comportamiento real de las burguesías de la región en este periodo, ni adecuar sus estrategias o políticas de alianzas a una realidad adversa a su existencia institucional.[17]

2. Guerra, persecución y lucha pacífica por la legalidad

La guerra civil de 1948 y la victoria de las fuerzas insurrectas en contra del gobierno de Teodoro Picado Michalsky (1944-1948) marcaron la inserción de Costa Rica dentro de los nuevos marcos del conflicto de la Guerra Fría. Tanto la guerra y la posguerra estuvieron caracterizadas por una fuerte violencia anticomunista. Asimismo, fue el primer conflicto centroamericano en el cual el gobierno de los Estados Unidos apoyó el derrocamiento de un gobierno democrático por la única razón de su alianza con los comunistas locales.[18] Tras la derrota militar en abril de 1948, el PVP y sus sindicatos fueron ilegalizados, sus miembros perseguidos, exiliados, procesados y encarcelados, y varios de sus dirigentes fueron asesinados de manera extrajudicial

---

[16] Vanni Pettinà, "América Central y la Guerra Fría, apuntes para una historia", *E.I.A.L.* 30, n.º 1 (2019), pp. 13-42.

[17] Torres, "Crisis y coyuntura crítica", pp. 62-63.

[18] David Díaz Arias, "La temprana Guerra Fría en Centroamérica: Nathaniel P. Davis, los Estados Unidos y la Guerra Civil del 1948 en Costa Rica", *OPSIS* 14, número especial (2014), pp. 18-37. Kyle Longley, "Peaceful Costa Rica, the First Battleground: The United States and the Costa Rican Revolution of 1948", *The Americas*, vol. 50, n.º 2 (1993), pp. 149-175.

en mayo y diciembre de 1948.[19] La guerra marcó el final de las posibilidades reales de volver a aplicar la estrategia de alianzas de frentes populares en Costa Rica en la segunda mitad del siglo XX.

Asimismo, la guerra costarricense fue un escenario más de la disputa entre fuerzas democráticas y autoritarias en la región. La alianza de José Figueres Ferrer con la Legión del Caribe fue uno de los principales factores que pesaron en la victoria de las fuerzas insurrectas en contra del gobierno de Picado y de los comunistas. Ese apoyo le permitió a Figueres contar con un amplio contingente de armas, de combatientes experimentados, y de financiamiento. Por el carácter colindante de Costa Rica con respecto a la Nicaragua de Somoza, con quien tanto Picado como Calderón mantenían buenas relaciones, el país fue visto por la Legión como un objetivo relevante para, desde ahí, operar y alcanzar una de sus principales metas: derrocar a la dictadura somocista. Como indican Moulton, María Colores Ferrero y Matilde Eiroa, la participación de la Legión del Caribe en la guerra civil de 1948 fue su acción regional más importante y exitosa. El apoyo de Arévalo desde Guatemala para enviar hombres, armas y financiamiento fue fundamental.[20]

La Legión del Caribe era la principal red regional de exiliados y políticos centroamericanos y caribeños que operaba en contra de las principales dictaduras del área. Se fundó hacia 1944, en Colombia, cuando el expresidente liberal Eduardo Santos se reunió con exiliados dominicanos y nicaragüenses, y acordó financiar y apoyar su lucha en contra de los regímenes autoritarios de Somoza y Trujillo, que conspiraban contra él en conjunto con la extrema derecha colombiana. Entre los principales dirigentes de esta red, sobresalieron los exiliados dominicanos Juan Rodríguez,

---

19 Silvia Elena Molina Vargas, "La violencia política contra los comunistas tras la guerra civil en Costa Rica (1948-1949)", *Cuadernos Intercambio sobre Centroamérica y el Caribe*, vol. 15, n.º 1 (abril-setiembre, 2018), pp. 133-158.

20 Moulton, "Building their own Cold War", pp. 147-148.

Miguel Ángel Ramírez y Horacio Ornes, el hondureño Jorge Ribas Montes, y el cubano Eufemio Fernández, así como los presidentes Prío Socarras, Betancourt, Arévalo, Árbenz y Figueres.[21]

De acuerdo con Prados Ortiz, si bien la Legión no tuvo una estructura o un cuerpo ideológico definido, varios de los principales partidos a los cuales se adscribían sus miembros en sus lugares de origen, tales como el Partido Revolucionario Cubano Auténtico (Cuba), el Partido Acción Democrática (Venezuela) o el Partido Liberación Nacional (Costa Rica), profesaban un ideario que podría calificarse como "nacional populista" que combinaba elementos programáticos de las izquierdas con el anticomunismo, y el internacionalismo, lo que les permitió elaborar una crítica moderada a las relaciones de dominación ejercidas por el imperialismo estadounidense a la región, al mismo tiempo que se posicionaban al lado de la potencia. Su principal público meta fueron las clases medias, y el tipo de discurso y programas políticos que elaboraron los colocó como firmes competidores de las izquierdas comunistas por su influencia en la clase obrera, una dinámica en la cual desarrollaron relaciones tanto de confrontación como de colaboración. En esta diversidad, a los legionarios los unió el objetivo común de conseguir regímenes democráticos y acabar con las dictaduras del Caribe.[22] Por su parte, Moulton precisa que el ideario antitotalitario de la Legión se desarrolló en el marco de la lucha global contra el fascismo de la primera mitad de la década de 1940, el cual vincularon a su propia lucha en contra de las dictaduras del área.[23]

Somoza y Trujillo interpretaron los sucesos en Costa Rica como una muestra del peligro rebelde en la región. Derrocar a los gobiernos de Guatemala y de Costa Rica se

---

[21] Aaron Coy Moulton, "Militant Roots: The Anti-Fascist Left in the Caribbean Basin, 1945-1954", *E.I.A.L.*, vol. 28, n.º 2 (2017), pp. 15-16. Prados, *Cuba in the Caribbean Cold War*, pp. 22-26.

[22] Prados, *Cuba in the Caribbean Cold War*, pp. 22-26.

[23] Moulton, "Militant Roots", pp. 15-16.

volvió un objetivo de primer orden para los dictadores, ya que los veían como las principales plataformas de operación de la Legión del Caribe. Para esto, apoyaron la fallida invasión de los exiliados costarricenses desde Nicaragua, liderados por el expresidente Calderón Guardia, para derrocar a Figueres en diciembre de 1948.[24]

El PVP, como fuerza aliada de los gobiernos de Calderón y de Picado, combatió militarmente en contra de las fuerzas de Figueres en la guerra civil de 1948, principalmente para defender las garantías sociales, así como la seguridad y la existencia de su partido. Es decir, su participación tuvo un carácter defensivo. Las mal armadas e improvisadas milicias comunistas fueron derrotadas por la superioridad militar de los combatientes de la Legión, y, tras el final de la guerra, comenzó un intenso periodo de represión y violencia política en su contra. Entre 1948 y 1949, sus dirigentes pasaron la mayor parte del tiempo en prisión.[25]

En junio de 1950, ya con la mayoría de sus dirigentes en libertad, el PVP realizó en la clandestinidad su VII Congreso Nacional con el objetivo de deliberar sobre su situación y la estrategia que habrían de seguir para poder sobrevivir en el nuevo escenario político. En su informe a ese congreso, Arnoldo Ferreto Segura, quien fungía como secretario general desde mayo de 1948 tras el exilio de Mora, reafirmó que, a pesar del estatus de ilegalidad en el que cayeron desde el final de la guerra, el partido defendía la tesis de transitar hacia la restauración del orden democrático por la vía pacífica, de abrir cauces legales para las luchas y las organizaciones populares, y de, en general, "forzar la legalidad".[26]

---

24 Moulton, "Building their own Cold War", pp. 147-148.
25 Díaz, *Crisis social*, pp. 231-234. Central de Inteligencia Americana, Information Report. Subject: Communist Participation in Costa Rican Civil Strife, 23 de marzo de 1948, CIA-RDP82-00457R001400200004-4, acceso el 17 de febrero de 2023. En t.ly/DRCiY.
26 Ferreto, *Vida Militante*, pp. 142-146.

No obstante, los comunistas costarricenses reconocieron que no todos sus militantes compartían esta estrategia, y que habían visto florecer luego de la derrota de 1948 una tendencia "aventurerista", promovida por los calderonistas exiliados en Nicaragua, que buscaron derrocar mediante una incursión militar al gobierno de Figueres, y que había encontrado importantes apoyos entre las bases del PVP, por lo que aún luchaban en contra de esta tendencia a lo interno. Ferreto indicó que la estrategia calderonista se basaba en la falsa ilusión de un apoyo contundente de Somoza para derrocar al gobierno costarricense, y reafirmó que los comunistas por principios debían estar en contra del aventurerismo, el "putchismo" y el terrorismo, ya que un cambio democrático real y profundo únicamente podía provenir de un amplio y consciente movimiento de masas.[27] De esta manera, una vez en la ilegalidad, y tras el final de la guerra, los comunistas costarricenses rechazaron el uso de la violencia y asumieron la lucha pacífica para combatir y resistir la violencia que se ejercía en su contra, y para intentar abrir nuevos cauces legales y democráticos para su participación política.

Ferreto también advirtió del peligro que representaba "la línea aventurera" de Figueres y un eventual movimiento subversivo en contra del gobierno de Otilio Ulate Blanco (1949-1953), en la medida en que el primero aún conservaba un importante arsenal en su finca La Lucha, así como "fichas" en los ministerios Seguridad Pública y Gobernación. En este escenario aseguró que, aunque pareciera una paradoja, a pesar de ser oposición al gobierno de Ulate, los comunistas serían los primeros en defender la estabilidad y el orden constitucional ante cualquier intento desestabilizador por parte de Figueres.[28]

Si bien Figueres no tenía planes para agredir al gobierno de Ulate, sus compromisos regionales con la Legión del

---

[27] Ferreto, *Vida Militante*, pp. 142-146.
[28] Ferreto, *Vida Militante*, 151-153.

Caribe eran una fuente de preocupación e inestabilidad interna, especialmente su compromiso de apoyar una incursión armada en contra de Somoza. Hacia 1949, en aras de sumar apoyos entre los sectores políticos nacionales y de ganar la confianza de los Estados Unidos hacia su figura, Figueres decidió romper su compromiso con la Legión y desistir momentáneamente de apoyar cualquier intento de invasión a Nicaragua. Esto provocó un distanciamiento entre el liberacionista y un sector de los legionarios, pero no implicó el final de la Legión del Caribe, ni de la actividad conspirativa de Figueres en la región.[29]

En este marco el PVP realizó una valoración crítica de la Conferencia Interamericana por la Democracia y Libertad, llevada a cabo en mayo de 1950 en La Habana, que contó con la participación de varios costarricenses, incluido Figueres, quienes viajaron en un avión financiado por el gobierno de Prío Socarrás. Los vanguardistas creían que ese espacio tenía el objetivo real de coordinar acciones regionales para derrocar a las dictaduras de Trujillo, Somoza, Gálvez y Pérez Jiménez y a la junta militar salvadoreña, y convertir a Costa Rica en "un teatro centroamericano de operaciones". Temían que para esto Figueres se dispusiera a derrocar a Ulate, y asegurarse así poder operar libremente desde el país, declararle la guerra a Nicaragua y comandar un ejército conjunto para la liberación del Caribe, con armas y aviones que vendrían desde Cuba.[30]

Los comunistas aclararon que, aunque también adversaban a los dictadores de la región, esta estrategia únicamente llevaría a "una gran tragedia centroamericana" y a una ocupación norteamericana que le daría la oportunidad perfecta al ejército estadounidense para "restaurar el orden"

---

29 Moulton, "Building their own Cold War", pp. 153-154. Prados, *Cuba in the Caribbean Cold War, 17.* Moulton, "Militant Roots", pp. 15-16.

30 Central de Inteligencia Americana, Subject: Inter-American Conference for Democracy and Freedom, 20 de junio de 1950. CIA-RDP82-00457R005000550004-6, acceso el 17 de febrero de 2023. En t.ly/DRCiY.

en la zona canalera. Nuevamente reafirmaron que "tales aventuras" únicamente le eran funcionales a los intereses del imperialismo yanqui, a los terratenientes y a los capitalistas reaccionarios, por lo que sospechaban que, en última instancia, y dada la cercanía de Figueres, Prío Socarrás y Betancourt con "la diplomacia yanqui", era el Departamento de Estado el que estaba detrás de esa conferencia regional. Por su parte, reafirmaron que su partido continuaría aspirando a la acción revolucionaria de las masas para derrocar a las dictaduras y a su principal sostén, el imperialismo yanqui, y no a invasiones o golpes de Estado.[31]

Si bien esa dicha conferencia no era un espacio en sí mismo pensado para idear complots armados, sí era una iniciativa desplegada por los Estados Unidos en el marco de la "guerra fría cultural", destinada a agrupar intelectuales progresistas de la izquierda no comunista que se adscribían a la llamada "tercera vía". Estos proponían una política de contención al avance de la influencia comunista a partir del reforzamiento de las democracias liberales, y se mostraron contrarios al totalitarismo y al intervencionismo estadounidense como principal sostén de las dictaduras del área.[32]

A lo largo de la década de 1950, la actividad regional conspirativa de Figueres dentro de la Legión del Caribe fue una constante fuente de conflictos e inestabilidad política.[33] Tras el derrocamiento de Betancourt en Venezuela en 1948 y de Prío Socarrás en Cuba en 1952, los miembros de la red

---

[31] Central de Inteligencia Americana, Subject: Inter-American Conference for Democracy and Freedom, 20 de junio de 1950. CIA-RDP82-00457R005000550004-6, acceso el 17 de febrero de 2023. En t.ly/DRCiY.

[32] Karina Jannello, "Semánticas de la guerra fría cultural. Las izquierdas democráticas latinoamericanas frente a la 'cruzada por la libertad'", *Prismas*, vol. 23, n.º 2 (2019), p. 220.

[33] Kirk Bowman, "¿Fue el compromiso y consenso de las élites lo que llevó a la consolidación democrática en Costa Rica? Evidencias de la década de 1950", *Revista de Historia*, n.º 41 (2000), pp. 91-127. Alexia Ugalde Quesada, "En el fondo el olvido es un gran simulacro. Violencia política en la posguerra costarricense (1948-1958)", Tesis de Maestría Académica en Historia, Universidad de Costa Rica, 2017.

operaron incesantemente para derrocar a las dictaduras de esos dos países.[34]

El golpe perpetrado por Batista en contra de Prío Socarrás fue interpretado por los comunistas como un ejemplo más de que los "cuartelazos" no eran la vía para lograr superar un mal gobierno, como consideraban al de Prío. Según su criterio, el golpe de Batista había evitado la acción popular a través de las elecciones que iban a celebrarse en junio, donde correspondía manifestar el repudio generalizado a Prío Socarrás. Ahora, por la vía del cuartelazo, se había instalado una dictadura, y se había eliminado la democracia. Desde ese momento, y dada la cercanía del PVP con el Partido Socialista Popular de Cuba, dieron seguimiento a la lucha en contra del régimen de Batista.[35]

En octubre de 1952, tras una denuncia publicada en el diario *La Nación* sobre el aumento en la importación de armas al país, los vanguardistas vincularon esta información con los rumores sobre la existencia de un tráfico de armas en la región destinado a "promover aventuras armadas", a cargo de Figueres y de Betancourt, quien se encontraba como asilado político en Costa Rica. Los comunistas criticaron que esto les daba a los gobiernos de Venezuela, Nicaragua, República Dominicana, Cuba y Colombia un fundado interés en interferir en la política costarricense, y, a pesar de que no tenían derecho alguno, su intervención sería inevitable si liderazgos locales como Figueres estaban "complicados en aventuras internacionales", de las cuales las instituciones democráticas nunca salían bien paradas.[36]

Los vanguardistas llamaron a retirarle el estatus de refugiado a Betancourt, ya que sus actividades comprometían la seguridad nacional, a la vez que criticaron que su línea

---

34 Prados, *Cuba in the Caribbean Cold War*, pp. 17-42.

35 "Una vez más la historia demuestra que no es a cuartelazos, sino mediante la acción de las masas populares, que se avanza en el camino de la verdadera democracia", *Adelante*, 6 de julio de 1952, p. 3.

36 "¿Quiénes son los que están importando armas?", *Adelante*, 26 de octubre de 1952, p. 2.

política "aventurera" y anticomunista impedía la unidad de las fuerzas democráticas en contra de la dictadura de Pérez Jiménez, y que engañaba al pueblo venezolano haciéndole creer en la posibilidad de instaurar la democracia mediante un golpe de Estado organizado desde el exterior, lo que llevaba a la inacción y a la inmovilización de los sectores populares.[37]

Asimismo, criticaron vehemente la llamada "tercera línea" que adscribían tanto Figueres como Betancourt y que consistía en presentarse falsa y públicamente como antiimperialistas y nacionalistas "estratégicos" que intentaban ganarle la partida y "engañar" a los norteamericanos jugando con sus reglas "desde adentro". Los vanguardistas juzgaron de ingenua y de oportunista esta tesis, ya que consideraban imposible engañar al Departamento de Estado y a las compañías norteamericanas, a quienes Figueres y Betancourt nunca criticaban abiertamente "por estrategia", mientras que los norteamericanos fungían como el principal soporte político y económico de los regímenes dictatoriales que estos decían combatir. Así, para los vanguardistas el antiimperialismo y el nacionalismo de ambos se quedaban en la pura demagogia, y era utilizado solo para ganar el apoyo de los sectores populares a través del engaño. Por esto, advirtieron que esta postura era más peligrosa que el imperialismo abierto y explícito, ya que conducía al "engaño" de que el imperialismo podía ser derrotado "por las artimañas de los líderes", y no por la acción consciente y organizada de las masas.[38]

Los comunistas costarricenses señalaron con preocupación que Betancourt tenía un gran peso en Figueres y su línea política, y pensaban que su plan era convertir a Costa Rica en una "plaza de armas" para invadir a Venezuela y a

---

[37] "¿Quiénes son los que están importando armas?", *Adelante*, 26 de octubre de 1952, p. 2.

[38] "Comentarios al libro de Rosendo Argüello *¿Cómo y Quiénes Nos Traicionaron?*", *Adelante*, 2 de noviembre de 1952, p. 4.

Cuba. En este estado de cosas, si Figueres llegaba a ganar las elecciones presidenciales de 1953, tal como lo tenía planeado, el mayor peligro era que involucrara al país en "aventuras internacionales", producto de su "mente mesiánica".[39] Una vez más reiteraron que la única opción para reconquistar la democracia en Venezuela, y en cualquier otro país de la región, era construir un amplio movimiento de masas que consiguiera en las calles del país su liberación nacional.[40]

Mientras tanto en Cuba, en julio de 1953, se produjo una importante acción armada en contra de los cuarteles militares en Santiago y Bayamo por parte de un grupo de jóvenes encabezado por Fidel Castro. Tras el fracaso de la acción, se incrementó la represión por parte del régimen de Batista. Los vanguardistas denunciaron la ola de terror desatada por la dictadura, y manifestaron su solidaridad con el pueblo cubano. Lamentaron que esa "aventura descabellada" fuera producto, a su criterio, de la "desesperación de los elementos que participaron en él", quienes prefirieron jugarse la vida en lugar de seguir soportando la dictadura. Asimismo, utilizaron esta acción con un propósito aleccionador sobre los peligros de la línea "aventurera", al advertir que, si bien la intención de los alzados no era esa, su acción únicamente sirvió para que la dictadura suprimiera "los pocos márgenes de libertad que quedaban" y justificara el aumento en la represión. En esta misma línea, salvaron la responsabilidad del Partido Socialista Popular, su homólogo comunista, y rescataron que este había "condenado en todos los tonos la tendencia golpista de otros partidos".[41] Por su parte, las organizaciones comunistas como la Federación Obrera Bananera, la CGTC, el Comité Nacional de Partidarios de la Paz, y la Alianza de Mujeres Costarricenses, enviaron comunicados y pronunciamientos en solidaridad

---

39 "Betancourt es el principal aliado de la dictadura de Pérez Jiménez", *Adelante*, 30 de noviembre de 1952, p. 5.
40 "Pérez Jiménez y Betancourt derrotados en Venezuela", *Adelante*, 14 de marzo de 1953, p. 8.
41 "Ola de terror desata Batista", *Adelante*, 16 de agosto de 1953, p. 1.

con los dirigentes sociales y obreros cubanos presos y perseguidos por la dictadura.[42]

Figueres ganó de forma holgada las elecciones presidenciales de 1953 y, en noviembre de ese año, dio inicio a su mandato. A pesar de que el liberacionista fue su adversario en la guerra civil y presidió la junta de gobierno que ilegalizó y persiguió a su partido y a sus sindicatos, los comunistas decidieron darle un voto de confianza al nuevo gobierno. Declararon que, si el nuevo presidente respetaba el orden constitucional, desarrollaba una política de tolerancia y de justicia social y se disponía a "poner en cintura" a las compañías extranjeras (especialmente a la United Fruit Company, con la cual se negociaba un nuevo contrato bananero), entonces contaría con el apoyo del pueblo costarricense. Únicamente se opondrían a aquellas medidas que consideraran perjudiciales para el pueblo, o antidemocráticas.[43]

Pero Figueres se involucró en el apoyo a las acciones armadas en contra del régimen de Batista, colaboración que tomaría fuerza luego de que, en 1954, las fuerzas de Prío Socarrás iniciaran diálogos en México con los exiliados por el asalto al cuartel Moncada, para conjuntar fuerzas en la lucha contra Batista, lo que posibilitó la vinculación y coordinación de las fuerzas de Fidel Castro con la Legión del Caribe.[44]

---

[42] "Panorama Internacional. Cuba", *Adelante*, 23 de agosto de 1953, p. 4. "Toma cuerpo el movimiento de solidaridad con los dirigentes demócratas cubanos", *Adelante*, 23 de agosto de 1953, p. 8. "Batista trata de legalizar la detención de Juan Marinello, Blas Roca y otros", *Adelante*, 6 de setiembre de 1953, p. 7.

[43] "¿Por qué camino marchará el Nuevo Gobierno?", *Adelante*, 1 de noviembre de 1953, p. 2.

[44] Prados, *Cuba in the Caribbean Cold War*, p. 40.

3. El derrocamiento de Árbenz y la invasión somocista (1954-1955)

Cuando Figueres asumió el poder en noviembre de 1953, los planes regionales para derrocar al gobierno democrático de Árbenz en Guatemala ya estaban en marcha. Desde la promulgación de la Reforma Agraria en 1952, los comunistas costarricenses venían advirtiendo sobre la inminente agresión que los dictadores del área y el Departamento de Estado planeaban en contra del gobierno guatemalteco, al que calificaron como un fiel y exitoso representante de las bondades de la revolución democrático-burguesa, acorde con la teoría etapista.[45] La llegada de Figueres al gobierno de Costa Rica puso al país una vez más en la mira de los dictadores, especialmente de Somoza y de Pérez Jiménez.[46]

A raíz de una serie de detenciones en el país por tráfico de armas que, supuestamente, iban a ser utilizadas para atentar contra Somoza, los vanguardistas enfatizaron una vez más que la democracia ni en Nicaragua ni en ningún país de la región iba a llegar como producto de un golpe de Estado. Por el contrario, esta era la herramienta predilecta de dictadores y tiranos. Acusaron que las tendencias "putchsitas" eran la causa fundamental del fracaso de la lucha de los grupos de la oposición en contra de las dictaduras, y que únicamente servían para hacerles el juego a los dictadores, ya que les permitía aumentar y justificar la represión en contra de los pueblos.[47]

En efecto, en abril de 1954, se concretó un fallido intento de asesinato en contra de Somoza, en el cual tanto Figueres como otros miembros de la Legión del Caribe

---

45 Sofía Cortés Sequeira, "El comunismo costarricense, Árbenz y la reforma agraria (1951-1954)", *Revista Meridional*, en prensa.

46 Moulton, "Building their own Cold War", pp. 149-150.

47 "La Revolución no vendrá en Nicaragua como producto de un Putch", *Adelante*, 31 de enero de 1954, p. 7.

habrían participado como actores intelectuales.[48] Los vanguardistas, si bien reiteraron su oposición a la estrategia golpista emprendida por "grupos aislados" de las masas, manifestaron su respeto hacia quienes habían emprendido tal sacrificio, aunque este había sido en vano.[49] No obstante, hicieron la salvedad de que, si el movimiento lograba cambiar su composición actual y atraer el apoyo de las masas, se abriría la posibilidad de un triunfo, ya que únicamente un amplio movimiento de masas podía vencer a la dictadura. Según su criterio, esto solo se lograría con la construcción y el impulso de un programa que satisficiera las necesidades del pueblo. Consideraban que la sola consigna de la caída de Somoza era insuficiente; debía lucharse también por el acceso a la tierra, por el pan y en contra del dominio imperialista. Era, en este aspecto programático, que todos los movimientos habían fracasado, desde Sandino hasta la oposición conservadora. Finalmente, sentenciaron que, "mientras los Chamorro y los Cuadra" (líderes conservadores) dirigieran el movimiento, esa rectificación no sería posible. [50]

La reacción somocista no se hizo esperar, y el dictador señaló al presidente Figueres como uno de los principales autores intelectuales del atentado, a la vez que, junto con Pérez Jiménez, intensificó los operativos para lograr derrocar al gobierno costarricense.[51] La agresiva reacción de los dictadores en contra de Figueres puso en estado de alarma a los vanguardistas, quienes denunciaron la irresponsabilidad del mandatario costarricense por poner el país en

---

[48] Moulton, "Militant Roots", pp. 22-23. Prados, *Cuba in the Caribbean Cold War*, p. 39.

[49] "Ante los sucesos de Nicaragua. No creemos que las dictaduras se derroquen, y se instauren democracia, por acción de grupos aislados", *Adelante*, 11 de abril de 1954, p. 1.

[50] "La revolución en Nicaragua requiere un Programa Democrático, Agrario y Antimperialista", *Adelante*, 18 de abril de 1954, p. 1.

[51] Central de Inteligencia Americana, Current Intelligence Bulletin, Office of Current Intelligence, 15 de abril de 1954, CURRENT INTELLIGENCE BULL [15689684], acceso el 17 de febrero de 2023. En t.ly/DRCiY.

riesgo al prestar apoyo a los complotados nicaragüenses. La alerta aumentó tras el desembarco de tropas venezolanas en Panamá, movilizadas por Pérez Jiménez. Los comunistas condenaron entonces el que este o cualquier otro gobierno pusiera en riesgo la soberanía, la seguridad y la paz del país por prestar apoyo a grupos que promovían golpes de Estado y complots en contra de países vecinos. Reafirmaron que la democracia no era un artículo de exportación, sino que era una conquista de cada pueblo, que se debía luchar por ella "sin interferencias extrañas", y de que la solidaridad internacional no debía consistir en apoyar a grupos conspirativos. Finalmente, y al margen de sus críticas a Figueres, los comunistas costarricenses hicieron un llamado a todos los sectores nacionales a deponer sus diferencias y a rechazar de forma unánime las amenazas de agresión en contra del país por parte de los dictadores.[52]

Durante el desfile del 1 de mayo de 1953, el secretario general de la Central General de Trabajadores Costarricenses, Rodolfo Guzmán, alertó sobre el peligro para el movimiento obrero y para las instituciones democráticas del país de una eventual invasión de Somoza o de Pérez Jiménez, a la vez que afirmó que, en ese escenario, llamarían a la unidad en la defensa de la soberanía nacional. A su vez, criticó que ni el gobierno ni sus funcionarios debían intervenir en "aventuras putchistas" en América Central, como también manifestó lo siguiente:

> Los costarricenses no podemos hacernos cargo de la pesada cruz de redentores de otros pueblos. Estamos contra los regímenes de tiranía que agobian a muchos países del Caribe, pero deben ser los propios pueblos los que deben ajustar las cuentas a sus respectivos sistemas políticos de opresión.[53]

---

52 "La paz en Centro América y la integridad nacional están gravemente amenazadas", *Adelante*, 25 de abril de 1954, p. 2.
53 "Jornada antimperialista y por la paz fue la celebración del 1 de Mayo en todo el país", *Adelante*, 9 de mayo de 1953, p. 1.

El PVP aclaró que su llamado a la unidad nacional no implicaba una adhesión a Figueres, sino una defensa de la soberanía nacional, ya que sería todo el pueblo costarricense el que sufriría las consecuencias de una eventual invasión somocista, asunto sobre el cual, según los vanguardistas, Figueres nunca se había detenido a pensar, ya que nunca le había consultado al pueblo antes de emprender sus aventuras en la región. Asimismo, calificaron las amenazas somocistas como un chantaje en contra de Costa Rica para que el país se plegara a los planes estadounidenses para derrocar a Árbenz, ya que Figueres había optado por la resistencia diplomática. Finalmente, llamaron al presidente a dejar de perseguir a los trabajadores y a practicar una política unitaria para enfrentar las amenazas externas.[54]

En junio de 1954, un golpe de Estado apoyado por los Estados Unidos, en conjunto con los dictadores de América Central y el Caribe, derrocó finalmente al gobierno democrático de Jacobo Árbenz en Guatemala y dio inicio a una feroz masacre en contra del pueblo guatemalteco y sus organizaciones sociales.[55] Si bien la caída de Árbenz era un peligro que los comunistas costarricenses habían vislumbrado desde la promulgación de la Reforma Agraria en 1952, su consumación causó un gran impacto en sus filas.[56] Los vanguardistas denunciaron que, en adelante, en América Central, para los Estados Unidos y la oligarquía reaccionaria, quien fuera patriota sería comunista, y moriría "frente al paredón".[57] Para estos, la traición por parte de los altos mandos del ejército y la debilidad y el poco desarrollo del movimiento obrero organizado fueron los principales factores que provocaron la caída final de Árbenz.[58]

---

[54] "Los comunistas somos antifigueristas", *Adelante*, 23 de mayo de 1954, p. 1. "Las amenazas de Somoza son presión imperialista para alinear a Costa Rica contra Guatemala", *Adelante*, 30 de mayo de 1954, p. 3.

[55] Moulton, "Building their own Cold War".

[56] Sofía Cortés Sequeira, "El comunismo costarricense".

[57] "El pueblo de Guatemala no ha caído", *Adelante*, 4 de julio de 1954, p. 2.

[58] "¿Pudo evitarse la caída de Arbenz", *Adelante*, 11 de julio de 1954, p. 3.

Tras el golpe en Guatemala, los rumores sobre una eventual invasión somocista a Costa Rica aumentaron. En efecto, tras la caída de Árbenz, Pérez Jiménez y Somoza siguieron operando para lograr derrocar a Figueres en Costa Rica, en coordinación con la oposición calderonista en el exilio. No obstante, a diferencia del caso guatemalteco, los Estados Unidos no dieron el visto bueno a una agresión en contra de Costa Rica, a quien consideraban un aliado estratégico en la región.[59]

En junio de 1954, un avión de la fuerza aérea venezolana voló sobre San José dejando caer panfletos en contra de Figueres y de Betancourt, y en julio se produjeron pequeños ataques vandálicos de grupos de exiliados calderonistas en poblados rurales, como en Vara Blanca y Sarapiquí. Luego de la acción de la aviación venezolana, Betancourt abandonó el país.[60] Asimismo, se hizo de conocimiento público la participación de exiliados calderonistas en el ejército invasor de Castillo Armas en Guatemala.[61]

Tras la caída de la democracia guatemalteca, diversos grupos de exiliados políticos y guatemaltecos que huían de la represión del régimen de Castillo Armas encontraron asilo en Costa Rica. Esto hizo que los dictadores afirmaran con más ímpetu que la Costa Rica de Figueres se había convertido en un centro de conspiración comunista.[62] No obstante, en razón del apoyo estratégico de los Estados Unidos a Figueres, aún en julio de 1954 los comunistas no daban crédito a la posibilidad de una agresión somocista en contra de Costa Rica. Consideraban a Somoza como un "simple peón" de los Estados Unidos, que solo actuaba bajo sus órdenes y, a diferencia de Árbenz, Figueres le era funcional "al imperialismo", por lo que los estadounidenses no darían la orden de derrocarlo. Creían que Somoza

---

59 Moulton, "Building their own Cold War", pp. 149-150.
60 Milton Miles, "Miles Milton Costa Rica file", HIA-MILES-3-C-2-2-4, acceso el 17 de febrero de 2023. En t.ly/SuVH1.
61 Bowman, "Fue el compromiso", p. 104.
62 Prados, *Cuba in the Caribbean Cold War*, pp. 17-42.

únicamente buscaba hacer desistir a Figueres de intentar nuevas acciones en su contra,[63] y los Estados Unidos pretendían chantajear a Figueres para obligarlo a recortar aún más las libertades al movimiento obrero, intensificar la represión en el país, ceder a las demandas de la UFCo en el marco de la renegociación del contrato bananero, así como militarizar el país a través de la venta de armas. Por esto, se opusieron a la compra de armamento a los Estados Unidos para preparar la defensa del territorio, y llamaron a rechazar "la militarización velada del país". Finalmente, criticaron al calderonismo por hacerles el juego al gobierno y al imperialismo con su tendencia "putchista".[64]

La evidencia, cada vez más contundente de una inminente invasión armada a Costa Rica, llevó a los comunistas a dar crédito a la información que tenía el gobierno y a desligarse de la estrategia calderonista.[65] En este escenario, criticaron enfáticamente al expresidente Calderón por su alianza con los dictadores, y advirtieron que, de llevarse a cabo con éxito un movimiento de ese tipo, el resultado no podría ser otro que la imposición de una dictadura, ya que a Calderón no le quedaría más remedio que acatar las órdenes de quienes lo apoyaron.[66] Al expresidente lo criticaron duramente por haber perdido el tiempo durante los últimos cinco años planeando golpes de Estado, en lugar de utilizar su prestigio para unir a la oposición y combatir por las vías

---

[63] "Es inconstitucional la compra de armamentos", *Adelante*, 11 de julio de 1954, p. 1. "Hay el peligro de una invasión?", *Adelante*, 18 de julio de 1954, p. 3.

[64] "El chantaje en marcha", *Adelante*, 25 de julio de 1954, p. 3. "Repudiamos los 'buenos oficios' del imperialismo yanqui", *Adelante*, 8 de agosto de 1954, p. 2. "'¿Qué busca Washington al venderle armas a Figueres?'. Qué hay detrás del conflicto Figueres-Somoza", *Adelante*, 15 de agosto de 1954, pp. 1-2. "El pueblo repudia la militarización", *Adelante*, 29 de agosto de 1954, p. 1.

[65] "Contra la aventura del Golpe de Estado", *Adelante*, 19 de setiembre de 1954, p. 1.

[66] "Los puntos sobre las íes. Golpe de Estado y Revolución", *Adelante*, 26 de setiembre de 1954, p. 2.

democráticas a Figueres, así como por dejarse utilizar una vez más por Somoza.[67]

La invasión desde Nicaragua a Costa Rica, orquestada por Pérez Jiménez, Somoza y los calderonistas, se concretó el 7 de enero de 1955, pero fue rápida y eficientemente repelida por las fuerzas costarricenses, con un saldo de un fallecido en cada bando. La oposición de los Estados Unidos a los planes para derrocar a Figueres fue un factor crucial para que tal movida, a diferencia del caso guatemalteco, no prosperara.[68] Asimismo, como indica Bowman, la ausencia de un ejército nacional (abolido en diciembre de 1948) complicó los planes de la oposición de derrocar a Figueres por la vía armada y los obligó a formar alianzas con los dictadores y las fuerzas extranjeras para llevar adelante su gesta. Es decir, la ausencia de un ejército facilitó que los planes golpistas de la oposición en la década de 1950 no prosperaran.[69]

Tras la fallida invasión, el PVP lamentó que Calderón una vez más hubiera apostado por confiar en dictadores, y no en el pueblo costarricense, lo que lo llevó de nuevo a una situación de derrota y de aislamiento político. Por su parte, los comunistas costarricenses reafirmaron que seguirían buscando la unidad de las fuerzas democráticas en el país para derrotar a Figueres en elecciones, combatiendo "la aventura revolucionaria", el golpe "putchista", el terrorismo y "todas las formas de lucha desligadas del pueblo".[70] A su vez, responsabilizaron a Figueres por no haber concedido aún una amnistía para los perdedores de la guerra, lo que

---

67 "Solo el pueblo puede y debe resolver la situación de Costa Rica", *Adelante*, 10 de octubre de 1954, p. 4. "La revuelta solo males nos traerá", *Trabajo*, 28 de noviembre de 1954, p. 1.
68 Prados, *Cuba in the Caribbean Cold War*, 18. Bowman, "Fue el compromiso", p. 109.
69 Bowman, "Fue el compromiso", pp. 104-109.
70 "Una posición de principios", *Adelante*, 13 de marzo de 1955, p. 3.

había empujado a Calderón a la subversión y a la alianza con los dictadores.[71]

Como indica Ugalde, la invasión de 1955 tuvo como consecuencia que diversos sectores sociales políticos, entre estos la Iglesia católica, los comunistas y las organizaciones de mujeres, reclamaran con más fuerza al gobierno costarricense una amnistía general para los perdedores de la guerra civil de 1948, como una condición necesaria para evitar nuevos brotes de violencia política en el país. Una amnistía parcial fue dictada en diciembre de 1955, mientras que la amnistía total tuvo que esperar hasta 1962.[72] Los comunistas se apegaron férreamente a la vía pacífica, que encontraba sus bases tanto en la idiosincrasia costarricense, como en la teoría etapista del socialismo soviético para enfrentar este convulso escenario nacional y regional y resistir la violencia que era ejercida en su contra.

Conclusiones

Tras su participación en el VII Congreso del Partido Comunista de la Unión Soviética en 1935, el PVP se abocó a aplicar y promover la política de alianzas de Frentes Populares y las tesis de transición pacífica de la revolución por etapas. Las condiciones políticas en Costa Rica posibilitaron que, a diferencia del resto de la región centroamericana, los comunistas costarricenses pudieran aplicar con relativo éxito tales principios y estrategias, que se concretaron en la construcción del "Bloque de la Victoria" o "caldero-comunista" para las elecciones de 1944.

No obstante, la guerra civil de 1948 y el inicio de la Guerra Fría en Costa Rica destruyeron esas condiciones,

---

[71] "Figueres frente al país", *Adelante*, 8 de mayo de 1955, p. 3.
[72] Alexia Ugalde Quesada, "'Purificarse en las aguas del Jordán'. La ruta política y social de la amnistía de 1955 en Costa Rica y la participación de las mujeres", *Diálogos. Revista Electrónica de Historia*, vol. 21, n.º 1 (2020), pp. 38-48.

y las organizaciones comunistas pasaron a ser ilegalizadas, perseguidas y objeto de una fuerte violencia política en su contra. A pesar de lo anterior, los comunistas rechazaron de forma tajante el uso de la violencia para enfrentar ese escenario y apostaron por la lucha pacífica por la consecución de pequeños espacios o vitrinas de legalidad desde donde poder seguir operando públicamente.

A nivel regional, ante el recrudecimiento de la represión y la violencia estatal en contra de los sectores populares y democráticos, los vanguardistas juzgaron duramente y se aislaron de las organizaciones revolucionarias de América Central y el Caribe que optaron por combatir por la vía armada a las feroces dictaduras desde mediados de la década de 1940. A su vez, el anticomunismo imperante de la Guerra Fría provocó que algunos de estos sectores revolucionarios que optaron por la vía armada adoptaran el anticomunismo dentro de su ideario político. En general, se mantuvieron dentro de los marcos de las tesis de la transición pacífica al socialismo y la revolución por etapas para interpretar las disputas entre actores políticos autoritarios y revolucionarios e idear sus estrategias de acción.

2

El Comité Nacional de Partidarios de la Paz de Costa Rica y el Comité Costarricense del Congreso por la Libertad de la Cultura en la Guerra Fría cultural (1949-1954)[1]

RANDALL CHAVES ZAMORA

Introducción

A finales de 1954, tras reflexionar sobre el reciente golpe de Estado en Guatemala a Jacobo Árbenz, Julián Gorkin escribió un interesante artículo en la revista *Cuadernos*, una publicación periódica que se distribuía por toda América Latina y procedía del Congreso por la Libertad de la Cultura (CLC). Fundado en 1950 en Berlín occidental y financiado por la Agencia Central de Inteligencia (CIA), el CLC fue la institución transnacional y cultural más poderosa de la Guerra Fría, cuya misión era reunir a intelectuales anticomunistas o de la llamada izquierda democrática del mundo

1   Este capítulo es resultado del Proyecto de Investigación C2213 "Intelectuales entre la paz y la libertad: el Comité Nacional de Partidarios de la Paz de Costa Rica y el Comité Costarricense del Congreso por la Libertad de la Cultura en la Guerra Fría cultural (1949-1954)", adscrito al Programa de Investigación CALAS (01.08.2022-31.07.2023) del Centro de Investigaciones Históricas de América Central (CIHAC) y financiado por la Vicerrectoría de Investigación de la Universidad de Costa Rica (UCR). El autor agradece a la *fellow* del CALAS, Dra. Camila de Macedo Braga por los comentarios y las observaciones a una versión preliminar de este texto.

entero en favor de la libertad cultural y en contra del totalitarismo soviético. Gorkin, quien era una de las personas
clave del CLC desde su creación y uno de sus miembros
más importantes para América Latina, anotó que el contexto político del país centroamericano no era comprensible
desde una visión nacionalista, y señaló que Guatemala formaba parte de una "batalla de la misma contienda mundial"
que libraban "comunismo y anticomunismo".[2]

Gorkin no solamente era consciente de la dimensión
global de la Guerra Fría y del tremendo impacto que el
conflicto generaba en la política centroamericana, sino que,
junto a otros intelectuales que simpatizaban con el CLC o
escribían para él, consideraba que el motivo del golpe de
Estado no era la reforma agraria emprendida por Árbenz,
sino la "infiltración" comunista en su gobierno. Consideraba, también, que este escenario debía leerse bajo la óptica
de la lucha contra el comunismo internacional pues decía
que en Guatemala los comunistas se habían multiplicado:
formaban partidos, se apoderaban de los sindicatos y las
organizaciones gremiales e "influenciaban" a las "élites intelectuales" en "Congresos 'en favor de la Paz y la Cultura'",
que proliferaban en favor de "la estrategia del Kremlin".[3]
Gorkin se confesó como un "adversario irreductible del
totalitarismo comunista" y pensaba que, de no establecerse
una "política de la libertad" en la región, el vencedor sería el
comunismo. Por ello, Gorkin alzó la bandera de la libertad
y citó al conocido intelectual colombiano Germán Arciniegas, quien apenas dos años antes, al pensar en Guatemala,
había escrito en su libro *Entre el miedo y la libertad*:

> Desde la América Latina nos parece que las democracias no
> están aprovechando su gran arma revolucionaria –que han
> de tenerla– que es la libertad. Es en ese centro vital donde
> precisa situar la lucha en vez de ir helando las conciencias con

2   Julián Gorkin, "La experiencia de Guatemala: por una política de la libertad
    en Latinoamérica", *Cuadernos*, n.º 9 (1954), pp. 88-93.
3   Gorkin, "La experiencia de Guatemala", pp. 90-92.

el espectro de la Guerra Fría. La libertad no puede colocarse a la defensiva. Al canto del martillo ruso de paz y esclavitud, hay que oponer el canto de otro martillo que cante justicia y libertad.[4]

La oposición de la que Gorkin hacía eco es crucial para comprender las disputas intelectuales de la Guerra Fría. En aquellos años, muchos intelectuales identificados con la política imperial de los Estados Unidos monopolizaron el concepto de la libertad como el valor por excelencia del anticomunismo, y con ello enfatizaron en la defensa del libre pensamiento. Intelectuales comunistas, opuestos al imperialismo estadounidense y simpatizantes del bloque soviético, sin embargo, elevaron el concepto de la paz como su ideal para el porvenir y como su horizonte de expectativas. Se trataba del escenario posible en una Guerra Fría cuya paz dependía del armamento nuclear que tenían en su poder los dos imperios en disputa. Para los Estados Unidos, el concepto soviético de la paz debía ser rechazado y combatido con ideas como la libertad y la democracia. Consecuentemente, intelectuales como Gorkin no solamente consideraban que la política de la libertad estaba en manos de las élites intelectuales de la región, sino que debía buscarse "la colaboración y la ayuda de todo lo que de democrático y progresivo"[5] tenían los Estados Unidos.

La visión de Gorkin en 1954 concuerda con las investigaciones más recientes sobre la Guerra Fría cultural, que buscan ofrecer una interpretación sobre las dinámicas culturales que implicó el período que se extiende entre 1945 y 1991. Este capítulo se sitúa dentro de esa tendencia de estudios, que exploran las dinámicas culturales e intelectuales de la Guerra Fría y que comprenden ese conflicto global desde su dimensión explicativa y no solamente contextual. Estos estudios, que son conocidos por la historiografía

---

4   Germán Arciniegas, *Entre el miedo y la libertad* (Bogotá: Editorial del Pacífico, 1952). Citado por Gorkin, "La experiencia de Guatemala", p. 93.

5   Gorkin, "La experiencia de Guatemala", p. 93.

internacional como *Cultural Cold War History*, acentúan la dimensión intelectual del contexto bipolar que se extendió durante el período señalado.[6]

Desde su emergencia, la novedad de estos análisis consiste en mirar más allá de las tradicionales dinámicas diplomáticas y armamentísticas y centrarse en la comprensión de la batalla intelectual que tuvo lugar en todo el mundo,[7] que también estaba motivada por valores e ideologías aparentemente opuestas, impulsadas y financiadas tanto por la Unión Soviética como por los Estados Unidos. Según estos estudios, ambos imperios buscaron la hegemonía ideológica del mundo entero y pusieron empeño en que sus ideas circularan hasta regiones tradicionalmente periféricas como América Latina,[8] en las que la libertad cultural estadounidense disputó la lealtad intelectual frente a la paz soviética mediante sólidas instituciones con financiamiento transnacional como las que se estudian en este trabajo.[9]

Estas mismas investigaciones demuestran que organizaciones como el CLC, con una red mundial de publicaciones similares a *Cuadernos*, fueron parte de un programa secreto que emprendió una batalla cultural e ideológica por parte de los Estados Unidos a través de la CIA desde el inicio de la Guerra Fría.[10] Esto se sospechaba desde 1966, cuando las investigaciones del *New York Times* mostraron una estructura de financiamiento secreto del CLC que provenía del dinero que la CIA canalizaba por medio de fundaciones ficticias y reales, como la Fundación Ford, que fue

---

[6] Hugh Wilford, "Playing the CIA's Tune? The New Leader and the Cultural Cold War", *Diplomatic History* 27, n.º 1 (2003), pp. 15-16.

[7] Michael F. Hopkins, "Continuing debate and new approaches in Cold War History", *The Historical Journal* 50, n.º 4 (2007), pp. 913-934.

[8] Odd Arne Westad, *The Global Cold War: Third World interventions and the making of our times* (Cambridge: Cambridge University Press, 2005).

[9] Frances Stonor Saunders, *Who paid the piper? The CIA and the cultural Cold War* (Londres: Granta Books, 1999), pp. 13-14.

[10] Saunders, *Who paid the piper?*, 13; Hugh Wilford, *The mighty wurlitzer: how the CIA played America* (Cambridge: Harvard University Press, 2008), pp. 10-11.

una de las intermediarias más destacadas de la Guerra Fría cultural latinoamericana.[11]

En su estudio sobre esta temática,[12] Patrick Iber insiste en que la disputa intelectual durante la Guerra Fría se evidenció en dos conceptos clave: "libertad" y "paz". Con ellos, surgieron en toda América Latina acalorados debates sobre la política de la región y se crearon organizaciones globales que fueron las encargadas de catapultar estas discusiones en el escenario global, pero también quedó en evidencia el papel de primer orden que tuvieron algunos intelectuales de Centroamérica en dinámicas que sobrepasaban las fronteras regionales y cuyos impactos se extendieron hacia América Latina, Estados Unidos y la Europa Oriental.

Como las de Iber, otras investigaciones han explorado en detalle estas dinámicas,[13] pero no han considerado el papel de los intelectuales de Centroamérica. Por esto, al notar la relevancia de la Guerra Fría cultural en América Latina, este texto se pregunta cómo se evidenció la disputa intelectual de ese contexto en Centroamérica y puntualiza en el caso de Costa Rica. Así, este capítulo repasa cuáles fueron las acciones de las instituciones transnacionales formadas en torno a los conceptos de la paz y la libertad y profundiza en las implicaciones que tuvo esta lucha por las ideas en las realidades políticas de Centroamérica, con la intención de dimensionar dichas implicaciones en una perspectiva latinoamericana. Para abordar estas problemáticas, la primera parte de este capítulo inspecciona la creación y los primeros integrantes de los Comités Nacionales

---

11 Editorial, "La CIA y los intelectuales", *Mundo Nuevo*, n.º 13 (1967), p. 1; Emir Rodríguez Monegal, "La CIA y los intelectuales", *Mundo Nuevo*, n.º 14 (1967), pp. 11-20.

12 Patrick Iber, *Neither peace nor freedom: the cultural Cold War in Latin America* (Cambridge: Harvard University Press, 2015).

13 Karina Jannello, "Semánticas de la Guerra Fría cultural. Las izquierdas democráticas latinoamericanas frente a la 'cruzada por la libertad'", *Prismas. Revista de Historia Intelectual*, n.º 23 (2019), pp. 219-226; Karina Jannello, "Los intelectuales de la Guerra Fría. Una cartografía latinoamericana (1953-1962)", *Políticas de la Memoria*, n.º 14 (2013), pp. 79-101.

del CLC en Nicaragua, Costa Rica y Honduras, con el fin de dilucidar las complejas relaciones trasnacionales tejidas por medio de esta red y explicar las acciones que se realizaron en Costa Rica y que involucraron otras coyunturas regionales.

La segunda parte explica el surgimiento del Comité Nacional de Partidarios de la Paz de Costa Rica, afiliado al Congreso Mundial de Intelectuales en Defensa de la Paz, creado en Breslavia en 1948 por la Unión Soviética y que involucró a una considerable cantidad de intelectuales del mundo. De igual forma, este apartado presenta a las personas que se agruparon en esta institución intelectual, muestra sus acciones y resultados y analiza su trayectoria. La conclusión de este capítulo reflexiona acerca de las consecuencias de estas instituciones en la política regional y en la consolidación política del campo intelectual centroamericano e insiste en la relevancia de la materialización de las disputas ideológicas por la libertad cultural y la paz, en una región marginalizada por los estudios sobre la Guerra Fría cultural.

1. El Congreso por la Libertad de la Cultura

En las páginas finales de sus voluminosos ejemplares, la revista *Cuadernos* acostumbraba a informar a sus lectores sobre las actividades del CLC, como parte de su sección sobre la "Vida del Congreso". En el número de marzo y abril de 1954, en un pequeño apartado que se tituló "América Central", se detalló sobre el viaje de un escritor por la región: miembro del CLC, Gilberto González y Contreras era un periodista salvadoreño que, tras su exilio, vivió entre México y Cuba. Según detalló *Cuadernos*, durante su paso por Centroamérica, él mismo "constituyó" tres Comités Nacionales del Congreso por la Libertad de la Cultura en Nicaragua, Honduras y Costa Rica, que estaban constituidos por "los intelectuales de más valía y prestigio" de cada país.[14]

Los Comités Nacionales referidos eran parte de la Oficina y Comité Regional en Centro-América del Congreso por la Libertad de la Cultura, que tenía por secretario regional al cubano Pedro Vicente Aja. Este era un intelectual exiliado en Puerto Rico, adscrito a la democracia cristiana y conocido por su oposición contra el régimen de Fulgencio Batista (1952-1959). En 1959, así como lo hicieron otros de sus colegas en el CLC, Aja respaldó el triunfo de la Revolución cubana, pero, a partir de 1961, se convirtió en un opositor de Fidel Castro, cuando el proceso revolucionario abrazó el marxismo e intensificó su cercanía ideológica y política con la Unión Soviética, como respuesta a la frustrada invasión de Bahía Cochinos en Playa Girón en abril del mismo año, que había sido organizada por exiliados cubanos anticomunistas, con el apoyo ideológico y financiero del gobierno de los Estados Unidos.[15]

A su vez, los comités nacionales mencionados en la revista *Cuadernos* efectivamente estaban formados por intelectuales prestigiosos en cada país, pero sus composiciones ideológicas eran verdaderamente heterogéneas. El Comité de Managua, por ejemplo, tenía como presidente al escritor Horacio Espinoza y su vicepresidente era Hernán Robleto Huete, un periodista conocido por fundar medios de prensa populares como *El Imparcial* y quien décadas más tarde se exiliaría por su oposición en contra del régimen somocista. Los secretarios del Comité Nacional eran el ensayista e ideólogo Pablo Antonio Cuadra Cardenal y su primo, el teólogo de la liberación e influyente sacerdote Ernesto Cardenal Martínez, quien sería ministro de Cultura durante la Revolución

---

14 "América Central", *Cuadernos*, n.° 5 (1954), p. 109.
15 International Association for Cultural Freedom. "Records: Costa Rica, 1962-1966; Box 561, Folder 08" (Hanna Holborn Gray Special Collections Research Center: University of Chicago Library, 2022).

sandinista (1979-1987). Junto a ellos, formaban parte poetas como Carlos Martínez Rivas, el derechista Luis Alberto Cabrales y miembros del poder político somocista como León Debayle Sacasa, cuñado del dictador Anastasio Somoza García (1937-1947 y 1950-1956) y tío de su heredero en el poder, Anastasio Somoza Debayle (1974-1979). Curiosamente, otros intelectuales y periodistas conocidos por su antagonismo al régimen somocista también formaban parte del grupo. Uno de ellos era Juan Ramón Avilés, pero el nombre más reconocido fue el de Pedro Joaquín Chamorro, director del diario *La Prensa*, asesinado por la guardia somocista en enero de 1979 antes del triunfo revolucionario debido a su conocida oposición a Luis Somoza Debayle (1953-1956) y a su hermano, Anastasio.

El ensayista e ideólogo hondureño Carlos Izaguirre era el presidente del Comité de Tegucigalpa y era conocido por su cercanía con el régimen dictatorial de Tiburcio Carías Andino, que había gobernado el país entre 1932 y 1949. Formaban parte de este grupo de intelectuales otros escritores como Vicente Machado Valle, el músico y profesor Rafael Manzanares Aguilar, el catedrático y diplomático Eliseo Pérez Caldaso, el periodista opositor al régimen de Carías Andino, Julián López Pineda, el político y periodista Óscar Armando Flores Midence, así como el poeta Alejandro Valladares y Fernando Zepeda Durón, político y periodista simpatizante del gobierno. María Trinidad del Cid era una destacada escritora, conocida por su militancia en favor de los derechos de las mujeres durante la primera mitad del siglo XX y fundadora del Comité Hondureño Femenino, y además fue la única mujer que formó parte del CLC en toda Centroamérica.

González y Contreras también contactó a algunas de las personas más renombradas del campo intelectual de la época en Costa Rica. Todos hombres, algunos de ellos formaban parte de la Generación del 40, un conocido grupo de intelectuales y políticos radicalizados de la década de

1940.[16] Así, el Comité de San José de Costa Rica era presidido por el conocido profesor y político Abelardo Bonilla Baldares. Su secretario era el afamado y prolífico intelectual León Pacheco Solano, y figuraban dentro de sus miembros más reconocidos otros, como el dramaturgo Alfredo Castro Fernández, el profesor, abogado y filósofo Enrique Macaya Lahmann, el influyente escritor y artista Carlos Salazar Herrera, el reconocido educador Fernando Centeno Güell, el exdiputado (1949-1953) Mario Fernández Alfaro, y el galardonado poeta Julián Marchena Valle-Riestra.

En el caso de este último comité, todos sus miembros eran profesores de la Universidad de Costa Rica (UCR). Adicionalmente, algunos eran intelectuales que desde 1951 estaban adscritos al recién fundado Partido de Liberación Nacional (PLN), el partido socialdemócrata que gobernó el país durante la mayor parte de la segunda mitad del siglo XX y que había sido creado por el bando ganador de la guerra civil de 1948 por personajes de la política como José Figueres Ferrer, caudillo nacional de la Guerra Fría y líder de la Legión del Caribe, un grupo de políticos anticomunistas que habían protagonizado el primer escenario centroamericano de la Guerra Fría a través de un golpe contra la amenaza de un gobierno que había pactado con la izquierda en la Costa Rica de 1948.[17]

Por su parte, la UCR había sido fundada en 1940 y era la única institución de su tipo en el país, por lo que los elegidos por el salvadoreño eran algunos de los profesores más reconocidos por la opinión pública nacional: publicaban artículos de opinión en conocidos periódicos y ocupaban u ocuparían puestos de poder político. El más destacado del grupo, sin duda, era su presidente. Bonilla Baldares había sido uno de los redactores de la Constitución Política de

16 Francisco Rodríguez Cascante, "Escribir con compromiso: la generación del 40", *Káñina*, vol. 21, n.º 2 (2007), pp. 227-236.
17 David Díaz Arias, "La temprana Guerra Fría en Centroamérica: Nathaniel P. Davis, los Estados Unidos y la Guerra Civil de 1948 en Costa Rica", *Revista OPSIS*, vol. 14, n.º especial (2014), pp. 18-37.

1949, había sido electo diputado (1949-1953) y presidente de la Asamblea Legislativa (1952-1953), y era un intelectual prolífico, dedicado a escribir e impartir lecciones de leyes e historia. Adicionalmente, fue vicepresidente del país (1958-1962) y más tarde sería profesor de la Universidad de Kansas y declarado Benemérito de la Patria tras su fallecimiento en 1969.[18]

Pacheco Solano también era una figura destacable, pues, además de recibir galardones a lo largo de su carrera y de ser un profesor de lenguas extranjeras, fue un copioso escritor de opiniones y columnas periódicas, publicadas en los más reconocidos medios de la prensa costarricenses bajo el seudónimo de Napoleón. Otros como Marchena Valle-Riestra y Salazar Herrera habían recibido premios nacionales por sus obras.

En Costa Rica, sin embargo, las acciones del CLC no se limitaron a la creación de un comité nacional con miembros honorables. Unos años más tarde, un antifranquista catalán conocido como Víctor Alba, quien vivía en México y era miembro del CLC en América Latina, publicó una de sus crónicas de viaje en la revista *Cuadernos* de marzo y abril de 1961. En el texto, que Alba tituló "América Central sobre un volcán", explicó lo que encontró en su paso por Costa Rica, donde llegó para ofrecer un curso de diez días:

> A diez kilómetros de San José hay un pueblo con una enorme iglesia: Coronado. En los aledaños del puedo había un restaurante con un tiovivo, un tren infantil y otras atracciones. Durante dos meses, los carpinteros estuvieron agregando cuartos al edificio. Ahora, en el antiguo edificio viven veintidós hombres. Comen allí, duermen allí, escriben desde allí las cartas a sus familias. Se levantan a las siete de la mañana. De ocho a diez escuchan una conferencia. De diez a doce estudian. Durante la sobremesa participan en mesas redondas. De cinco a ocho estudian de nuevo. Y después de cenar asisten a

---

[18] "Abelardo Bonilla Baldares", *Asamblea Legislativa de Costa Rica*, 13 de diciembre de 2021.

una conferencia, salvo dos días a la semana, en que pueden ir a San José a divertirse. ¿En qué se ha convertido ese antiguo restaurante [...]? ¿En un convento? ¿En una casa de reposo? Nada de esto. Aunque la existencia que llevan quienes viven allí es casi monacal, sus objetivos en la vida son muy distintos. El restaurante alberga ahora el Instituto Internacional de Estudios Políticos [...]. Todo se estudia con referencia a América Latina [...]. Todo se graba y luego se publicará, arreglado y ampliado, para que sirva de manual a cursos semejantes que cada uno de los alumnos deberá dar en su país respectivo a grupos de militantes de su partido. Benjamín Núñez, el sacerdote fundador de la central Rerum Novarum de Costa Rica, ex representante de su país en la ONU y antiguo ministro de Trabajo es el director de la Escuela. Sacha Volman, su administrador, José Figueres, Ramiro Prialé, Harry Kantor, Pareja Díez-Canseco y Roberto Gil, han dado ya cursos. Otros seguirán.[19]

En el Instituto Internacional de Estudios Políticos, donde Alba impartió un curso, no solamente se ofrecían lecciones. Había sido fundado en 1956, a tan solo dos años de distancia de la creación del Comité Nacional de CLC en Costa Rica con la ayuda de Figueres, quien invitó a sus compinches de la Legión del Caribe a una reunión en una gran finca de su propiedad, la cual él llamó La Lucha sin Fin. Alba consideraba que lo que sucedía en Costa Rica era "uno de los experimentos más necesarios y esperanzadores de toda América Latina", porque allí se creaban los "cuadros para los movimientos democráticos" y sus "futuros dirigentes", con la participación de jóvenes políticos de toda la región y con la representación de los partidos políticos más conocidos de la izquierda democrática de la época, tales como el Partido Aprista del Perú, la Acción Democrática Venezolana, el Partido Liberal de Colombia, Honduras y Paraguay y los Partidos Revolucionarios de Guatemala, Cuba y República

---

19 Víctor Alba, "América Central sobre un volcán", *Cuadernos*, n.º 47 (1961), pp. 95-101.

Dominicana, entre otros de Paraguay, Bolivia, Nicaragua y Panamá.

Dos años después de su fundación, el Instituto Internacional de Estudios Políticos contaba con una publicación bimensual llamada *Combate*, que era dirigida por Luis Alberto Monge Álvarez, un político costarricense cercano a Figueres, que había participado de la creación del Partido Liberación Nacional y que más tarde sería presidente del país en la época del asentamiento neoliberal de la economía costarricense (1982-1986). Al comparar esta revista con *Cuadernos*, su similitud es evidente. Además de una línea gráfica gemela, la línea editorial se preocupaba por la libertad de pensamiento y por la defensa de la democracia; coincidía en posturas clave de la Guerra Fría, como su defensa de la libertad y su rechazo a los movimientos por la paz, se preocupaba por la explicación de las coyunturas latinoamericanas y por el análisis de la política transnacional y coincidía con la inicial simpatía y posterior detracción militante en contra de la Revolución cubana.

Estas similitudes no eran coincidencias, y la relevancia de *Combate* no es menor, pues, según los archivos de la Asociación Internacional por la Libertad Cultural de la Universidad de Chicago, esta publicación fue la única en su tipo en Centroamérica. *Combate* fue publicada entre 1958 y 1963, y el intercambio epistolar de Monge Álvarez con Aja y con otros miembros reconocidos del CLC evidencian que la revista era una iniciativa editorial que contó con el apoyo financiero de esta institución.[20] Monge Álvarez también tenía una comunicación constante con otros miembros destacados del CLC en América Latina, como Luis Mercier Vega, un anarquista convencido de que el CLC era un centro anticomunista para la praxis de la libertad de la cultura,

---

[20] International Association for Cultural Freedom. "Records: Costa Rica, 1962-1966; Box 561, Folder 08" (Hanna Holborn Gray Special Collections Research Center: University of Chicago Library, 2022).

y que posiblemente desconocía el financiamiento que este recibía de la CIA.[21]

Quienes seguramente sí conocían al respecto eran otros, que también mantenían comunicación constante con Monge Álvarez, como el mismo Gorkin, Víctor Alba y el muy relevante Sacha Volman. Monge trabajó codo a codo con este último, y de él se sabe que fue un importante agente de la CIA que inició su trabajo en América Latina cuando llegó a Costa Rica en el marco de la apertura del Instituto Internacional de Estudios Políticos. Lo continuó cuando se involucró con Juan Bosch en República Dominicana, y, como agente de la CIA, en 1962 él mismo se encargó de desmantelar el Instituto Internacional de Estudios Políticos por sus desencuentros con Figueres y Monge Álvarez; esto hizo que Volman trasladara, junto con Víctor Alba, las actividades del instituto que él administraba en Costa Rica hasta México, donde empezó a llamarse Centro de Estudios y Documentación Sociales. Lo mismo hizo con la revista, que también empezó a publicarse como *Panoramas*, a partir de enero de 1963 y bajo la dirección del mismo Alba.[22]

Según una detallada investigación de Iber, fue a partir de la llegada de Volman a Costa Rica cuando este empezó a trabajar oficialmente como agente de la CIA. Anticomunista profesional nacido en Rumanía, Volman había combatido las ocupaciones nazis y soviéticas en Europa durante la Segunda Guerra Mundial; desde 1948 trabajó con el brazo anticomunista estadounidense, y sus vinculaciones con la CIA lo llevaron hasta Costa Rica una década más tarde, cuando el primer número de *Combate* y la fundación del instituto se hicieron realidad. Como explica Iber, el buen

---

21 Patrick Iber, "El imperialismo de la libertad: el Congreso por la Libertad de la Cultura en América Latina, (1953-1971)", en *La Guerra Fría cultural en América Latina: desafíos y límites para una nueva mirada de las relaciones interamericanas*, ed. por Benedetta Calandra y Marina Franco (Buenos Aires: Biblos, 2012), pp. 117-132.

22 Víctor Alba, "El Centro de Estudios y Documentación Sociales", *Panoramas*, n.º 1(1963), p. 1.

trato hacia Volman hizo que Figueres, inclusive, le ofreciera la nacionalidad costarricense, y fue mientras trabajaba
en Costa Rica cuando se involucró con la política latinoamericana, luego de conocer a Juan José Arévalo, Rómulo
Betancourt, Víctor Raúl Haya de la Torre y muchos otros
caudillos latinoamericanos de la época.[23]

La relación más estrecha, sin embargo, la tuvo con Juan
Bosch antes de que asumiera la presidencia de República
Dominicana. Iber afirma que Bosch llegó a querer a Volman
como un hijo y que sus destinos siguieron unidos gracias
a la oposición contra el dictador dominicano Rafael Leónidas Trujillo. Pero Volman y Bosch coincidían en el poco
entusiasta trabajo intelectual que se hacía en Costa Rica
con Figueres a la cabeza. Según la investigación de Iber,
los informantes de los Estados Unidos que habían recibido
cursos en Costa Rica aseguraban que el instituto era acadé-
micamente escuálido y que los estudiantes holgazaneaban
la mayor parte del día, pero lo cierto es que este lugar era
un espacio de influencia del para entonces debilitado CLC
en América Latina, y por ello los agentes de la CIA encargaron a Volman su continuidad en otro territorio determinante para la Guerra Fría de la década de 1960 como lo
era México, sin mencionar que, para la misma década, los
Estados Unidos habían empezado a desconfiar de la lealtad
ideológica de Figueres.[24]

Aunque las acciones del CLC en Costa Rica se extendieron durante un período de un poco menos que una década (1954-1963), las discusiones que suscitó su organización
fueron relevantes pues delinearon los marcos políticos de
las izquierdas democráticas de la región y colocaron a Costa
Rica como un país encargado del liderazgo de las iniciativas
anticomunistas y cuyos intelectuales recibieron flujos altos

---

[23] Patrick Iber, "'Who Will Impose Democracy?': Sacha Volman and the Contradictions of CIA Support for the Anticommunist Left in Latin America",
Diplomatic History, vol. 37, n.º 5 (2013), pp. 995-1028.
[24] Iber, "Who Will Impose Democracy?", pp. 995-1028.

de financiamiento por parte de los Estados Unidos e instituciones tan poderosas e influyentes en la región como el CLC, la CIA y la Fundación Ford.

Aunque no hay evidencia para asegurar que el Comité Nacional del CLC continuara después de 1963, sus actividades a nivel mundial decayeron a partir de ese momento y se detuvieron definitivamente en 1967, tras el escandaloso descubrimiento público del financiamiento proveniente de la CIA.[25] No obstante, la realidad es que las personas que pertenecían al CLC mantuvieron su influencia en Costa Rica y continuaron jugando un rol relevante en la política, en la opinión pública y en espacios intelectuales como la UCR, que contaba con un decidido y oneroso apoyo de la Fundación Ford, cuyas fuentes de financiamiento también provenían de la CIA, como lo han demostrado las investigaciones de Frances Stonor Saunders para el caso de Europa, y Benedetta Calandra y Patrick Iber para América Latina.[26]

Para el caso de Costa Rica, las investigaciones que puntualizan en el papel de la Fundación Ford en la UCR evidencian una amplia red de intelectuales que se agruparon alrededor de los proyectos financiados por ella, con temas que iban desde preocupaciones como la planificación familiar, la migración urbana, la esterilización femenina, la sociología y el neomalthusianismo, en boga durante la Guerra Fría porque los Estados Unidos consideraban que el crecimiento de las poblaciones empobrecidas en las regiones del tercer mundo constituía una potencial amenaza al avance del comunismo y, consecuentemente, de su seguridad

25 Iber, "El imperialismo de la libertad", p. 129.
26 Saunders, *Who paid the piper?*, pp. 111-154; Benedetta Calandra, "La Fundación Ford y la 'Guerra Fría Cultural' en América Latina, (1959-1973)", *Americanía. Revista de Estudios Latinoamericanos de la Universidad Pablo de Olavide*, n.º 1 (2011), pp. 8-25; Patrick Iber, "Social Science, Cultural Imperialism, and the Ford Foundation in Latin America in the 1960's", *The Global 1960s: Convention, Contest and Counterculture*, ed. por Tamara Chaplin y Jadwiga E. Pieper Mooney (Londres: Routledge, 2018), pp. 96-114.

nacional,[27] como lo evidencian los conocidos intentos de ejecutar proyectos como Camelot y Marginalidad en Chile y los exitosos programas de control de la población en países como Chile, Colombia y Puerto Rico.[28]

No obstante, el más importante resultado de la influencia del CLC en la UCR fue la creación del Instituto Universitario Centroamericano de Investigaciones Sociales y Económicas en 1965, que contaba con el financiamiento de "fundaciones extranjeras" como la Fundación Ford, pero que tenía una pretensión de alcance regional.[29] Este instituto, además, inicialmente fue coordinado por el uruguayo Aldo Solari. Como lo ha estudiado a profundidad Vania Markarian, Solari fue un pionero de la sociología universitaria uruguaya y para 1965 recién había renunciado a la dirección del Instituto de Ciencias Sociales de la Universidad de la República (Udelar). Las sistemáticas comunicaciones con intelectuales conocidos como Mercier Vega, resguardadas en el fondo documental de la Asociación Internacional de la Libertad Cultural de la Universidad de Chicago,[30] ofrecen suficiente información para afirmar que, junto a sus constantes viajes a la sede central del CLC, Solari figuró como uno de los miembros más consentidos del CLC en momentos posteriores a 1966, cuando ya eran bien conocidas las

---

27 Randall Chaves Zamora, "Intelectuales bajo asedio: la Guerra Fría cultural y la Fundación Ford en la Universidad de Costa Rica (1954-1975)", en *Imperios, agentes y revoluciones: la larga guerra fría en Costa Rica (1928-1986)*, ed. por David Díaz Arias (San José: Centro de Investigaciones Históricas de América Central, 2022), pp. 189-216.

28 Adriana Petra, "El 'Proyecto Marginalidad': los intelectuales latinoamericanos y el imperialismo cultural", *Políticas de la Memoria*, n.º 8-9 (2008-2009), pp. 249-260; Teresa Huhle, *Bevölkerung, Fertilität und Familienplanung in Kolumbien. Eine transnationale Wissensgeschichte im Kalten Krieg* (Bielefeld: Transcript Verlag, 2017).

29 Archivo del Consejo Universitario de la Universidad de Costa Rica, Acta de la sesión 1332-04 (Ciudad Universitaria Rodrigo Facio, 13 de noviembre de 1963).

30 International Association for Cultural Freedom. "Records: Costa Rica, 1962-1966; Box 561, Folder 08" (Hanna Holborn Gray Special Collections Research Center: University of Chicago Library, 2022).

fuentes del financiamiento de las actividades que se realizaban en su seno.[31]

2. El Congreso Mundial de Intelectuales en Defensa de la Paz

Al recordar a su abuela en un artículo publicado en un conocido medio digital costarricense,[32] la memoria de Liana Babbar Amighetti se transportó a México, China, Corea e Indochina, así como a algunos países del este europeo, que durante la Guerra Fría estaban influenciados por la Unión Soviética. Los orígenes del recuerdo, sin embargo, estaban en Costa Rica, donde su abuela, Emilia Prieto Tugores, había fundado, junto a algunos amigos, el Comité Nacional de Partidarios de la Paz de Costa Rica, en julio de 1949, del que Prieto Tugores fue presidenta. Para entonces, la escritora era militante comunista y ya era una afamada poeta y artista costarricense, que, junto a otros intelectuales comunistas de la "Generación del 40", atravesaban por el periodo de proscripción legal del Partido Comunista de Costa Rica, en el que militaban desde la década de 1930, y que no tuvo permitido regresar a la competencia electoral sino hasta 1975.[33]

Según lo narrado por la nieta de Prieto Tugores, el Comité Nacional de Partidarios de la Paz había experimentado la represión policial: oficiales irrumpieron en la propia

---

31 Vania Markarian, "¿Requiem para Solari?: Relevos de la sociología universitaria uruguaya en los años sesenta y setenta del siglo pasado", *Tempo Social*, vol. 32 (2020), pp. 33-53; Aldo Marchesi y Vania Markarian, "Solari y Trías. Dos trayectorias intelectuales en la guerra fría", *Prismas*, vol. 23, n.º 2 (2019), pp. 290-296.

32 Liana Babbar Amighetti, "Emilia Prieto y el movimiento por la paz en Costa Rica", *elmundo.cr*, 20 de diciembre de 2020, en t.ly/Dm0j9.

33 Iván Molina Jiménez, *Los pasados de la memoria. El origen de la reforma social en Costa Rica (1938-1943)* (Heredia: Editorial de la Universidad Nacional, 2008), pp. 56-62.

casa de Prieto para buscar prueba de sus actividades subversivas, porque "en ese tiempo hablar de paz era prohibido" en Costa Rica.[34] La clandestinidad no impedía, sin embargo, que ella y otros intelectuales mantuvieran sus actividades políticas. El comité nacional que ella fundó en 1949 también estaba conformado por Joaquín García Monge, uno de los intelectuales más destacados de Costa Rica durante el siglo XX y director de la muy famosa revista *Repertorio Americano*, donde escribían otros intelectuales de renombre de toda la región. El secretario de este organismo era el joven político e intelectual Danilo Jiménez Veiga, que años más tarde sería un militante disidente del PLN, y su prosecretaria era Stella Peralta. Formaron esta organización otros conocidos profesores como Ovidio Salazar, Francisco Lobo, el reconocido escritor y artista Oscar Bákit, el científico costarricense Juan José Carazo Echeverría y Bernardo García.[35]

Además de ser sintomático de la Guerra Fría, el recuerdo de Babbar Amighetti que insiste en la prohibición respecto al concepto de la paz confirma el fuerte contenido ideológico que cargaba la organización costarricense, reunida en torno a una idea globalmente reconocida por su potencial soviético. Confirma, también, que ese concepto despertaba sospechas y represión de un Estado profundamente anticomunista como el de Costa Rica, pero también evidencia la adscripción de intelectuales de izquierda a instituciones transnacionales que efectivamente estaban ideológicamente alineadas a la Unión Soviética. Producto de la ilegalización de la izquierda, sin embargo, estos intelectuales desarrollaron actividades muy distintas y mucho más limitadas, si se comparan con las de sus opuestos del CLC. Junto a la clandestinidad de sus acciones, las fuentes de financiamiento no

---

[34] Babbar Amighetti, "Emilia Prieto y el movimiento por la paz en Costa Rica".
[35] "Murió exministro Danilo Jiménez", *La Nación*, 16 de marzo de 1996, p. 16A; "Oscar Bákitt", *Pincel. Pinacoteca Costarricense Electrónica* (1997), en t.ly/wbzpg.

eran desproporcionalmente abundantes, como sí sucedió con quienes percibieron apoyo de la CIA.

Asimismo, aunque la Unión Soviética no tenía las mismas posibilidades filantrópicas que los Estados Unidos y sus flujos de financiamiento no circularon con tanta facilidad por América Latina durante la Guerra Fría, lo cierto es que los soviéticos sí tenían una experiencia amplia en la utilización de la cultura como arma política, y, aunque sus intelectuales a menudo eran minoría, es conocido que fueron los más dotados y reconocidos de su generación en los campos estudiantiles, universitarios, literarios y artísticos. Desde esas trincheras, lucharon contra una tercera guerra mundial con la bandera de la paz, que los medios identificaban con el comunismo por su decidida oposición contra el armamento nuclear que los Estados Unidos utilizaron en Japón tras el fin de la Segunda Guerra Mundial, en 1945.[36]

Las investigaciones disponibles permiten identificar que la celebración del Congreso Mundial de Intelectuales en Defensa de la Paz y la consecuente creación del Movimiento por la Paz en 1948 fueron las iniciativas culturales más exitosas que la Unión Soviética impulsó durante los inicios de la Guerra Fría. Estas iniciativas ciertamente contaban con la representación de obreros, pero ponían en primera fila a los intelectuales, como bien lo demuestran los estudios de Adriana Petra para el caso de Argentina.[37] Las actividades alentaban a intelectuales de todo el mundo para crear movimientos idénticos en sus países de origen, con valores como la oposición a los totalitarismos de izquierdas y derechas y el antifascismo, pues consideraban que los Estados Unidos representaban un nuevo tipo de fascismo. Fue por ello por lo que los medios de comunicación rápidamente acusaron a las nuevas instituciones de ser una fachada del comunismo

---

36 Tony Judt, *Postwar: A History of Europe Since 1945* (Nueva York: Penguin Books, 2005).

37 Adriana Petra, "Cultura comunista y Guerra Fría: los intelectuales y el movimiento por la paz en la Argentina", *Cuadernos de Historia*, n.º 38 (2013), pp. 99-130.

internacional. Así, tras 1948, surgieron otras instituciones y eventos masivos, como el Congreso Mundial de Partidarios de la Paz en París, Praga (1949) y Viena (1952), y la creación del Consejo Mundial de la Paz (1950).[38]

Estas instituciones no fueron fundadas únicamente en Europa, y no solamente allí fueron relevantes para las izquierdas nacionales. Investigaciones destacadas para el caso de América Latina así lo confirman. Mientras que un pintor de renombre mundial como el español Pablo Picasso causó conmoción por su asistencia y apoyo a la actividad organizada en París en 1949, a la que igualmente asistieron Jean Paul Sartre y Simone de Beauvoir, la misma sorpresa habían causado intelectuales reconocidos dentro y fuera de América Latina, como el poeta chileno Pablo Neruda, su colega y amiga Gabriela Mistral, el brasileño Jorge Amado, el muralista mexicano Diego Rivera, el diplomático guate-malteco Luis Cardoza y Aragón, el costarricense Joaquín García Monge y el reconocido poeta cubano Nicolás Gui-llén, quienes también habían estado entre los asistentes a esa actividad y a las que vendrían en los años siguientes. Otros muy conocidos se sumaron a las listas de finales de la déca-da de 1940, tales como el gran arquitecto Oscar Niemeyer de Brasil, el galardonado premio nobel de literatura (1967) y el ganador del Premio Lenin de la Paz (1965) Miguel Ángel Asturias de Guatemala, y los también escritores Juan Rulfo de México, Mario Benedetti de Uruguay y Nicanor Parra de Chile, que asistían a algunos eventos organizados en torno al concepto de la paz y con ello evidenciaban el preponderante papel que los intelectuales latinoamericanos tenían para la iniciativa cultural de la Unión Soviética. Más tarde, muchos de estos intelectuales conformaron institu-ciones nacionales, se reunieron en México en el Congreso Continental Americano por la Paz de 1949 y seguirían

---

[38] Manuel Aznar Soler, "Guerra Fría cultural y exilio republicano de 1939: el Congreso Mundial de Intelectuales por la Paz (Wroclaw, 1948)", *Culture & History Digital Journal*, vol. 7, n.º 1 (2018), pp. 1-13.

haciéndolo en América Latina hasta finales de la década de 1980, como también sucedió en Costa Rica.[39]

Al igual que lo hacían en toda América Latina,[40] los comunistas costarricenses que fundaron el Comité Nacional de Partidarios de la Paz se dedicaron a exponer sus ideas en publicaciones periódicas desde sus inicios. *Paz. Órgano del Comité Nacional de Partidarios de la Paz* fue una de ellas.[41] Aunque se desconoce si este rotativo fue sistemáticamente publicado, pues su carácter clandestino permitió únicamente la conservación de registros dispersos en el Archivo Nacional de Costa Rica, la información disponible permite determinar que su primer número se imprimió en octubre de 1950. En un folleto de apenas cuatro páginas impresas en muy baja calidad, lo primero que hizo *Paz* fue distanciarse de la lucha ideológica de la Guerra Fría, que para 1950 manifestaba un anticomunismo hegemónico a nivel global. Las primeras palabras impresas aclaraban que *Paz* no estaba "al servicio de ningún Partido ni de ninguna clase social", y continuaban:

… no queremos una nueva guerra mundial; y mucho menos una guerra atómica. Los pueblos necesitan paz y bienestar. La guerra es hambre y destrucción. Las grandes potencias deben entenderse pacíficamente. El capitalismo y el socialismo pueden convivir sobre el planeta. Hay fuerzas que no quieren esa convivencia sino la guerra atómica. Pero los pueblos pueden imponer la paz si son capaces de adoptar una actitud definida contra la guerra.[42]

---

39 Germán Alburquerque Fuschini, *La trinchera letrada. Intelectuales latinoamericanos y Guerra Fría* (Santiago: Ariadna Ediciones, 2010), pp. 25-60.

40 Petra, "Cultura comunista y Guerra Fría", pp. 109-125.

41 Archivo Nacional de Costa Rica, Unidad documental simple CR-AN-AH-MAMOVAL-COR-002813- Boletín Paz, del Comité de Partidarios de la Paz (San José: Fondo Manuel Mora Valverde, 10 de octubre de 1950).

42 "Si los pueblos quieren no habrá guerra", *Paz. Órgano del Comité Nacional de Partidarios de la Paz*, 30 de octubre de 1950, p. 1.

La información proporcionada por *Paz* utilizó ideas conocidas a nivel global y escritas en un lenguaje sencillo para oponerse a la carrera armamentística. Con esto, los comunistas evidenciaban que la intención del rotativo no era alcanzar a un público intelectual, sino a uno más amplio, compuesto por jóvenes y personas trabajadoras. Con esta estrategia, el rotativo costarricense no solo rompía con la lógica de la Guerra Fría cultural de los Estados Unidos y la Unión Soviética, en la que eran los intelectuales quienes ocupaban la primera línea de los combates ideológicos, sino que pretendían incluir a otros sectores en sus denuncias. De la misma manera, aunque el folleto ahondaba en noticias internacionales sobre Europa y las acciones del Comité Mundial de Partidarios de la Paz, que pronto celebraría una actividad en Londres,[43] la verdadera pretensión de los comunistas era ofrecer información sobre una campaña de desprestigio mediático en contra de su organización, emprendida por la Embajada de los Estados Unidos en Costa Rica, y con ello advertir que el país no estaba al margen de las disputas y de la carrera armamentística de la Guerra Fría.[44]

El motivo fundamental que perseguía *Paz* en sus páginas era convocar a una recolección nacional de firmas en contra de una tercera guerra mundial y en oposición a la bomba atómica. Dicha oposición, sin embargo, no tenía motivaciones únicamente nacionales, sino que respondía a

---

[43] "Joliot-Curie llama a los pueblos al II Congreso Mundial de Partidarios de la Paz", *Paz. Órgano del Comité Nacional de Partidarios de la Paz*, 30 de octubre de 1950, pp. 1 y 4; "Noticias Internacionales", *Paz. Órgano del Comité Nacional de Partidarios de la Paz*, 30 de octubre de 1950, pp. 2-3; "Los efectos de la bomba atómica", *Paz. Órgano del Comité Nacional de Partidarios de la Paz*, 30 de octubre de 1950, p. 3; "El llamamiento de Estocolmo no va dirigido contra ningún país determinado", *Paz. Órgano del Comité Nacional de Partidarios de la Paz*, 30 de octubre de 1950, pp. 2-3.

[44] "Los mexicanos protestaron en tanto los ticos se sometieron dócilmente", *Paz. Órgano del Comité Nacional de Partidarios de la Paz*, 30 de octubre de 1950, p. 2; "No estará Costa Rica al margen de la Guerra", *Paz. Órgano del Comité Nacional de Partidarios de la Paz*, 30 de octubre de 1950, p. 2.

una alerta transnacional emitida en setiembre de 1949 por la agencia soviética TASS, que había confirmado la explosión de una bomba atómica soviética. Esto hacía latente la posibilidad de un conflicto armado, pues confirmaba que tanto los Estados Unidos como la Unión Soviética efectivamente contaban con un poderoso armamento nuclear. Así, a pesar de la campaña en su contra, *Paz* aseguraba haber reunido un total de doce mil firmas en contra del armamento nuclear y aclaraba el papel de la juventud en ese proceso de la Guerra Fría:[45] en su contratapa, el folleto dio a conocer el lanzamiento de la Caravana Juvenil por la Paz, que iniciaría en el mes de noviembre y en la que cientos de jóvenes caminarían alrededor de noventa kilómetros desde el pacífico costarricense hasta la capital con el objetivo de reunir más firmas en contra de una nueva guerra que podría destruir el mundo.[46]

En las publicaciones también es evidente el intento de los comunistas por vaciar el concepto de "paz" del contenido soviético que le había sido otorgado por el anticomunismo transnacional y costarricense. Este intento fue una constante durante las décadas de 1950 y 1960. El mismo intento también se enfrentaba al sólido aparato de instituciones constituidas en torno al concepto de la libertad, cuyas fuentes financieras eran evidentemente más onerosas. Así, hacia el decenio de 1960, las acciones discursivas de los comunistas tendían a vaciar la carga soviética asignada a la paz, y, al hacerlo, su vocabulario no experimentó cambios considerables respecto a la década anterior. Así lo evidencian los escritos de intelectuales relacionados con el Comité Nacional de la Paz y sus acciones.

Para entonces, a esta organización seguían inscritos profesores como Ovidio Salazar y el galardonado intelectual

---

45 "12.000 formas recogidas hasta el 12 de Octubre y llegaremos a 20.000 el 13 de Noviembre", *Paz. Órgano del Comité Nacional de Partidarios de la Paz*, 30 de octubre de 1950, p. 4.

46 "Caravana Juvenil por la Paz", *Paz. Órgano del Comité Nacional de Partidarios de la Paz*, 30 de octubre de 1950, p. 4.

comunista Carlos Luis Sáenz Elizondo, pero también formaban parte de él los médicos y militantes comunistas Gilberto Bonilla Rojas[47] y Óscar Morera Madrigal.[48] Este último escribió un texto que publicó en *La Prensa Libre* del 18 de febrero de 1967[49] con el propósito de negar las connotaciones comunistas de una marcha en favor de la paz, organizada por el Comité Nacional de la Paz. En ese texto, Morera Madrigal defendió la urgencia de discutir sobre la paz global con una explicación sobre el contexto transnacional, y mediante referencias sobre la guerra en Vietnam, que para entonces ya era un tema de discusión pública que cuestionaba la relevancia de la ideología anticomunista de los Estados Unidos[50] y que dos años más tarde causaría brotes de rebeldía entre las juventudes de Costa Rica.[51] No obstante, para justificar la defensa de la paz, el texto del médico también hacía referencia a otras instituciones como las Naciones Unidas y la Iglesia católica que, en un contexto de controversias por el uso de este concepto, habían empezado a apropiarse de él y hacían una capitalización de su imaginario global.

Este punto es altamente relevante para explicar la construcción histórica de la conceptualización de la paz y para comprender la disputa de este concepto por instituciones

[47] Rodolfo Ulloa Bonilla, *Camaradas: militantes del Partido Comunista de Costa Rica* (San José: Rodolfo Ulloa Bonilla, 2019); Rogelio Cedeño Castro, "De la preciada memoria de un médico y amigo muy querido. El poliedro de la vida. Dr. Óscar Morera Madrigal", *Surcos Digital*, 28 de octubre de 2022, en t.ly/qwj_y.

[48] Archivo Nacional de Costa Rica, Unidad documental simple CR-AN-AH-MAMOVAL-COR-001379 - Lista de miembros del Consejo Mundial de la Paz (San José: Fondo Manuel Mora Valverde, 1970).

[49] Óscar Morera Madrigal, "La Marcha de la Paz no es marcha comunista", *La Prensa Libre*, 18 de febrero de 1967, hoja suelta.

[50] Akira Iriye, "Historicizing the Cold War", en *The Oxford Handbook of the Cold War*, ed. Por Richard H. Immerman y Petra Goedde (Oxford: Oxford University Press, 2013), pp. 16-30.

[51] Randall Chaves Zamora, "Independencia antiimperialista: la solidaridad con Vietnam durante la visita de Lyndon B. Johnson a Costa Rica y el movimiento estudiantil en 1968", *Diálogos. Revista de Historia*, vol. 22, n.º 2 (2021), pp. 1-37.

anticomunistas financiadas por los Estados Unidos o que simpatizaban con el estilo de vida y los valores que esta potencia cultural pregonaba por medio de su propaganda. Acorde con esto, la primera institución anticomunista que trató de apropiarse del concepto de la paz fueron los Cuerpos de Paz, creados por el gobierno de los Estados Unidos en 1961 durante el gobierno de John F. Kennedy (1961-1963). Con otras posibilidades financieras, los Cuerpos de Paz no solamente se habían apropiado exitosamente de este concepto, sino que crearon un verdadero ejército de jóvenes estadounidenses que hicieron servicio voluntario en todo el mundo, inspirados por una vocación filantrópica y altamente problemática, pues en sus acciones se denotaba un amplio desconocimiento de las realidades contextuales, como lo explica de manera diáfana el libro de Molly Geidel sobre esta institución.[52] Los Cuerpos de Paz rápidamente se extendieron por el mundo entero, y, según la documentación del Archivo Nacional, una sede operó en Costa Rica con la colaboración del Ministerio de Educación Pública desde 1963.[53]

Otra institución que buscó apropiarse de los elementos constitutivos del concepto de la paz fue la Iglesia católica. Desde 1967, luego de algunos meses de que se publicara el mensaje de Morera Madrigal, el papa Pablo VI celebró la Primera Jornada Mundial de la Paz, y esta fue una tarea que continuó más tarde su sucesor, Juan Pablo II, a quien los estudios sobre el papel de la religión durante la Guerra Fría lo comprenden como uno de los líderes anticomunistas más poderosos del período. Este líder religioso nunca escondió

---

52 Molly Geidel, *Peace Corps Fantasies. How Development Shaped the Global Sixties* (Mineápolis y Londres: University of Minnesota Press, 2015).

53 Archivo Nacional de Costa Rica, Unidad documental simple CR-AN-AH-MEP-005000- Despacho del Ministro. Correspondencia con OEA, UNESCO, Cuerpo de Paz, Scouts, Movimiento Nacional de Juventudes, entidades nacionales y extranjeros, iglesia, BID, CREFAL, FAO. *Memorando sobre la situación educativa de Costa Rica* (San José: Fondo del Ministerio de Educación Pública, 1968).

su oposición a la Unión Soviética, sino que capitalizaba el poder religioso que tenía su investidura para inclinar a las personas creyentes hacia valores religiosos inspirados en la propaganda cultural de los Estados Unidos.[54]

Así, la línea oficial del catolicismo también se involucró en esta disputa intelectual de la Guerra Fría sobre la paz. Como resultado de esta controversia, hacia la década de 1960, el concepto de la paz fue cargado de valores espirituales, que tendieron a vaciarlo de su contenido político original, opuesto a la carrera nuclear liderada por los Estados Unidos durante la Guerra Fría. Esta "espiritualización" del concepto de la paz no solamente contribuyó a que un concepto político se convirtiera en uno religioso en un momento de disputas ideológicas, sino que también hizo que la definición de este concepto a menudo sea compleja, tal y como lo propone Johan Galtung, quien escribió su propuesta para el estudio de la paz en un momento de bipolaridad ideológica y de disputa por el significado de un concepto central como la paz.[55]

Las implicaciones transnacionales de cada una de las discusiones en las que se incluyeron los intelectuales adscritos al Comité Nacional de Partidarios de la Paz de Costa Rica se materializaron en sus constantes viajes a las actividades afines con esta institución transnacional, pero la documentación de archivo permite determinar que, a través de sus vinculaciones con este elemento ideológico de la Guerra Fría, capitalizaron el concepto de la solidaridad internacional y estrecharon lazos con otros países centroamericanos hasta la década de 1990, cuando fueron firmados los acuerdos de paz en esta región, al filo del ocaso de la

---

[54] Paul Kengor y Robert Orlando, *The Divine Plan: John Paul II, Ronald Reagan, and the Dramatic End of the Cold War* (Wilmington: Intercollegiate Studies Institute, 2019).

[55] Johan Galtung, "Violence, Peace, and Peace Research", *Journal of Peace Research*, vol. 6, n.º 3 (1969), pp. 167-191.

Guerra Fría y con una conceptualización de paz de la que, para entonces, los Estados Unidos ya habían capitalizado.[56]

A pesar de esta vinculación internacional, lo cierto es que el concepto de la paz también funcionó para que los comunistas estrecharan lazos con la política nacional. Según Adriana Petra, si bien cada una de las instituciones nacionales en defensa de la paz rescató el internacionalismo soviético, lo cierto es que, al llegar a América Latina, surgieron controversias intelectuales sobre el rescate de las tradiciones nacionales y la adaptación de los modelos de Europa a cada realidad nacional.[57] En este sentido, el Comité Nacional de Partidarios de la Paz creado en Costa Rica fue exitoso; a través de él, sus intelectuales estrecharon los valores nacionalistas de viejo cuño con su novedoso vocabulario sobre la paz mundial y las causas nacionalistas acogieron una franca vocación global, esencial para potenciar su capacidad de acción política durante la disputa ideológica de la Guerra Fría.

En un artículo publicado en julio de 1973, Prieto Tugores hizo eco del Congreso Mundial de Paz y Solidaridad que se realizaría en Moscú en octubre de ese mismo año y al que ella asistió. Su texto, publicado en *Nuestra Voz*, una revista mensual de mujeres comunistas, insistía en la trayectoria de la lucha por la paz y responsabilizaba a comunistas y "partidarios de la paz" por los "éxitos alcanzados por las fuerzas anti-guerreristas" y por el "fortalecimiento del principio de coexistencia pacífica y el fracaso de la guerra fría", que eran, según ella, los "hechos más trascendentes e importantes de la actualidad mundial". Al final, la intelectual comunista informó que hacía unos días se había

---

56 Archivo Nacional de Costa Rica, Unidad documental simple CR-AN-AH-MAMOVAL-003848 - Propuestas de ensayos acerca de la Paz en Centroamérica y el Caribe (San José: Fondo Manuel Mora Valverde, 1948-1982); Archivo Nacional de Costa Rica, Unidad documental simple CR-AN-AH-MAMOVAL-003779 - Discursos sobre la paz y la justicia social (San José: Fondo Manuel Mora Valverde, 1967-1983).

57 Petra, "Cultura comunista y Guerra Fría", 108-109.

conformado un "Comité Patrocinador" para enviar a una delegación costarricense hasta "la capital soviética" y afirmó que esa sería "una delegación verdaderamente representativa de las tradiciones e ideales de paz que proverbialmente han caracterizado al pueblo costarricense".[58]

La caracterización naturalizada y ahistórica de los habitantes de Costa Rica como personas pacíficas no era nueva. Al contrario, era utilizada por todos los sectores de la política costarricense desde el siglo XIX y fue fortalecida con la abolición del ejército en 1949. Este imaginario es uno de los pilares más destacados del nacionalismo costarricense, que Prieto Tugores quiso capitalizar en un contexto de anticomunismo e ilegalización de sus actividades políticas.

Es claro que, frente al carácter clandestino de las actividades políticas de los comunistas, apelar a la paz y al carácter pacífico del "pueblo costarricense" les permitía afrontar el anticomunismo con que les adversaban los poderes represivos del Estado, pero también el lenguaje anticomunista global; resulta claro, además, que la paz fue un elemento capaz de estrechar sus objetivos políticos y transnacionales de la Guerra Fría con los del nacionalismo costarricense.

Finalmente, todo indica que el uso sistemático del nacionalismo costarricense y la clandestinidad facilitaron la permanencia de las organizaciones en defensa de la paz. A diferencia de aquellas que dependían económicamente de la CIA, que dejaron de ser financiadas y cuyas actividades cesaron a finales de la década de 1960, las organizaciones comunistas no fueron dependientes de sumas onerosas, y, como se presume por las palabras de Prieto Tugores, el envío de personas que representaran al país en Moscú dependía de un Comité Patrocinador para financiar los gastos que el viaje implicaba. Este punto refuerza, a su vez, la

---

[58] Emilia Prieto Tugores, "La lucha por la justicia y la paz debe ser acción mantenida y vigilante", *Nuestra Voz*, julio de 1973, citado por Mercedes Flores González, ed., *Emilia Prieto Tugores. Selección de ensayos: 1930-1975* (San José: Editorial Universidad de Costa Rica, 2016), pp. 362-363.

idea de que, si bien estos intelectuales eran simpatizantes de la Unión Soviética, su filiación ideológica no estaba determinada por el financiamiento de sus actividades intelectuales, como sí sucedía con quienes levantaban la bandera de la libertad en viajes, actividades e instituciones financiados de manera desproporcionada por la poderosa filantropía estadounidense.

Conclusiones

En una pared, llamada "Palabra de Niño", del Museo Casa de la Memoria en Colombia, se exponen los significados que niños y niñas les dieron a algunos conceptos durante el conflicto armado en el país mientras tenían entre cuatro y doce años de edad. Al ser cuestionada por el significado de la violencia, Sara Martínez, de siete años, respondió, tajante: "Parte mala de la paz".[59] Aunque este significado de la violencia fue conceptualizado luego de dos décadas del fin de la Guerra Fría, lo cierto es que, en la definición de una niña, se encerraron algunas de las conceptualizaciones en boga durante la segunda mitad del siglo XX y por las que dos imperios y sus intelectuales se enfrentaron durante décadas. El ideario relacionado con la paz de los intelectuales comunistas se oponía a la concepción naturalizada de la violencia armada, mediante la que los Estados Unidos llevaban su influencia hasta el tercer mundo e intentaban implantar la paz por medio de la represión de las identidades políticas. Esa misma paz que luego fue cargada de ideas sin un aparente contenido político y alrededor de la cual se crearon instituciones con el financiamiento que antes tuvo el concepto de la libertad.

---

59 Javier Naranjo, *Palabra de Niño* (Medellín: Casa Museo de la Memoria, 2022).

La materialización de estos conflictos en el campo intelectual costarricense evidencia el peso central de una región tradicionalmente marginalizada por los estudios sobre la Guerra Fría cultural, pero también permite ubicar a los intelectuales centroamericanos en el plano central que los imperios le habían otorgado al combate de las ideas. Según Tony Judt, la Guerra Fría cultural que libraron los Estados Unidos movilizó a trece mil intelectuales y significó un gasto de un centenar de millones de dólares solamente en Europa. Además, el mismo historiador afirma que la CIA destinó alrededor de ocho millones de dólares anuales para el financiamiento de agendas intelectuales en el mundo entero,[60] pero no existe la misma información para el caso de la agenda cultural de la Unión Soviética, tal y como lo han criticado algunos historiadores de la Guerra Fría como David Caute. Este mismo historiador hace una crítica a los estudios sobre la Guerra Fría cultural al afirmar que las investigaciones, normalmente hechas por personas herederas de tradiciones académicas de izquierda, parecen entusiasmadas al investigar sobre el financiamiento y la intrusión de los Estados Unidos en las actividades intelectuales y se muestran al mismo tiempo apáticas en la búsqueda del financiamiento que hizo la Unión Soviética.[61]

Este texto hace a un lado esta apatía, pero demuestra que, si bien ambos frentes tuvieron una intensa labor intelectual, lo cierto es que la capacidad de los Estados Unidos fue comparativamente superior a la que pudieron desarrollar muchos intelectuales en la disidencia o la ilegalidad por su adscripción con el comunismo. Asimismo, mientras que los Estados Unidos se veían obligados a canalizar altas cantidades de dinero para convencer a los intelectuales sobre su visión del mundo, todo apunta a que la Unión Soviética no requirió usar esta estrategia sistemáticamente: tanto el

---

[60] Judt, *Postwar*, p. 45.
[61] David Caute, *Cold War Culture. Stage, Screen, Music, Ballet, Expo, Art and Ideology. USA-USSR-Europe.* (Óxford: Oxford University Press, 2003).

antiimperialismo como el rechazo a la cultura estadounidense tenían bases sólidas y paradójicamente bien motivadas por los mismos Estados Unidos, que se asentaban en el financiamiento y protagonismo en las acciones imperialistas sobre la región desde el siglo XIX.

En esta misma vía, el caso costarricense es altamente representativo: mientras que el financiamiento de los Estados Unidos estableció relaciones y permitió la circulación legal de personas por las fronteras nacionales e internacionales, creó instituciones latinoamericanas de adiestramiento político en territorio nacional con la participación de agentes de la CIA que recibieron privilegios diplomáticos, permitió la impresión de publicaciones periódicas con ideas de intelectuales de todo el continente y se incluyó en la UCR mediante onerosas donaciones para la creación de centros de investigación con temáticas específicas en las que se vincularon intelectuales identificados con las ideas estadounidenses de la libertad y la democracia, nada de lo anterior pudo suceder con los intelectuales disidentes, que, además de haber sido expulsados de la UCR desde finales de la década de 1940 como castigo por pertenecer al bando perdedor de la guerra civil,[62] tenían medios económicos limitados, militaban en un partido proscrito y eran sometidos frecuentemente a la inspección de sus medios de comunicación. Sin mencionar que les era difícil la circulación de ideas, pues no eran extrañas las inspecciones de sus libros y otros materiales culturales que les llegaban o que intentaban importar por sí mismos desde el extranjero.

Queda pendiente inspeccionar con detalle el flujo financiero de la Unión Soviética a los intelectuales centroamericanos, como lo había hecho Albert Szymanski para el caso de las relaciones entre los Estados Unidos y América Latina, cuando investigó el dinero destinado por las fundaciones internacionales a las universidades de la región,

---

62 David Díaz Arias, *Crisis social y memorias en lucha: guerra civil en Costa Rica, 1940-1948* (San José, Costa Rica: Editorial Universidad de Costa Rica, 2015).

cuyo aporte fue fundamental en el desarrollo de las ciencias sociales y su modernización, así como en la introducción de las discusiones intelectuales más relevantes de la Guerra Fría.[63] También es fundamental explorar los puntos de encuentro y desencuentro entre la intelectualidad comunista y los intelectuales anticomunistas, pues una búsqueda detallada en medios de prensa podría demostrar la agitación que generaron los choques entre la paz y la libertad en el campo de las ideas.

No obstante, las iniciativas de los Estados Unidos no parecen comparables con aquellas de los intelectuales comunistas en términos financieros. Mientras los intelectuales reunidos en torno al Congreso por la Libertad de la Cultura gozaron de publicaciones, de centros de formación con la presencia de políticos de toda América Latina, y de viajes y posibilidades de llevar sus ideas hasta los espacios más relevantes del campo intelectual costarricense como las universidades públicas, los intelectuales del Comité Nacional de Partidarios de la Paz hicieron precarias publicaciones y enfrentaron el exilio de la política y las universidades del país. Adicionalmente, en este punto el enfoque para estudiar la Guerra Fría también debe asumir una postura descentrada, pues, mientras que la Unión Soviética tuvo un papel menos preponderante en el financiamiento de actividades comunistas en América Latina, desde mediados de la década de 1950, la Revolución cubana financió una serie relevante de encuentros juveniles, congresos, simposios, festivales culturales y otros eventos en que circularon ideas opuestas al papel dominante de la cultura estadounidense durante la Guerra Fría.

Por su parte, el fin del CLC debido al cierre de sus fuentes de financiamiento hizo que los intelectuales simpatizantes de los Estados Unidos dejaran las asociaciones intelectuales y se relacionaran con la política, algo que ya

---

[63] Albert Szymanski, "Las Fundaciones Internacionales y América Latina", *Revista Mexicana de Sociología*, vol. 35, n.º 4 (1973), pp. 801-817.

era conocido por los comunistas, que desconocían la separación de la vida política y la vida intelectual debido al ideal del intelectual comprometido que habían asumido en su mayoría y por toda América Latina. En este sentido, la disputa intelectual fue desigual en términos financieros, porque una idea era mejor financiada que otra y contaba con instituciones sólidas. Más tarde, los Estados Unidos no solamente se encargaron de sostener la desigualdad que surgió con la dinámica cultural del conflicto, sino que capitalizaron el concepto de la paz, para convertirlo en otro de sus monopolios ideológicos, altamente exitosos durante la Guerra Fría cultural.

3

Golpes de Estado militares-revolucionarios en Perú y Bolivia (1968-1971)[1]

Alejandro Santistevan Gutti

Introducción

Los militares nacionalistas-revolucionarios que dieron golpes de Estado en Perú en octubre de 1968 y en Bolivia en setiembre de 1969 lo hicieron con la pretensión de transformar económica y socialmente sus países. Ambas revoluciones denunciaron que los gobiernos civiles no eran democráticos porque estaban sometidos a la oligarquía local y al capital imperialista.

Este capítulo se basa en una investigación en archivos diplomáticos y políticos de Bolivia y Perú que busca conectar la historia de estas dos revoluciones militares, sus orígenes y sus vínculos diplomáticos para ofrecer una visión trasnacional de las contradicciones que las atravesaron. Con

---

1   Este artículo se basa en la tesis de Maestría en Historia Internacional presentada en el Centro de Investigación y Docencia Económica del México (CIDE), que fue realizada gracias a una beca de dedicación a tiempo completo y de movilidad del Consejo Nacional de Ciencia y Tecnología (ahora CONACHYT) de México en 2019 y que le permitió al autor visitar archivos bolivianos. Un artículo también basado en esa tesis, aunque más centrado en la relación diplomática bilateral, se puede consultar en Alejandro Santistevan. "Política y diplomacia entre gobiernos militares-revolucionarios en la Guerra Fría latinoamericana: Bolivia y Perú, 1969-1971", *Revista Riqch'ariy*, vol. 2, n.º 2 (2023), pp. 71-96.

esto, se pretende profundizar la reflexión sobre los golpes de Estado, al discutirlos no como una interrupción de la democracia, sino como un momento de reconstitución del equilibrio de fuerzas y disputa hegemónica. Las relaciones entre Bolivia y Perú en este periodo muestran que, en ambos países, el golpe militar significó un intento de reorientación política y geopolítica que fue resistido y disputado, al punto que estos procesos militares-revolucionarios terminaron con golpes de Estado restauradores.

El texto se divide en dos secciones. La primera se concentra en mostrar cómo los golpes de Estado fueron la culminación de procesos de formación militar y disputa hegemónica, mientras que la segunda parte es un estudio de las reacciones políticas y diplomáticas a los golpes de Estado en el periodo de 1968-1971, para mostrar cómo estos estuvieron marcados por la derechización de las Fuerzas Armadas y las dificultades que implicaba el enfrentamiento con Estados Unidos en la Guerra Fría latinoamericana.

1. El camino hacia la revolución militar: la transformación de las Fuerzas Armadas en Bolivia y en Perú

Los golpes militares no deben ser considerados irregularidades o exabruptos en la historia de Bolivia y de Perú, sino que son parte central del paisaje político de sus historias republicanas.[2] Dirk Krujit define los ejércitos políticos como aquellos que consideran que gobernar y controlar los asuntos internos de un Estado es parte central de su función.[3] No se puede pensar la revolución de Juan Velasco

---

[2] Herbert S. Klein, *Historia mínima de Bolivia*, Primera edición, Colección Historias mínimas (Bolivia: El Colegio de México: Turner, 2015).
[3] Kees Koonings y Dirk Kruijt, eds., *Ejércitos políticos: las Fuerzas Armadas y la construcción de la nación en la era de la democracia*, 1.º ed, Instituto de Estudios Peruanos América Problema (Lima: IEP, Inst. de Estudios Peruanos, 2003).

(Perú, octubre de 1968) o la de Alfredo Ovando (Bolivia, setiembre de 1969) como una simple continuación de un militarismo congénito, sino que deben entenderse como la culminación de un proceso de formación de pensamiento político-militar y resquebrajamiento de la hegemonía oligárquica y de Estados Unidos en la región. Esta sección discute cómo fue que los ejércitos políticos de Bolivia y Perú albergaron estas ideas de revolución, qué procesos les dieron forma a estos ejércitos y hasta qué punto había fracciones internas dentro de las Fuerzas Armadas.

Los militares de fines de la década de 1960 en Bolivia y Perú se imaginaron como catalizadores de cambios largamente postergados. La cancelación del poder de la oligarquía y su cultura política, la nacionalización de los recursos naturales y la autonomía frente a Estados Unidos eran demandas que estaban presentes en el horizonte político desde al menos la década de 1920, pero que fueron sucesivamente postergadas por gobiernos civiles conservadores y por gobiernos militares restauradores. La Revolución de 1952 en Bolivia y su continuación con el gobierno de René Barrientos (1964-1969), así como en el gobierno de Fernando Belaunde (1963-1968) en Perú, terminaron siendo limitadas por la fuerza de la oligarquía local y la presión de Estados Unidos. Los militares, entonces, llegaron a la conclusión de que las reformas que estos gobiernos no pudieron llevar a cabo debían ser realizadas a través de una revolución militar. Sus motivaciones para la intervención iban desde la contención del comunismo y las guerrillas, una preocupación estratégica por el control de los recursos naturales hasta el nacionalismo, e incluso hubo sectores que abrazaron una versión del socialismo militar. Entonces, el proyecto de las Fuerzas Armadas como conductoras de la revolución significó cosas distintas para diversos militares y constituyó un horizonte paradójico en constante disputa. La relación con Estados Unidos, la naturaleza del gobierno, la relación con los movimientos sociales y la política económica fueron motivo de intensas disputas en esos años. Más que cerrar el campo político e imponer un pensamiento militar monolítico, estos golpes militares abrieron procesos de movilización política y de disputa ideológica al interior de la oficialidad.

Las Fuerzas Armadas de estos países se institucionalizaron y profesionalizaron desde la década de 1950, lo que generó un espacio de autonomía de clase que rompía la tradicional correspondencia entre aparato estatal y oligarquía. Mientras que en otros países las Fuerzas Armadas seguían teniendo un carácter elitista y se las asociaba con el conservadurismo, en Bolivia y en Perú el ejército era uno de los pocos espacios de realización y ascenso social para sectores mestizos y plebeyos. Los partidos políticos de la democracia peruana y boliviana, aunque participaban de elecciones formalmente democráticas, eran en realidad muy poco representativos de la diversidad social e ideológica de estos países. El ejército pretendió reemplazar a los políticos civiles que estaban sociológica e intelectualmente asociados a la oligarquía local y al capital extranjero con una clase de oficiales tecnocráticos que se sentían capaces de modernizar el país. Se trató de la intervención de un ejército político, pero uno que era esencialmente diferente al que produjo los golpes de caudillos en las décadas anteriores. La intervención militar se basó en un frágil consenso que escondía, en realidad, contradicciones que terminarían acabando con los intentos de revolución.

2. El camino hacia la revolución militar en Bolivia

En Bolivia, el ejército surgió como alternativa al Estado oligárquico en el periodo posterior a la guerra del Chaco (1933-1935). El fracaso en la guerra contra Paraguay fue visto por los militares como la muestra de que el sistema político de "la rosca", es decir, la alianza entre capitalistas mineros y élite política, había caducado. Esto llevó a un grupo de oficiales de rango medio, liderados por David Toro (1936-1937) y Germán Busch (1937-1939), a establecer un gobierno militar que nacionalizó el petróleo que estaba en manos del capital estadounidense. Los gobiernos de Toros y Busch fueron turbulentos y sucumbieron ante la presión de las élites locales y de la Standard Oil, afectada por las expropiaciones. Sin embargo, fueron muy influyentes en forjar un intenso nacionalismo con respecto a los recursos naturales.[4]

Otro antecedente importante para la historia de los militares bolivianos es el periodo de Gualberto Villaroel (1943-1946), un oficial nacionalista y antioligárquico que fue violetamente derrocado con apoyo de las élites y acusado de ser "fascista". Villaroel dijo una frase que es recogida por Ovando en sus discursos: "No soy enemigo de los ricos, pero soy más amigo de los pobres". En 1953, un año después de la Revolución de 1952, la escuela militar boliviana fue renombrada como Gualberto Villaroel, señalando así una reorientación política de las Fuerzas Armadas.[5]

La Revolución de 1952, encabezada por el Movimiento Nacionalista Revolucionario (MNR) del abogado Víctor Paz Estenssoro, acabó con el sistema político de la rosca, desplazó a la oligarquía y les otorgó el protagonismo a las clases medias urbanas, prometiendo una reforma agraria, la recuperación de los recursos naturales y una política internacional independiente. En 1952, el ejército se alineó con la oligarquía y reprimió la movilización encabezada por el MNR. Sin embargo, ese movimiento social tenía profundas

---

4   Andrey Schelchkov, *Socialistas-militares: el laberinto boliviano de la experimentación social (1936-1939)*, 1.° edición, Marxismo (La Paz, Bolivia: Vicepresidencia del Estado, Presidencia de la Asamblea Legislativa Plurinacional Bolivia, CIS Centro de Investigaciones Sociales, 2018).

5   Raúl Barrios, "El nacionalismo militar boliviano. Elementos para la reformulación estratégica", *Nueva Sociedad*, vol. 81, enero de 1986, pp. 36-45; Luis M. Sierra, "The Precinct of the Dead and Saints for the Nation: The Bolivian National Revolution and Gualberto Villarroel, 1943-1956", *Journal of Urban History*, 13 de enero de 2023, 00961442221143731, en doi.org/ 10.1177/00961442221143731.

raíces entre sectores campesinos con una larga tradición de resistencia violenta y entre trabajadores mineros que tenían suficiente organización y capacidad para retar el poder del aparato represivo estatal. La intervención de la policía, conformada en parte por veteranos de la guerra del Chaco, en favor de la Revolución y la capacidad de Paz Estenssoro para movilizar sectores de clase media urbana terminaron por consolidar la derrota del ejército prooligárquico. La resistencia de los oficiales a la Revolución le dio a Paz Estenssoro el motivo perfecto para reducir purgar y reorganizar al ejército.[6]

La reorganización de las Fuerzas Armadas fue una de las primeras cosas que hizo Paz Estenssoro, quien declaró que los colegios militares serían un espacio para "los hijos del pueblo" y no para las élites tradicionales.[7] En 1953, cuando los colegios militares reabrieron con el nombre de Villaroel y un cariz popular, cambió la manera en que se formaba a los oficiales. Un elemento crucial fue que se pasó de enseñar una historia tradicional alrededor de los héroes y las batallas a una historia más preocupada por las estructuras sociales y económicas.[8] El MNR pretendía ir más allá y formar células revolucionarias entre las barracas e integrar a los militares más notables al gobierno.

Un asunto clave que les daba identidad a las Fuerzas Armadas de Bolivia, y que fue impulsado aún más por el MNR, es que los soldados y oficiales bolivianos participaban en tareas internas como construcción de caminos y

---

[6] James Dunkerley, *Rebelión en las venas: la lucha política en Bolivia, 1952-1982* (La Paz, Bolivia: Vicepresidencia del Estado Plurinacional de Bolivia, 2017). Jhosmane Rojas, *Sin carabineros no hay revolución. Participación del cuerpo nacional de carabineros y policías en la Revolución de abril de 1952* (La Paz, Bolivia: Plural, 2016).

[7] Charles D. Corbett, "Military Institutional Development and Sociopolitical Change: The Bolivian Case", *Journal of Interamerican Studies and World Affairs*, vol. 14, n.º 4 (noviembre de 1972), pp. 399-436, en doi.org/10.2307/174764.

[8] Laurence Whitehead, "Politics and the Military in Bolivia", *Bulletin of the Society for Latin American Studies*, n.º 26 (1977), pp. 24-43.

asistencia social. Esto tuvo el efecto de que el ejército fuera visto como una institución legítima entre los sectores populares y también en la percepción de que los militares vivían en carne propia las dificultades sociales de su país.[9] Alfredo Ovando, protagonista de esta historia, vivió esa época como un oficial ya graduado y formado, que tenía a su cargo la logística militar. Él no fue un producto directo de estos cambios, y más bien su recuerdo al respecto era amargo: criticaba que el MNR hubiera tratado de cooptar políticamente al ejército y, sobre todo, que con el tiempo hubieran dejado de invertir en las Fuerzas Armadas.[10]

El MNR mantuvo por muy poco tiempo el proyecto de construir un ejército político y de formar cuadros tecnocráticos pero comprometidos ideológicamente con la revolución. De hecho, entre 1953 y 1955, había militantes del Partido Obrero Revolucionario Trotskista, que tenía arraigo y fuerza entre los mineros, enseñando a los oficiales bolivianos. A partir de 1955, en consonancia con el viraje general del MNR hacia la derecha y el realineamiento con Estados Unidos, la formación militar perdió su carácter radical, se removió a los profesores civiles y empezaron a llegar instructores militares estadounidenses.[11] Este viraje provocó que las Fuerzas Armadas en Bolivia tuvieran una fuerte influencia de la Doctrina de Seguridad Nacional (DSN), en su versión anticomunista, promovida por Washington.

Para el final del periodo del MNR en 1964, los militares bolivianos habían recibido enormes cantidades de ayuda militar, financiera y técnica de Estados Unidos.[12] La contrainsurgencia se volvió la tarea central de las Fuerzas

---

9 Elizabeth Shesko, "Constructing Roads, Washing Feet, and Cutting Cane for the 'Patria': Building Bolivia with Military Labor, 1900-1975", *International Labor and Working-Class History*, n.º 80 (2011), pp. 6-28.
10 "Alfredo Ovando: Discurso a los jóvenes oficiales", *Revista Militar Boliviana*, n.º 294 (abril de 1968), pp. 150-153.
11 Whitehead, "Politics and the Military in Bolivia", p. 7.
12 Corbett, "Military Institutional Development and Sociopolitical Change", muestra que la cantidad de cifras de oficiales bolivianos formados en Estados Unidos aumentó constantemente entre 1955 y 1964.

Armadas, y la vinculación con la población se reconceptualizó como "acción cívica", para enmarcarse en la retórica de la Alianza para el Progreso. Era claro que tanto Estados Unidos como el MNR (ya derechizado) no tenían interés en fomentar en el ejército un pensamiento crítico o revolucionario. Sin embargo, al interior de esta institución surgieron ideas que cuestionaban la DSN en su versión más conservadora y que, en cambio, planteaban una idea de seguridad nacional ligada al desarrollo y el combate a la desigualdad.

El enorme flujo de dinero y apoyo desde Estados Unidos no produjo una adhesión ciega de todos los militares bolivianos, ya que un importante sector resistió a esa influencia. Luigi Einaudi, un intelectual del Departamento de Estado, reconocía que la educación ofrecida por Estados Unidos podía tener un efecto inverso en algunos oficiales latinoamericanos que rechazaban el análisis que hacían los estadounidenses de sus países.[13] De hecho, varios oficiales que participaron de los gobiernos de Ovando y de Torres pasaron por la infame Escuela de las Américas, pero no asimilaron acríticamente lo que aprendieron ahí, sino que lo combinaron con su propia versión nacionalista y crítica de la situación política de sus países. En 1965, Ovando ya planteaba que, para garantizar la seguridad militar de la patria, no era suficiente el poder de fuego, sino que el ciudadano boliviano debía salir de su situación de pobreza y depresión, algo que solo se podría lograr con cambios socioeconómicos. No había léxico revolucionario, pero sí el germen de una DSN muy original.[14]

En Bolivia, sin embargo, la contrainsurgencia y el anticomunismo no eran fantasmas, sino una realidad concreta. La represión a la guerrilla liderada por Ernesto Che Guevara de 1967 fue probablemente la principal victoria militar

---

[13] Claude Heller, "Las relaciones militares entre Estados Unidos y América Latina: Un intento de evaluación", *Nueva Sociedad*, vol. 27 (1973), pp. 17-31.
[14] Alfredo Ovando Candia, *Seguridad para la patria y bienestar para los que moran en ella* (Escuela de Altos Estudios Militares de Bolivia, 1965), en t.ly/L9rEX.

de las Fuerzas Armadas en Bolivia, al punto que, en el museo militar en Sucre, Chuquisaca, se muestran como máximos trofeos de guerra algunos pertrechos del Che. Esto hizo que surgieran héroes militares como Joaquín Zenteno, un personaje que aparecerá más adelante porque fue embajador en Perú entre 1968 y 1970, y que se consolidara un concreto anticomunismo entre muchos oficiales. El general Gary Prado Salmón, uno de los líderes de la operación contra la guerrilla, reflexionó veinte años después de la campaña de Ñancahuazú y señaló que la victoria contra el Che no se debió a los millones de dólares gastados por Estados Unidos, ni a su asistencia militar, sino a que los campesinos confiaban más en el ejército, que conocía perfectamente esa zona por sus labores sociales, que en unos jóvenes guerrilleros venidos de afuera. Prado Salmón se alejó en su análisis de cualquier discurso triunfalista y señaló que les tocaba a los militares y a los civiles en Bolivia atender a las causas estructurales de la violencia.[15] Prado Salmón fue un militar formado en la corriente nacionalista del ejército, y su interpretación sobre la guerrilla contrasta con el triunfalismo que rodeó la captura del Che y la lectura anticomunista del problema de la violencia política que estaba presente en personajes como Joaquín Zenteno.[16] Ambos tenían importantes cargos: Prado Salmón pertenecía a la Inteligencia Militar, mientras que Joaquín Zenteno estaba en la Casa Militar de la Presidencia, lo que muestra cómo una misma

---

15   Gary Prado Salmón, *The Defeat of Che Guevara: Military Response to Guerrilla Challenge in Bolivia* (Nueva York: Praeger, 1990).

16   Sobre la figura de Zenteno como la cabeza de un derechismo militar alrededor de su liderazgo, ver Martín Sivak, *El asesinato de Juan José Torres: Banzer y el Mercosur de la muerte* (Buenos Aires: Ediciones del Pensamiento Nacional, 1998) y Alvaro Moscoso Blanco, Ramón Rocha Monroy y Thomas Field Jr., *Réquiem para Saturno: retrato y muerte del general Joaquín Zenteno Anaya*, 1.º edición (La Paz, Bolivia: Plural Editores, 2022). Zenteno fue asesinado en París en la década de 1970; se creía que fue una venganza de seguidores del Che Guevara, pero ahora se sabe que fue asesinado por una red ultraderechista transnacional para que no revelara información sobre la corrupción y para que no compitiera por el poder contra Hugo Banzer.

institución contenía interpretaciones opuestas y contradictorias sobre la actuación del ejército y su relación con la política.

Más allá de las interpretaciones de estos personajes, la *Revista Militar Boliviana* contiene varios escritos de militares bolivianos sobre la experiencia que tuvieron al enfrentar la guerrilla del Che. En esos textos, los oficiales se esforzaron por debatir la idea, muy popular entre la izquierda, de que el mérito de la victoria sobre Guevara era de la CIA; asimismo, debatieron con el propagandista oficial de la guerrilla, el filósofo francés Regis Debray, que estaba confinado en una prisión militar en medio de la selva boliviana. Un militar boliviano de nombre Carlos Saavedra escribió en 1967 un artículo en que calificó a Debray como un charlatán y un filósofo de pacotilla, que solo ponía excusas para no reconocer que sus ideas no tenían arraigo entre la población boliviana. Saavedra señaló que el Che había sido derrotado porque la contradicción no era entre guerrilla y ejército, sino entre pueblo e invasión extranjera. Sin embargo, Saavedra reconocía que no había un rechazo absoluto al castrismo en el país, porque había contradicciones sociales que les daban base a las demandas del Che. Entonces, Saavedra acuñó una frase que es muy elocuente sobre el pensamiento militar en ese momento: "No hay tiempo de disipar la miseria proletaria con oro americano".[17]

Es claro que, dentro del pensamiento militar boliviano, se gestaba una lectura desde la seguridad nacional y el anticomunismo, pero que también los militares comprendían que era indispensable hacer cambios sociales y económicos que evitaran el surgimiento de nuevos conflictos. Al mismo tiempo que se combatía ideológicamente a la guerrilla, se afirmaban cosas como que Bolivia no podía seguir basando su política económica en la experiencia de los países "de clase media alta" y que estaba "probado lo precario

---

[17] *Revista Militar Boliviana*, n.º 290 (marzo de 1967), pp. 19-21.

del pensamiento económico teñido de vulgar liberalismo".[18] Esto era una señal de un pensamiento crítico que buscaba colocarse en un punto entre el anticomunismo pro libre mercado de la DSN y la lectura radical de la izquierda de inspiración marxista. Por ejemplo, Alfredo Ovando, en un discurso ante los jóvenes oficiales en 1968, señalaba que lo que necesitaba el país era una "acción de gobierno o revolución tan constructiva y moralista como la de Kemal Ataturk en Turquía".[19] Otra referencia política e intelectual interesante fue la publicación, en la revista de setiembre de 1968, del poema del poeta rumano, exiliado en América Latina, Stefan Baciu:

Yo no canto al Che
Como tampoco he cantado a Stalin
Que lo canten Neruda, Guillén y Cortázar...
Ellos cantan al Che (los cantores de Stalin)
Yo canto a los jóvenes de Checoslovaquia
A los socialistas sin comillas
En busca de libertad
Yo no canto al Che
Como tampoco he cantado a Stalin
Que lo canten los hippies
Que lo canten los exbeats
Que lo canten los que con su canto
Insultan la sangre
De los patriotas checos y cubanos
[...]
Yo no canto al Che
Que en Bolivia llevó a los jóvenes
En las guerrillas a tomar sus orines
Casi locos sin agua.[20]

El poema de Baciu podría parecer anecdótico, pero señala una sensibilidad anticomunista particular en las

---

18 *Revista Militar Bolivia*, n.º 295 (junio 1968), p. 176.
19 *Revista Militar Boliviana* n.º 294 (abril 1968), p. 153.
20 *Revista Militar Boliviana* n.º 295 (junio 1968), p. 243.

coordenadas de la Guerra Fría. No se trataba de la reproducción de un discurso dogmático de la DSN, sino de la
búsqueda de un espacio alternativo a la dicotomía entre
capitalismo y comunismo. Más que usar la revista como
un medio de propaganda o trasmisión de una idea cerrada, sus artículos muestran que el ejército estaba bebiendo
de muchas fuentes intelectuales y que buscaba generar un
pensamiento crítico propio que le permitiera legitimarse.
Un agudo observador de la realidad boliviana como René
Zavaleta Mercado describió así la posible sensación de los
oficiales ante la muerte del Che:

> Como es lógico, los oficiales se preguntan cuál era la razón
> para que se les asignara ese destino ciego, este papel miserable
> con el que aparecían desnudos, especialmente después de la
> muerte del Che y del apresamiento de Debray, sin posibilidad
> de negación ante los ojos del mundo.[21]

El comentario de Zavaleta nos indica que la victoria
sobre el Che produjo una sensación de ilegitimidad y duda
entre algunos oficiales. Sin embargo, en otros oficiales la
experiencia guerrillera sí sembró un odio radical a Cuba y
al socialismo y reforzó una tendencia derechista-conserva-
dora. El ejército boliviano en 1967, entonces, estaba poli-
tizado por su propia experiencia y estaba atravesando por
contradicciones profundas.

El general Alfredo Ovando dio su golpe revolucionario
en setiembre de 1969 y organizó un gobierno en el que
convivían civiles nacionalistas y de izquierda, como Marcelo Quiroga Santa Cruz, ministro de Energía, y militares de
línea dura, como el ministro de Gobierno, el coronel Juan
Ayoroa. En lo internacional Ovando se mostró distante de
Washington y adoptó un lenguaje antiimperialista y no ali-
neado. Esto causó cierta confusión entre los que veían el

---

21 René Zavaleta Mercado, "Ovando el bonapartista", *Obra completa*, 1.º ed (La
Paz, Bolivia: Plural Editores, 2011), p. 655.

asesinato del Che como la consumación de la norteamericanización del ejército boliviano. Un periodista de la revista argentina *Cristianismo y Revolución* le preguntó a Ovando en diciembre de 1969 si era realmente posible hacer una revolución desde una institución influida por el Pentágono como el ejército boliviano; Ovando respondió:

> Yo creo que sí. Si no hay la educación, sino hay la formación, usted verá que eso sería imposible. Y esta fue la tarea nuestra, precisamente. Haber ido creando este espíritu, haber ido educando al futuro oficial en el espíritu esencialmente nacionalista. Las Fuerzas Armadas de Bolivia se prestan para esto. No han sido siempre una institución de casta. Los oficiales provienen de una clase media pobre. Y en algunos casos de sectores campesinos. Y creo que existe un gran espíritu revolucionario, aunque, quizás, todavía no una total comprensión del proceso latinoamericano. Pero indudablemente, ya, un sentido revolucionario; todavía un poco romántico, pero que se ha de encauzar de manera definitiva en estos años.[22]

Ovando confiaba en el espíritu nacionalista-revolucionario de la formación militar y el origen popular del ejército como garantías para su revolución. En su declaración parecía subestimar que dentro del ejército había corrientes en las cuales el nacionalismo, que él mismo llamaba "romántico", no había calado en lo absoluto. En realidad, el ejército boliviano era una mezcla contradictoria de influencias y sectores sociales, en donde compartían espacios y poder militares como Hugo Banzer, ligado a la élite terrateniente y blanca de Santa Cruz y comprometido con la versión estadounidense de la DSN, o como Juan José Torres, un hijo de una familia aymara que decía que Estados Unidos y su doctrina contrainsurgente no atendían a las verdaderas causas estructurales de la violencia.[23]

---

22 *Cristianismo y Revolución* (diciembre de 1969), p. 37.
23 Charles D. Corbett, "Military Institutional Development and Sociopolitical Change: The Bolivian Case", *Journal of Interamerican Studies and World Affairs*, vol. 14, n.º 4 (noviembre de 1972), pp. 399-436, en doi.org/10.2307/174764.

La historia de politización del ejército boliviano explica que haya tomado el poder en 1969, pero también muestra que ese periodo estuvo atravesado por una intensa competencia entre militares por el poder político. El golpe revolucionario de 1969 fue seguido por golpes en 1970 y 1971 que fueron dados por otros militares que disputaban el sentido de la intervención castrense en la política boliviana.

3. El camino del ejército peruano para convertirse en un ejército revolucionario

En Perú, las fuerzas armadas habían actuado casi siempre para evitar gobiernos populares y asegurar el poder de la oligarquía local. El golpe militar de 1948 de Manuel Odría (1948-1954) contra el gobierno civil y progresista de José Luis Bustamante y Rivero (1945-1948) fue la última expresión de la instrumentalización del ejército por parte de las élites políticas y económicas. De hecho, se dice que el líder de los exportadores, director del diario *La Prensa* y padre ideológico del neoliberalismo peruano, Pedro Beltrán, habría organizado una "bolsa" para terminar de motivar al general Odría para dar el golpe.[24] El argumento para el golpe fue que el gobierno de Bustamante y Rivero estaba poniendo en riesgo al país y que el ejército debía restaurar el orden. Este gobierno militar, a diferencia de otros surgidos de golpes restauradores como el de Benavides en 1915, no se

---

[24] Felícitas López Portillo Tostado, *El gobierno militar de Manuel A. Odría en Perú (1948-1956): un vistazo diplomático*, Historia de America Latina y el Caribe 21 (México: Universidad Nacional Autónoma de México, Centro de Investigaciones sobre América Latina y el Caribe, 2017). Antonio Zapata, *Lucha política y crisis social en el Perú republicano 1821-2021*, PUCP (Lima, Perú: Pontificia Universidad Católica del Perú, Fondo Editorial, 2021).

planteó devolver el poder a los civiles, sino reemplazarlos en el control del aparato estatal. El periodo de Odría duró ocho años e involucró a toda una generación de militares en tareas burocráticas y políticas.

A pesar de ser un gobierno institucional, la figura del dictador Odría y la línea dura derechista que implantó generaron resistencias entre algunos oficiales. En ese momento apareció un personaje clave en la historia de la formación militar peruana: el general José del Carmen Marín. Este oficial era un destacado ingeniero militar que se había formado en Francia entre 1920 y 1930 y que había aprendido de esa experiencia una lectura socioeconómica del problema militar, que la fortaleza de un país radicaba en sus "fuerzas vivas", su capacidad industrial, su nivel de vida y su moral pública. Marín fue un intelectual militar que no apoyó el golpe de Odría ni su gobierno, por lo que fue degradado a la tarea de organizar el posgrado militar. Para Odría, colocar a Marín a cargo de la formación militar era una forma de castigar a su rival político y postergarlo a lo que él veía como un "cementerio de elefantes", un lugar donde los oficiales mayores podían ser descartados y alejados del poder político. Marín fue el impulsor de la creación, en 1950, del Centro de Altos Estudios Militares (CAEM). Este espacio se convirtió en un semillero de ideas alternativas a la lectura pro capital extranjero y represiva que tenía la facción del ejército de Odría. En una escena política cerrada por la ilegalización de los partidos civiles y la extendida represión del régimen de Odría, el CAEM fue un espacio de excepción donde se leían y discutían ideas heterodoxas vetadas del debate público. El propio Odría promovió una serie de purgas y reacomodos entre la oficialidad militar que terminaron de politizar a algunos oficiales jóvenes que veían con malos ojos el militarismo autoritario que representaba el dictador. Muchos de los oficiales protagonistas del proceso de 1968 fueron formados en un ambiente intelectual que no tenía que ver con la línea del gobierno odriista y que les permitió recibir elementos para un pensamiento militar crítico.[25]

Los militares que pasaron por el posgrado del CAEM en ese periodo aprendían más que asuntos estrictamente bélicos; también recibían cursos de historia, sociología, derecho, filosofía y economía de parte de profesores civiles.[26] Por señalar dos ejemplos notables: el historiador económico Virgilio Roel, un propugnador de la idea crítica de la historia del Perú que caracterizaba a ese país como neocolonial y que buscaba revalorar lo indígena enseñó a los militares en el CAEM; además, el político socialcristiano Héctor Cornejo Chávez, que luego sería asesor de Velasco Alvarado, también participaría de la formación militar en esos años.[27] El influjo del pensamiento social de la Iglesia entre los militares fue también relevante y se ve con claridad en la visita del padre Louis-Joseph Lebret, un religioso francés que alcanzó notoriedad en las décadas de 1950 y 1960 como vocero de un humanismo cristiano que abogaba por cambios económicos y que fue citado en la encíclica *Popolorum Progresio* del papa Pablo VI en 1967. No son pocos los militares que recuerdan los "cursillos de cristiandad" como un momento clave en su formación y su orientación hacia la transformación social. Es importante señalar que el tono y el discurso de Lebret eran gradualistas y desarrollistas, a diferencia de versiones más radicales de la teología de la

---

[25] Jorge Rodríguez Beruff, *Los militares y el poder: un ensayo sobre la doctrina militar en el Perú, 1948-1968* (Lima, Perú: Mosca Azul Editores, 1983). Manuel Efrain Cobas, "Las elecciones de 1950: la autoelección del general Manuel A. Odría", *Investigaciones Sociales*, vol. 17, n.º 30 (17 de junio de 2013), pp. 241-264, en doi.org/10.15381/is.v17i30.8032.

[26] Eduardo Toche, *Guerra y democracia: los militares peruanos y la construcción nacional*, 1.º ed. (Lima, Perú: Consejo Latinoamericano de Ciencias Sociales, Clacso: Centro de Estudios y Promoción del Desarrollo, DESCO, 2008).

[27] También fueron profesores el filósofo Augusto Salazar-Bondy y el abogado Alberto Ruiz-Elredge, quienes conformaban el Movimiento Social Progresista y luego apoyaron al gobierno militar de Juan Velasco. Ver Jorge Duárez Mendoza, "'Por una democracia política, social y económica'. La experiencia del Movimiento Social Progresista (Perú, 1955-1962)", *Revista Izquierdas*, n.º 52 (2023), p. 3.

liberación; de ahí que haya podido calar entre los militares. Otro elemento clave en la receta ideológica de los militares fue la visita de la Comisión Económica para América Latina (CEPAL) en 1955. Mientras el gobierno de Odría llevaba adelante una política económica conservadora y pro capital extranjero, la misión de la Cepal abogaba por la industrialización y el fortalecimiento del mercado interno. La influencia de la idea crítica de la historia peruana, del desarrollismo humanista y del socialcristianismo catalizó en los militares su nacionalismo y los llevó a posiciones más elaboradas en su visión política.

El papel del CAEM, sin embargo, no debe sobrestimarse, ni debe creerse que la formación de un pensamiento militar crítico ocurrió como un proceso generalizado y unidireccional. Los viajes a Estados Unidos y la formación ofrecida por este país se mantuvieron presentes en estos años. Según el segundo director del CAEM, Marcial Romero, estos viajes buscaban "capturar espiritualmente" a los oficiales con más posibilidades de ascender. El mismo Romero reconoció que, como dijo Luigi Einaudi, los viajes a Estados Unidos podían tener el efecto de consolidar la idea de la necesidad de una formación autónoma y nacionalista. Lo cierto es que la "captura espiritual" de la que hablaba Romero sí tuvo cierto éxito entre algunos oficiales que veían imposible, e indeseable, un enfrentamiento con los Estados Unidos y que estaban comprometidos con el liberalismo económico.[28] Además de la influencia de Estados Unidos, se debe considerar el contacto que tuvo el ejército peruano con el ejército francés, en particular alrededor de la experiencia en Argelia. En la década de 1960, en medio de la guerra de liberación de los argelinos, un grupo de oficiales viajó a ese país para aprender las técnicas contrainsurgentes de los franceses. Los oficiales peruanos se quedaron sorprendidos de la combinación de técnicas de guerra psicológica, inteligencia, guerra de guerrillas y acción social que utilizaban

28 Rodríguez Beruff, *Los militares y el poder*, p. 98.

los franceses para tratar de mantener sus posesiones.[29] Si bien la reorientación de los currículos militares es clara, el ejército peruano nunca dejó de recibir influencias que le señalaban una versión más represiva y menos social de la Doctrina de Seguridad Nacional.

En 1962 el ejército peruano intervino con un golpe de Estado para evitar la victoria electoral, en una contienda muy disputada de la alianza entre el APRA y la Unión Nacional Odriista y que se iba a decidir en el Congreso. El golpe de 1962 se puede leer como parte del enfrentamiento secular entre el APRA y el ejército, pero es importante entender que, en ese momento, el APRA, al aliarse con Odría, quien había perseguido a comunistas y apristas, se había convertido ya en una fuerza que representaba a la reacción. La junta militar liderada por Ricardo Pérez Godoy no intervino para detener una victoria aprista y devolver el poder a la oligarquía, sino todo lo contrario: lo hizo para poner en marcha una serie de reformas que consideraba necesarias para contener la insurgencia campesina y popular que se asomaba en esos años. De hecho, los militares decretaron una reforma agraria focalizada en el valle de La Convención en Cusco, lugar que fue escenario de un levantamiento de campesinos y pequeños propietarios con el liderazgo del trotskista Hugo Blanco. Además, los militares plantearon la creación del Instituto Nacional de Planificación (INP), encargado de ofrecer alternativas al manejo desde el *laissez faire* de la economía. El asunto de nacionalizar el petróleo también asomó en ese momento, pero no fue concretado. El gobierno militar de Pérez Godoy sufrió una considerable presión de Estados Unidos, de la prensa de derecha y de los políticos de la clase tradicional que hizo que fuera derrocado desde el interior del ejército por el general conservador Nicolás Lindley, quien revirtió

---

[29] *Escuadrones de la Muerte. La Escuela Francesa*, 2003, en t.ly/eIkJ9. La centralidad de la influencia de Estados Unidos puede hacernos perder de vista otras circulaciones de ideas y técnicas represivas.

el sentido del golpe de 1962. A pesar de que Lindley acabó con la idea de un gobierno militar que dirigiera la transformación del país y organizó unas elecciones para 1963, la creación del INP, que fue encargado a los militares, y del Servicio de Inteligencia Nacional marcó profundamente el camino del ejército peruano hacia la adopción de la revolución nacionalista como su horizonte. En esas elecciones de 1963, el candidato apoyado por los militares fue el arquitecto Fernando Belaunde Terry, un político que se percibía como una alternativa a la clase política tradicional. Belaunde logró una amplia adhesión de sectores populares, del Partido Comunista y de los intelectuales nacionalistas. Belaunde ganó las elecciones e inició un gobierno que prometía acabar con la concentración de la tierra, solucionar el problema de la soberanía sobre el petróleo y modernizar el país. Una vez en el Palacio de Gobierno, Belaunde terminó conduciendo un gobierno impotente y timorato que no se planteó nunca un enfrentamiento real con la oligarquía y que fracasó ante la oposición en el Congreso de la alianza Apra-Uno, que bloqueó cualquier reforma de fondo. Esto hizo que las reformas ya preconizadas por el golpe militar de 1962 fueran nuevamente postergadas, lo que causó frustración entre los militares nacionalistas-revolucionarios y entre los sectores populares que confiaron en Belaunde.[30]

Un asunto clave de la presidencia de Belaunde es que se propuso despolitizar al CAEM como una forma de asegurarse de que no le dieran un golpe de Estado y también alteró los escalafones militares para encumbrar al sector más conservador de las Fuerzas Armadas. Belaunde colocó como director del CAEM al general José Giral, quien desapareció toda formación crítica y volvió a un esquema de instrucción

---

30 Carlos Contreras Carranza y Marcos Cueto, *Historia del Perú contemporáneo: desde las luchas por la independencia hasta el presente*, 5.º ed, Estudios Históricos 27 (Lima: IEP, Instituto de Estudios Peruanos Fondo Editorial Pontificia Universidad Católica del Peru Universidad del Pacífico, Centro de Investigación, 2013). Zapata, *Lucha política y crisis social en el Perú republicano 1821-2021*.

estrictamente militar. Unas declaraciones de Giral sobre el problema de las guerrillas muestran dónde se ubicaba en las coordenadas de la Guerra Fría latinoamericana:

> La guerra subversiva no es resultado del subdesarrollo, sino deliberada agresión del bloque soviético (...) Hay que combatir la agresión comunista que, con desarrollo o sin desarrollo, se llevará de todas maneras a cabo.[31]

La lectura de Giral respondía a una visión en la que el ejército no tenía que involucrarse en debates sobre el desarrollo y la economía, sino que debía cumplir una tarea represiva de defensa del orden interno. En cambio, desde el Servicio de Inteligencia Militar (SIE), creado en 1962, el problema de la violencia política se leía de manera diferente. Las guerrillas que iniciaron sus campañas en el Perú en 1965, el Ejército de Liberación Nacional (ELN) y el Movimiento de Izquierda Revolucionaria (MIR), tenían sus diferencias políticas e ideológicas, pero compartían una inspiración socialista y basada en la teoría del foco guerrillero puesto en práctica en Cuba. La influencia de Cuba fue más decisiva en el ELN liderado por Héctor Béjar que en el MIR de De la Puente Uceda, un exaprista, pero en ambos casos el foco guerrillero se proponía como la chispa en un país donde la política formal había fracasado y las condiciones para una "situación revolucionaria" estaban dadas.[32] Mientras que militares como Giral acusaban a las guerrillas de ser tentáculos del imperialismo rojo, los oficiales del SIE entendían con claridad que había razones socioeconómicas que impulsaban la violencia política.

El reto militar de las dos operaciones guerrilleras fue insignificante y rápidamente sofocado, por lo que la Inteligencia Militar no se preocupaba por mejoras tácticas o de armamento, sino por desaparecer las condiciones de

---

[31] Rodríguez Beruff, *Los militares y el poder*, p. 157.
[32] Jan Lust, *Lucha revolucionaria: Perú, 1958-1967* (Barcelona: RBA Libros, 2013).

desigualdad y frustración política que habían permitido que surgieran estos focos guerrilleros. Dos militares de alto grado que tendrían un papel clave en el gobierno de Velasco Alvarado como representantes de la facción ligada al socialismo militar serían el general Leónidas Rodríguez y el general Norberto Bobbio, quienes participaron directamente del combate a las guerrillas y de la reflexión posterior. Especialmente Leónidas Rodríguez, cuzqueño, quechuahablante y de origen popular, pensaba que la experiencia de combate a la guerrilla fue un punto de quiebre en su identidad política y en su visión de la necesidad de una revolución en el Perú.[33]

Más allá de los oficiales jóvenes y radicales, llamados "nasseristas" por su sintonía con el líder nacionalista militar egipcio Nasser, y de los oficiales conservadores "capturados espiritualmente" por Estados Unidos, había una figura que resaltaba como el intelectual militar detrás de la revolución. Se trataba de Edgardo Mercado Jarrín, quien tuvo participación tanto en el SIE como en el CAEM y que trazó una idea de Doctrina de Seguridad Nacional "de los países pobres". La premisa del pensamiento de Mercado era que la historia de los países era muy diferente y que, por lo tanto, no se podían seguir importando recetas y valores de los países del primer mundo. Una frase sintetizó bien sus ideas: "La seguridad de los países ricos no es la nuestra".[34] Para este militar, que luego sería el canciller del gobierno revolucionario entre 1968 y 1973, el ejército tenía una tarea mucho más grande que solo reprimir a las guerrillas:

---

33 María del Pilar Tello, *¿Golpe o revolución? hablan los militares del 68* (Lima: Ediciones SAGSA, 1983). La figura de Leónidas Rodríguez como un nodo entre el gobierno y el movimiento social merece ser estudiada más a fondo.

34 Germán Alburquerque, "No alineamiento, tercermundismo y seguridad en Perú: la política exterior del gobierno de Juan Velasco Alvarado (1968-1980)", *América Latina Hoy: Revista de Ciencias Sociales*, n.º 75 (2017), pp. 149-66. Edgardo Mercado Jarrín, *Ensayos* (Lima: Ministerio de Guerra, 1974); Edgardo Mercado Jarrín, *Seguridad, política, estrategia* (Lima: Ministerio de Guerra, 1974).

Las Fuerzas Armadas del hemisferio tienen plena conciencia del peligro comunista y no tolerarán su implantación en el continente. Pero el anticomunismo de la Fuerza Armada no sería suficiente para garantizar y preservar nuestra libertad si la política de los Estados no está encaminada al desarrollo económico, sin privilegios de grupo, y al cambio estructural que haga una efectiva justicia social que permita eliminar las contradicciones existentes...[35]

Esta clase de pensamiento militar explica por qué la oficialidad peruana no se contentó con la aniquilación física de la guerrilla y la captura de sus líderes, sino que se cuestionó al gobierno de Belaunde por ser incapaz de llevar a cabo reformas profundas. Sin reforma agraria, sin nacionalización del petróleo y con una economía en recesión desde 1967, los militares entendían que el gobierno civil estaba conduciendo al país al abismo y poniendo en riesgo la seguridad e integridad de la patria. Lo que terminó de convencer a los militares de la necesidad de intervenir fue el "escándalo de la página 11", que fue la revelación de que hubo corrupción en las negociaciones entre el gobierno peruano y la International Petroleum Company, una subsidiaria de la Standard Oil.[36] El escándalo fue lo que hizo a los militares actuar, pero las ideas que fueron el sustrato para el golpe revolucionario tenían una historia más larga, como se ha señalado arriba.

---

[35] Edgardo Mercado Jarrín, *La política exterior del gobierno revolucionario peruano recopilación de los principales discursos / pronunciados por el Ministro de Relaciones Exteriores General de División E.P. Edgardo Mercado Jarrín (del 30 de setiembre de 1971 al 30 de diciembre de 1971)* (Lima: Empresa Editora del Diario Oficial El Peruano, 1972).

[36] Alfonso W. Quiroz, *Historia de la corrupción en el Perú*, 1.º edición, Serie Perú Problema 38 (Lima: Instituto de Estudios Peruanos, 2013), p. 293.

4. El golpe de Estado en Perú de 1968 y la reacción en Bolivia

El golpe de Estado del 3 de octubre de 1968 abrió un periodo histórico de disputa y movilización política que ha llamado mucho la atención de historiadores y científicos sociales. Este capítulo no es una historia de ese golpe, muy necesaria por lo demás, sino un estudio de cómo fue percibido en Bolivia. Con esto se pretende aportar a una lectura menos basada en los discursos y en la ideología militar y contrastar el pensamiento militar-nacionalista-revolucionario descrito en la sección anterior con el funcionamiento de la diplomacia, la complejidad de la política y las disputas hegemónicas en ese momento.

El surgimiento de un gobierno revolucionario en el vecino Perú no fue bien recibido por Barrientos, porque puso en el centro del debate público boliviano demandas con las que su propio gobierno estaba lidiando: nacionalización de recursos naturales y autonomía frente a Estados Unidos.[37] La discusión de estos temas atravesó la escena política de muchos países latinoamericanos, y en especial la de Bolivia, que tenía una relación de dependencia política y económica muy fuerte con Estados Unidos y cuyos ricos yacimientos de petróleo en la zona de Santa Cruz estaban en manos de la Gulf Company. En Bolivia, además, el nacionalismo de los recursos naturales estaba muy presente en el horizonte político, por lo que el golpe peruano llegó para dinamizar viejas estructuras de sentimiento.[38]

Para Barrientos, era incómodo que partidos políticos de diverso color le exigieran solidaridad con el gobierno de Velasco. Por un lado, la Falange Socialista Boliviana, un

---

37   Thomas C. Field, *Minas, balas y gringos: Bolivia y la Alianza para el Progreso en la era de Kennedy*, 1.º edición (La Paz, Bolivia: Vicepresidencia del Estado, Presidencia de la Asamblea Legislativa Plurinacional Bolivia, CIS, Centro de Investigaciones Sociales, 2016).

38   Kevin A. Young, *Blood of the Earth: Resource Nationalism, Revolution, and Empire in Bolivia*, edición ilustrada (Austin: University of Texas Press, 2017).

partido con una combinación ecléctica de inspiración fascista y nacionalismo económico que luego formaría parte del gobierno de Hugo Banzer entre 1971 y 1974, aplaudía a la revolución peruana por ser "no-materialista, no-marxista" y le pedía a Barrientos apoyar a los peruanos.[39] Por otro lado, el Partido Revolucionario de Izquierda Nacionalista, en el que estaba, por ejemplo, el futuro ministro de Energía Marcelo Quiroga Santa Cruz, le pedía a Barrientos estar "con nuestros hermanos peruanos y no con el imperialismo", en la disputa que tenía el gobierno de Velasco con Washington.[40] Barrientos respondió diciendo que el apoyo de los falangistas al proceso peruano no era sincero y acusó a los que pedían solidaridad con Perú de caer en "poses infantiles" que no entendían que el gobierno de Velasco no era tan radical como creían.[41]

En abril de 1969, Barrientos murió y fue reemplazado por su vicepresidente civil Luis Adolfo Siles Suazo. Siles inició un gobierno débil y poco legítimo en el que se sentía el vacío de poder dejado por el carismático Barrientos. En el plano local, se dedicó a sobrevivir a las presiones de la oposición e ir abriendo el campo político que había cerrado Barrientos y organizó elecciones para 1970. En lo internacional, continuó con la línea de Barrientos y evitó posicionarse en favor del Perú, refiriéndose únicamente a la "hermandad histórica" entre ambos países, pero no a la coyuntura crítica del enfrentamiento con Estados Unidos.[42] El gobierno peruano envió al canciller Mercado Jarrín al funeral de Barrientos, pero este evitó hacer comentarios políticos y mantuvo un perfil bajo. Barrientos había

---

[39] *Hoy*, 5 de marzo de 1969.

[40] Nota del 26 de marzo de 1969, Embajada del Perú en La Paz, Archivo Histórico de Relaciones Exteriores del Perú analiza las posiciones en Bolivia sobre el golpe peruano y señala que hay "consenso pro-peruano".

[41] *Hoy*, 5 de marzo de 1969.

[42] *Hoy*, 16 de agosto de 1969 y "Notas" del 27 de enero y del 17 de febrero de 1969, EMBOL en Lima a La Paz. En esas ocasiones Siles indicó que, si los países latinoamericanos eran hermanos, Perú y Bolivia eran gemelos. La referencia a la historia común y no a la coyuntura crítica es importante.

invitado a Mercado en diciembre de 1968 a una visita oficial, pero esta se postergó en medio de los turbulentos primeros meses de la revolución peruana. La visita oficial se dio en agosto de 1969, cuando ya era presidente Siles Salinas, y se trató sobre todo de cuestiones bilaterales acerca del manejo de aguas de la cuenca del Titicaca y la revisión de hitos fronterizos. Esta visita del canciller peruano a Bolivia en agosto de 1969 fue muy relevante en términos políticos más allá del gobierno y muestra los efectos del proceso peruano en ese país. Mercado Jarrín fue a invitado al Congreso, donde pudo interactuar con diferentes fuerzas políticas que lo recibieron. Los representantes de la Falange Socialista Boliviana (FSB) señalaron que fue gracias al proceso peruano gracias a lo que Bolivia ahora volteaba sus "ojos angustiados a su rica zona petrolera" en busca de respuestas para el desarrollo. También Marcelo Quiroga Santa Cruz del Partido Revolucionario de Izquierda Nacionalista (PRIN) declaró que en el Perú se había demostrado que los militares también podían estar al lado del pueblo.[43] El golpe de Alfredo Ovando se dio a pocas semanas de la visita de Mercado.

5. El golpe revolucionario de Alfredo Ovando

Ovando era candidato presidencial en alianza con el PRIN y otras fuerzas del ala izquierda del nacionalismo revolucionario. Sin embargo, Ovando decidió no esperar a las elecciones y organizó un golpe de Estado que no fue resistido dado el aislamiento y la impopularidad de Siles y porque Ovando tenía legitimidad suficiente entre el movimiento social, por su discurso nacionalista-revolucionario, así como entre los oficiales del ejército que lo respetaban por

---

43 Nota 5-7-A 554 del 20 de agosto de 1969, Embajada de Perú en La Paz a Lima, ARREEPER.

su antigüedad y moderación. Ovando se rodeó de militares, pero también de intelectuales independientes y "brillantes" que formaron parte de su gabinete.[44] El capital político de Ovando provenía de sus alianzas, principalmente en la expropiación de la Gulf Oil Company a solo 15 días de iniciado su gobierno, una acción que recuerda la rápida expropiación de la International Petroleum Company (IPC) por el gobierno de Velasco.

No se han encontrado vínculos directos entre la visita de Mercado, quien prefirió no comentar sobre las elecciones, y el golpe de setiembre de 1969, pero sí tenemos otros indicios de la importancia del proceso peruano para el boliviano. Mientras que Barrientos había suspendido relaciones con Perú por el golpe del 3 de octubre de 1968, Ovando escribió una carta al canciller Mercado indicando su "franca adhesión a los procesos revolucionarios".[45] Luego, en febrero de 1969, Ovando visitó Lima por invitación de Velasco y se reunió con varios oficiales revolucionarios, y a su regreso declaró su solidaridad con este proceso. Cuando le preguntaron a Barrientos para qué había ido Ovando a Perú y si había sido para hablar con la embajada rusa en Lima, él respondió secamente "Por asuntos estrictamente militares" y dijo que en Bolivia no había imitadores de los peruanos.[46] En cambio, la revista militar boliviana cubrió la visita de Ovando y resaltó la influencia del proceso peruano entre los oficiales.[47]

Es por esta cercanía ideológica por lo que Ovando le pidió a Perú ser el primer país en reconocer al nuevo gobierno. El flamante presidente boliviano declaró que, si

---

[44] Dunkerley, *Rebelión en las Venas*, p. 249.

[45] Borrador del Acta del Consejo de Ministros de Perú del 11 de octubre de 1968.

[46] Nota 5-7-A del 12 de febrero de 1969, EMBPER en La Paz a Lima, ARREE-PER.

[47] *Revista Militar Boliviana*, n.º 297 (marzo de 1969), pp. 29-30. *Presencia*, 2 de febrero de 1969, señala que los peruanos no querían ligarse a un ejército boliviano desprestigiado por el asesinato del Che.

bien los problemas de cada país eran únicos, "su revolución era esencialmente igual a la peruana".[48] Apenas se asentó el polvo del golpe de Estado, que no fue ni sangriento ni caótico, el presidente Ovando mandó a llamar a Eduardo Valdez, el embajador peruano en Bolivia, y le indicó que debía ir a Lima para pedir que Perú fuera el primer país en reconocerlo.[49] El mismo día, sin esperar la respuesta de los peruanos, Ovando declaró que con Perú había que establecer una "confederación ideológica".[50]

Cuando el embajador Valdez llegó a Lima, fue cuestionado por las declaraciones de Ovando en el sentido de la confederación. Tanto en cancillería como en el Consejo de Ministros, había preocupación por la forma en que Ovando sugería una posible alianza. En el gobierno circulaban argumentos en el sentido de que Bolivia era un país totalmente dependiente de Estados Unidos y que había que tener cuidado de apoyar un gobierno que quería romper con eso.[51] Ovando resintió que Perú no fuera el primer país en reconocerlo, sino que lo hiciera la dictadura militar brasilera, interesada en el gas boliviano. El gobierno peruano se tomó con mucha calma el asunto del reconocimiento y antes consultó a los militares en Brasil y Argentina para asegurarse de que ellos lo reconocieran primero.[52] Francisco Morales Bermúdez, un militar conservador al que se le encargó el Ministerio de Economía desde 1969 y que daría un golpe de Estado restaurador en 1975, le contó al embajador boliviano

---

48 Dunkerley, *Rebelión en las Venas*, p. 248.
49 Eduardo Valdez Pérez del Castillo, *Experiencias diplomáticas* (Grafia, 1992), p. 151.
50 *Presencia*, 27 de setiembre de 1969. Perú y Bolivia se unieron entre 1836 y 1839 en un solo Estado, pero atravesado por conflictos internos y la presión de Chile.
51 *Presencia*, 1 de octubre, reporta sobre sospechas de los peruanos. BACM 30 de setiembre de 1969. Nota 5-7-A-666 del 2 de octubre de 1969, EMPER en La Paz a Lima, ARREEPER.
52 Cable cifrado 17847 del 28 de setiembre de 1969, Embajada de Argentina en Lima a Buenos Aires, Sección AH-0345, Archivo del Ministerio de Relaciones Exteriores de Argentina. *Presencia*, 30 de setiembre de 1969.

en Washington, Jorge Sanjinés, que la demora en reconocer al régimen de Ovando se había debido a "una política de no aumentar las diferencias que separaban al gobierno americano y por no presentarse como un gobierno que fomentaba las revoluciones de izquierda en América Latina".[53] Con esto queda claro que el discurso ideológico de la unidad de los países pobres y la sintonía retórica entre las revoluciones de Bolivia y Perú se deben entender en el contexto de un enfrentamiento contra los Estados Unidos.

El inicial entusiasmo del gobierno boliviano por la revolución peruana se transformó en frustración y distanciamiento. El embajador boliviano en Lima, Joaquín Zenteno, escribió en abril de 1970 a La Paz quejándose de que tanto la izquierda como la derecha peruanas despreciaban la revolución boliviana y que publicaciones oficialistas como *Oiga* solo atacaban al ejército boliviano. En realidad, *Oiga* celebró la revolución boliviana, pero luego se convirtió en el único medio que reportó de forma crítica la derechización del gobierno de Ovando.[54] Es en el marco de este proceso en que se tienen que entender las relaciones entre Perú y Bolivia en el periodo de Ovando, ya que, después de la salida de los ministros más cercanos a la revolución peruana, Marcelo Quiroga Santa Cruz y Alberto Bailey en particular, la relación se enfrió de manera considerable. En 1970, ambos gobiernos seguían enfrentados con Estados Unidos por el tema del petrolero, pero eran cada vez más dominantes las posiciones a favor de compensar las expropiaciones

---

[53] Nota del 31 de marzo de 1970, EMBOL en Washington a La Paz, ARREEBOL.

[54] *Oiga* dedicó sucesivos informes, incluso con enviados especiales, a Bolivia en el periodo de 1969-1971 y pasó de un apoyo romántico a develar las contradicciones del gobierno militar. Esto incluso motivó que el embajador Zenteno tratara de convencer al director Francisco Igartua de cambiar su línea sobre Ovando. Ver Nota Reservada del 5 de abril de 1970, EMBOL en Lima a La Paz. Sobre la revista *Oiga* y su papel político en el periodo, ver María Jimena Pizarro Baumann, "La revista Oiga y el gobierno del general Velasco Alvarado: del apoyo a la oposición (1968-1975)" (Tesis de Maestría, Pontificia Universidad Católica del Perú, 2023).

y realinearse con Washington, por lo que enfrentaron el asunto de manera separada y priorizaron dar una imagen de moderación, antes que fortalecer el vínculo entre revoluciones militares.

6. El ascenso de Juan José Torres en octubre de 1970 y el golpe restaurador de agosto de 1971 desde las fuentes peruanas

Juan José Torres dio un golpe de Estado en octubre de 1970, en medio de una abierta disputa entre facciones militares por derrocar a Ovando. Se puede entender el golpe de Torres como una especie de contragolpe a las intenciones de la derecha militar de tomar el poder. El mismo Torres había sido expulsado del ejército en febrero de 1970, pero conservaba su liderazgo sobre importantes destacamentos del ejército y la aviación militar en El Alto. De ahí que su golpe de Estado no haya podido ser resistido y que se haya establecido un gobierno atípico en la historia latinoamericana. Torres inició un gobierno militar, pero desde el primer momento planteó que el pueblo debía participar en él. Así se conformó la Asamblea Popular, que era una especie de órgano legislativo que debía acompañar al ejecutivo militar. La conformación de esta asamblea, en la que se negaron a participar partidos como el MNR y la FSB, estaba marcada por federaciones mineras y organizaciones campesinas y sindicales.[55]

El embajador Valdez recordaba que la administración de Torres fue muy clara en señalar que, "a diferencia de lo ocurrido con Ovando, ahora sí" se establecerían "lazos positivos entre ambos países". Los peruanos entendieron eso y apuraron el reconocimiento de Torres a las pocas horas del

---

55 Everaldo de Oliveira Andrade, *Bolívia: democracia e revolução a comuna de La Paz de 1971* (San Pablo, SP: Alameda, 2011).

golpe. El propio canciller Mercado llamó a Zenteno para asegurarle que no habría ningún tipo de enfrentamiento en la relación.[56] Además, los peruanos invitaron al canciller Emilio Molina Pizarro a una visita oficial a Lima para diciembre de 1970, en la que se propuso la creación de una comisión mixta que avanzara en la cooperación entre ambos países y una serie de temas fronterizos y formales que se habían bloqueado en medio de la tensión con Ovando, como la ruta aérea La Paz-Cusco y la carretera Ilo-Desaguadero-La Paz.[57] Sin embargo, la precariedad política y económica del régimen de Torres, además del caos que implicó la reorganización de la cancillería, demoró la concreción de estos planes.

Las relaciones entre el breve gobierno de Torres y el del Perú merecen un espacio aparte, ya que se lograron avances en temas como la salida al mar a Bolivia y la creación de un banco binacional de fomento sobre las bases del expropiado Banco Popular del Perú y se logró una interesante cooperación a nivel multilateral. Por ejemplo, el Perú y Bolivia, además de Chile a través del canciller Clodomiro Almeyda, se opusieron a Brasil y a Estados Unidos en la reunión de la Organización de Estados Americanos (OEA) de febrero de 1971. Con el secuestro del embajador estadounidense en Brasil en 1969 muy fresco en la memoria, estos países promovieron una resolución que condenaba el terrorismo político y los secuestros. Bolivia, Perú y Chile se opusieron, al argumentar que Estados Unidos no tenía autoridad moral para proponer eso y que la resolución no atacaba las causas estructurales de la violencia. El canciller peruano agregó que debía incluirse también el bloqueo económico como un acto terrorista. La resolución salió, pero sin la firma de los países que no estaban de acuerdo. Las coincidencias retóricas entre los cancilleres de Bolivia, Huascar Taborga, y de

---

[56]   Nota del 21 de octubre de 1970, EMBOL en Lima a La Paz, ARREEBOL.
[57]   Nota 5-7-A-45 del 19 de enero de 1971, EMPER en La Paz a Lima, ARREE-PER.

Perú, Mercado Jarrín, fueron notables en esta reunión que aparece como un momento clave en el resquebrajamiento de la hegemonía de Estados Unidos en América Latina. [58]

A los pocos meses, sin embargo, el gobierno de Torres caería por un golpe liderado por Hugo Banzer y apoyado por la clase política tradicional representada en el MNR, los terratenientes de Santa Cruz, la dictadura brasilera y el gobierno de Estados Unidos.[59] El embajador peruano en La Paz informó, repetidamente, de la posibilidad de este golpe y recordó en sus memorias que las conspiraciones "se hacían a vista y paciencia de todo el mundo".[60] Dos días antes del golpe del 21 de agosto de 1971, Valdez escribió a Lima un telegrama urgente para señalar que estaba listo un levantamiento militar en Santa Cruz para derrocar a Torres. Para Valdez, era claro que se trataba del capítulo final del enfrentamiento entre facciones militares que había marcado la política boliviana desde 1969 y que ya era insostenible. Esa fue la última comunicación formal de la embajada, pero Valdez cuenta en sus memorias acerca de su actuación el día del golpe. La embajada peruana quedaba en la zona sur de la ciudad, no tan lejos de la Universidad Mayor de San Andrés, que se había convertido en un reducto pro-Torres. El golpe de Banzer fue profundamente violento y convirtió a La Paz

---

58 "Conferencia de Prensa del 24 de abril de 1971", P.R. 1976, Archivo Presidencial, ABNB. "Discurso del Dr. Huascar Taborga a la Asamblea General de la OEA 16 de abril de 1971, en el legajo de la legación de Bolivia en la OEA, ARREEBOL. Mercado Jarrín, *La política exterior del gobierno revolucionario peruano recopilación de los principales discursos / pronunciados por el Ministro de Relaciones Exteriores General de División E.P. Edgardo Mercado Jarrín (del 30 de setiembre de 1971 al 30 de diciembre de 1971).*

59 Tanya Harmer, "Brazil's Cold War in the Southern Cone, 1970–1975", *Cold War History*, vol. 12, n.º 4 (1 de noviembre de 2012), pp. 659-81, en doi.org/ 10.1080/14682745.2011.641953. Memorandum de Arnold Nachmanoff del NSC Staff a Kissinger, Washington. 19 de agosto de 1971, Foreing Relations Series of United States. Ese documento resume bien que Estados Unidos estaba involucrado en derrocar a Torres, pero que tenían poca idea de a quién apoyar exactamente y más bien dejaron que la situación se desarrollara para luego decidir apoyar a Banzer.

60 Valdez Pérez del Castillo, *Experiencias diplomáticas*, p. 155.

en un teatro de operaciones militares. Mientras los estudiantes resistían con armas cortas y explosivos, los tanques paseaban por las calles, las ametralladoras aterrorizaban a la gente y los aviones de combate volaban rasantes para amenazar a la resistencia.[61] "En medio de la oscura noche, la ciudad parecía estar disfrutando una orgía de fuegos artificiales", recordó el embajador peruano que esa noche estaba escuchando la radio oficialista Illimani, que iba reportando el resultado de los combates callejeros. En lugar de buscar refugio, Valdez decidió buscar cómo ayudar y se encontró con que varias decenas de miembros del gobierno y de la resistencia habían llegado hasta la casa de la embajada peruana. Entre ellos se encontraban el derrocado Juan José Torres, Marcelo Quiroga Santa Cruz y otros altos cargos del gobierno. La esposa de Valdez se encargó de recabar las armas que tenían los solicitantes de asilo y de empadronarlos. Jorge Gallardo Lozada, ministro del Interior de Torres y militar radical, contactó a Valdez para pedirle que devolviera las armas para la resistencia, pero este se negó y afirmó que ahora la vida de los asilados era su responsabilidad. La guardia de la embajada peruana se encargó de filtrar a algunos militantes fascistas que querían agitar a los asilados para que salieran a la calle y fueran fusilados. El embajador peruano hizo una lista de prioridad para tramitar los salvoconductos. Cuando empezó los trámites para obtener el paso libre para que los asilados pudieran exiliarse en Perú, el gobierno de Banzer, a través del general Andrés Selich, le respondió que la cabeza de Quiroga Santa Cruz "tenía precio" y que no iban a tramitarle el salvoconducto.

---

[61] *Oiga*, 3 de setiembre de 1971, reconstruye el golpe. Nota del 03 de setiembre de 1971 remite a Lima con copias de reportes periodísticos y fotos del golpe. El testimonio de Valdez está en *Experiencias diplomáticas*, pp. 158-164. Un documento interesante es este audio donde se captura el fuego cruzado alrededor de la Universidad Nacional Mayor San Andrés y el audio de Radio Illimani, en t.ly/Dltae. Volodia Teitelbom, "Discurso al Senado Chileno el 2 de Setiembre de 1971 sobre el Golpe de Estado del 21 de Agosto de 1971 en Bolivia", 1971, en t.ly/5JAYL.

Sin aparente consulta con Lima, Valdez respondió que cualquier ataque contra Quiroga Santa Cruz sería una vulneración de la inmunidad diplomática y sería considerado un acto beligerante contra el Perú. Al gobierno de Banzer, no le quedó otra que permitir la salida de Quiroga Santa Cruz y Torres.

El recuerdo de Valdez del traslado de Torres y compañía hacia el aeropuerto de El Alto es emocionante. El embajador peruano abordó el mismo vehículo de Torres para asegurarle que lo acompañaría ante cualquier circunstancia, y se dispusieron a cruzar La Paz. Según recuerda, Torres era vitoreado en los barrios populares cuando le dijo:

> … si muero quiero que sepan que el poder para mí fue dolor, una agonía, una lucha permanente contra la incomprensión, por la construcción de una sociedad nueva más digna, más justa, más humana, donde cada boliviano no sufriera por falta de techo, pan, vestido y educación…[62]

Torres llegó a salvo al aeropuerto y partió hacia Lima, donde fue recibido por el gobierno de Juan Velasco como asilado político. A los pocos días, Torres hizo declaraciones muy agresivas contra Banzer, lo que molestó al gobierno peruano, que le había advertido que se moderara para no perder su condición de asilado. Pedro Richter Prada, ministro del Interior peruano que había compartido formación militar con Banzer en Estados Unidos y era su amigo personal, se encargó personalmente de presionar en el Consejo de Ministros para que Torres fuera expulsado del país por hacer declaraciones contra un gobierno que el Perú ya había reconocido como legítimo.[63] A pesar de la violencia del golpe de Banzer y el cariz derechista de este, el gobierno peruano siguió una política de reconocimiento tardío. Un

---

62 Valdez Pérez del Castillo, *Experiencias diplomáticas*, p. 159.
63 Nota MRB 441-223 del 26 de noviembre de 1971, EMBOL en La Paz a Lima, ARREEPER. BACM 9 de setiembre, 14 de setiembre y 12 de octubre sobre el asilo de Torres en Lima.

elemento clave del reconocimiento fue la presencia de Víctor Paz Estenssoro, antiguo líder del MNR, que llamó personalmente al ministro Mercado Jarrín para asegurarle que Banzer era la única salvación para Bolivia ya que Torres y su Asamblea Popular habían llevado el país hacia "la deriva radical del comunismo marxista" armando a las milicias y propiciando una guerra civil.[64] La prensa peruana también celebró el golpe de Banzer como un movimiento salvador de Bolivia que estaba "a un paso de caer en las garras del comunismo".[65] Todo esto configuró un escenario donde el gobierno peruano reconoció a Banzer y evitó intervenir políticamente sobre asuntos bolivianos.

El canciller de Banzer fue Mario Gutiérrez de la Falange Socialista Boliviana, quien declaró que no repetirían el error de Torres de priorizar la relación con Perú y Chile y que de ahora en adelante Bolivia retomaría relación con "potencias amigas" y con los gobiernos de Argentina, Paraguay y Brasil, que estaban gobernados por dictaduras militares de derecha.[66] La relación entre los gobiernos de Banzer y Velasco merece un espacio aparte para profundizar en el cambio que implicó el viraje político en Bolivia, pero, sin embargo, queda muy claro que se revirtieron los planes integradores que hubo con Torres y se despolitizó la relación bilateral.

Conclusión

Los tres golpes de Estado militares que se han revisado indican que no basta con entender que esos procesos son una interrupción de la democracia, sino que hay que desarrollar

---

[64] BACM del 24 de agosto de 1971.
[65] *El Comercio*, 23 de agosto de 1971.
[66] Nota 5-7-A472 del 7 de setiembre de 1971, EMPER en La Paz a Lima, AREEPER contiene las declaraciones y un análisis del nuevo canciller boliviano.

un análisis del equilibrio de fuerzas y de las ideas que están en disputa alrededor de los golpes. La composición política de los gobiernos militares no puede entenderse solo desde la retórica, sino a partir de procesos, como la diplomacia y política, donde aparecen las contradicciones.

En este caso, el camino compartido por los ejércitos de Perú y Bolivia los acercó a posiciones ideológicas semejantes que no terminaron en un acercamiento diplomático, porque se dieron en un contexto de contradicción interna, lucha por el control del gobierno militar y enfrentamiento con Estados Unidos. Los golpes de Estado estudiados en este capítulo, si bien fueron la culminación de un proceso trasnacional de formación de políticas en medio de la Guerra Fría latinoamericana, fueron también respuestas a una intensa disputa ideológica y política entre los oficiales y las sociedades bolivianas y peruanas por resolver temas cruciales en sus formaciones nacionales.

4

Las dictaduras militares y los gobiernos autoritarios frente a la insurgencia de izquierda en Ecuador (1959-1990)[1]

SOFIA LANCHIMBA VELASTEGUI

Introducción

Las décadas de 1960 y 1970 en Ecuador estuvieron marcadas por procesos de transformación económica, social y política. Las izquierdas radicalizadas y las dictaduras militares jugaron un rol preponderante en esos procesos; por una parte, las izquierdas pregonaban e incitaban a la revolución, mientras que, por otra parte, las dictaduras militares buscaban la contención y la desaparición de los insurgentes. Fueron años en los que el campo político estuvo marcado por la dinámica insurgencia/contrainsurgencia y por una polarización propia de la Guerra Fría. El periodo histórico que analiza este capítulo comienza con una masacre que impulsó la radicalización de una generación de militantes de izquierda y culmina con los últimos estertores del proyecto revolucionario.

La periodización que se utiliza responde a la dinámica de las izquierdas radicalizadas:

---

1 Este trabajo es parte de la siguiente tesis doctoral: Sofia Lanchimba Velastegui, "'La revolución estaba a la vuelta de la esquina'. Trayectorias militantes y movilización social en Ecuador (1959-1990)" (tesis de doctorado, Ciudad de México, Universidad Nacional Autónoma de México, 2022), en tinyurl.com/2xsp7psn.

1. radicalización y proliferación de organizaciones de izquierda revolucionaria (1959-1972),
2. crecimiento y ascenso de la lucha (1972-1983), y
3. repliegue (1983-1990).

En cada uno de estos ciclos, se desplegó una política contrainsurgente, ya fuera por la vía de dictaduras militares o por gobiernos autoritarios.

A partir de la revisión de documentos desclasificados de la Agencia Central de Inteligencia de Estados Unidos[2] (CIA), documentos producidos por las izquierdas radicalizadas ecuatorianas, hojas volantes y la recuperación de trayectorias militantes, se reconstruye la relación insurgencia-contrainsurgencia y se pone especial énfasis en el carácter, los objetivos y la política que asumieron las dictaduras y el gobierno autoritario de León Febres Cordero para contener la radicalización de izquierda y la movilización social entre 1959 y 1990.

En este capítulo se parte de la idea de que la política contrainsurgente no solo se trató de represión, sino que abarcó dimensiones culturales, sociales, económicas y militares que fueron usadas para aislar y neutralizar a la insurgencia. En la tensión insurgencia-contrainsurgencia, se disputó la reconfiguración del campo político ecuatoriano y se delineó el campo para el regreso al orden constitucional que se produjo en 1979.

1. Radicalización y proliferación de organizaciones de la izquierda revolucionaria (1959-1972)

> Ecuador aún tiene que tener una revolución, pacífica o no, que termine o disminuya materialmente el poder de los miopes, si se retrasa, es más probable que su curso final sea violento

---

2   Todas las citas provenientes de los documentos desclasificados que aparecen en este trabajo fueron traducidas por la autora.

y extremo: bajo estas circunstancias, los comunistas, ahora pocos y divididos, se podría esperar que ganaran mucho...[3]

El año 1959 fue un parteaguas de la configuración del campo político ecuatoriano -acabó por definirse en 1979 con el ingreso de las izquierdas a la política institucional-. Por un lado, estalló la Revolución cubana, que provocó un reajuste de la Guerra Fría en América Latina, y, por otro, en Ecuador se produjo una masacre en la ciudad de Guayaquil que detonó la radicalización de izquierda. No existen cifras oficiales sobre los muertos y ha habido un silenciamiento de la memoria de aquel suceso, pero los testimonios revelan entre 600 y 800 muertos. Luego de la masacre, una generación de jóvenes, sucesivamente, se integraría a movimientos y partidos revolucionarios.

Dos años después de la Revolución cubana y frente al temor de la radicalización en el resto del continente, el gobierno estadounidense de John F. Kennedy propuso un programa de ayuda económica, política y social denominado la *Alianza para el Progreso*. Si bien la forma de contrainsurgencia más visible en este ciclo fue la dictadura de la Junta Militar (1963-1966), también se desplegó una campaña anticomunista durante los primeros años de la década de 1960, que contribuyó a establecer un ambiente de legitimación de la represión. Además, se implementaron un conjunto de reformas -entre las que estaba la reforma agraria- para minimizar el descontento social y mitigar la insurgencia.

La campaña anticomunista consistía en el apoyo financiero, armado y logístico a la derecha brindado por Estados Unidos, con el fin de desencadenar "el terror especialmente en el campo atizando el odio al 'comunismo', a Cuba, parapetándose en las supuestas amenazas revolucionarias

---

3   CIA, "An Opportunity Going, Going, Nearly Gone", CIA. Freedom of Information Act Electronic Reading Room, en t.ly/t3bTm.

contra la Religión Católica".[4] No se trataba de una crítica específica a los partidos comunistas, sino a un discurso reaccionario difundido en gran medida por la Iglesia. Al respecto, Hernán Ibarra señaló:

> El anticomunismo que se divulgó a comienzos de los años sesenta estaba sobre todo nutrido de imágenes sobre el ateísmo, la destrucción de la familia y las expropiaciones indiscriminadas de bienes como hechos de naturaleza terrorífica. El tema del marxismo, era relativamente secundario y quedaba abierto a refutaciones doctrinales o ideológicas desde el liberalismo y la doctrina social de la Iglesia Católica.[5]

La propaganda anticomunista se sirvió de una base preexistente: una cultura conservadora con valores cristianos. Sobre esa base se construyó un discurso según el cual el comunismo representaba lo opuesto al mandato de la Iglesia: el ateísmo. Además, se usaron las imágenes de la destrucción de la familia y la pérdida de los bienes materiales para generar temor en la población con respecto al comunismo. En la propaganda se leía: "... como propietario le costaría: Todo, su cepillo de dientes sería su único bien en propiedad: el Estado absorbe toda propiedad".[6]

Según una propaganda sobre el comunismo que circuló en 1962 en Ecuador, la Central de Trabajadores Ecuatorianos (CTE) era el centro de difusión del comunismo y se la identificaba como la fuente de paros, peleas, tiranía, explotación y sabotaje; además, se decía que su objetivo era la desaparición de la religión y el ejército. Es decir, según

---

4   Philip Agee, Jaime Galarza Zavala y Francisco Herrera Aráuz, *La CIA contra América Latina: caso especial: Ecuador* (Quito: Ministerio de Relaciones Exteriores y Movilidad Humana, 2014), p. 50.

5   Hernán Ibarra, "La Calle y Mañana: Las trayectorias divergentes de dos revistas políticas ecuatorianas", *European Review of Latin American and Caribbean Studies | Revista Europea de Estudios Latinoamericanos y del Caribe* 92, (2012), en doi.org/10.18352/erlacs.8403. (consultado el 08 de febrero de 2021).

6   "El Comunismo en Acción en Ecuador", 1962, Hojas volantes 1901-1991, Archivo Aurelio Espinoza Pólit, Quito.

el oficialismo, el comunismo era el origen de los males que aquejaban al país.

A raíz de la masacre y las revueltas de junio de 1959, se fue configurando un discurso anticomunista sobre esos hechos. El 16 de noviembre de 1962, apareció una hoja volante en Cuenca con el siguiente contenido:

> El cáncer no hace falta que lo señalemos. Explotó repugnante y virulento en toda su fealdad moral: la rebeldía colectiva de la juventud estudiantil, antaño esperanza de la Patria y el desacato, la grosería, el salvajismo de un grupo de monzalbetes [sic], para quienes el insulto, la agresión, el grito destemplado ha llegado a ser signo de grandeza y de heroísmo.[7]

Las revueltas de 1959 no fueron leídas como un acontecimiento de descontento generalizado de la población, sino como una importación soviética que proclamaba vivas al comunismo: "Bien sabemos que detrás, de esa juventud inconsciente y de los pocos obreros engañados y envenenados por el odio, maquina entre las sombras la Jefatura Comunista Internacional y los líderes perversos a soldada del Soviet".[8]

El anticomunismo no se reducía al campo discursivo, también se expresaba a través de acciones directas. Según el exagente de la CIA Philip Agee,[9] algunos grupos estudiantiles de la Universidad Católica fueron organizados en el Frente Anticomunista del Ecuador, que posteriormente cambió su nombre a Acción Anticomunista Ecuatoriana (AAE). Su existencia se puede rastrear, también, a través de una hoja volante en la que manifestaron su apoyo a las Fuerzas Armadas, acusaron a algunas personas de tener vínculos con la guerrilla y exigieron

---

7   Socios de "Democracia Cristiana", "Protestamos contra la rebeldía Comunista y el desacato social", 16 de noviembre de 1959, Hojas volantes 1901-1991, Archivo Aurelio Espinosa Pólit, Quito.

8   Socios de Democracia Cristiana.

9   Philip Agee, *La C.I.A. en el Ecuador*, s. f.

al gobierno la depuración administrativa de las personas identificadas, la expulsión de los "agentes comunistas internacionales", la disolución del "grupo terrorista URJE" y la sanción a la Federación de Estudiantes Universitarios del Ecuador (FEUE). Ese comunicado finalizaba con la siguiente amenaza: "Responsabilizamos al gobierno del Frente Democrático de lo que venga, en agitación, sangre y muerte, por la falta de acción oportuna y efectiva para detener al comunismo".[10]

En el campo, el anticomunismo se materializó en muertes y torturas. Según el Centro de Estudios y Difusión Social y el Centro de Educación Popular,

> por intermedio del Partido Conservador y del Partido Social-Cristiano, los terratenientes se pusieron en movimiento para oponerse a los proyectos de reforma agraria. Organizaron un Sindicato Nacional de Agricultores y crearon las "Milicias Anticomunistas".[11]

La Federación Ecuatoriana de Indios (FEI) y la CTE, a través de una hoja volante, denunciaron la represión en contra del movimiento campesino. La acusación generalizada que utilizaban era "indio comunista". En ese documento se podían leer los siguientes títulos: 1. Ahorcan a un campesino, torturan a otro en Tungurahua, 2. Incendian una choza en hacienda de "Pesillo", balean casa de dirigente campesino en Cayambe, apresan a dirigente de la liga campesina de Juan Montalvo, 3. En Cotopaxi, apalean y dan bala a un campesino que pedía misa, y 4. Se preparan grandes

---

[10] Frente Nacional Anticomunista, "Frente Nacional Anticomunista ante la Acción Armada del Comunismo Internacional", 13 de abril de 1962, Hojas volantes 1901-1991, Archivo Aurelio Espinoza Pólit, Quito.
[11] Centro de Estudios y Difusión Social y Centro de Educación Popular, "Historia de las luchas populares. De la constituyente de 1945 a nuestros días", 1992, Fondo de medios alternativos Universidad Andina Simón Bolívar, Quito.

provocaciones contra los campesinos de Chimborazo.[12] La campaña anticomunista en Ecuador legitimaba acciones como la masacre de 1959 y el asesinato de campesinos y preparaba el terreno para una dictadura.

1.1. La dictadura militar, 1963-1966

Luego de 11 años de estabilidad política que finalizaron con el gobierno de Camilo Ponce, ningún otro gobierno posterior terminó su periodo de mandato. En 1960, Velasco Ibarra fue elegido presidente; sin embargo, debió renunciar por la fuerte agitación social que alcanzó su máxima expresión en 1961 con las manifestaciones estudiantiles y obreras contra su gobierno. Carlos Julio Arosemena -vicepresidente de Velasco Ibarra- lo sucedió. Arosemena, que se había mostrado cercano a la izquierda, fue derrocado en 1963. El 11 de julio de ese año, se produjo un golpe y se instauró una Junta Militar de carácter reformista y anticomunista. Durante los tres años que duró la Junta, se implementó una estrategia contrainsurgente con dos caras: la represión y la reforma.

La Junta ilegalizó al Partido Comunista y encarceló a sus dirigentes, entre los que estaban el secretario general, Pedro Saad, y dirigentes de la FEI, Amadeo Alba y Tránsito Amaguaña. "El encarcelamiento de los dirigentes supremos de la FEI la condenó a la clandestinidad y desmanteló sus estructuras organizativas internas".[13] "Cerca de 150 personas fueron detenidas, algunas de las cuales ya han sido enviadas a penitenciarias en las provincias orientales trasandinas".[14] De inmediato se ordenó la reorganización

---

12 CTE y FEI, "Los terratenientes desatan la violencia contra los campesinos", 28 de febrero de 1962, Hojas volantes 1901-1991, Archivo Aurelio Espinoza Pólit, Quito.

13 Marc Becker y Silvia Tutillo, *Historia agraria y social de Cayambe* (Quito: Flacso Ecuador, Abya-Yala, 2009), p. 225.

14 CIA, "Military Junta in Ecuador", CIA. Freedom of Information Act Electronic Reading Room, en t.ly/9mWKD.

de las universidades de Guayaquil y Loja y, a continuación, la reorganización de la Universidad Central, donde se destituyó a sus autoridades y a 270 profesores acusados de ser "comunistas". El 30 de enero de 1964, se decretó la clausura de la Universidad Central con el fin de aplacar una ola de protestas y se continuó con la expedición de una nueva Ley de Educación Superior, que fue calificada por la FEUE y la Unión de Educadores como "la carta negra de la esclavitud universitaria" por su carácter represivo y excluyente.

Desde inicios de la década de 1960, la CIA reportaba una constante preocupación por las condiciones de pobreza de la mayoría de la población, las desigualdades y la mirada miope de las oligarquías renuentes a aplicar cualquier reforma. "La gran disparidad entre el consumo conspicuo de la oligarquía y la condición de las masas mal alimentadas y alojadas ha sido una invitación abierta a la agitación revolucionaria".[15] Las oligarquías, preocupadas únicamente por sus intereses inmediatos, se opondrían a cualquier tipo de reforma. En este escenario, la implementación de reformas ligadas al programa *Alianza para el Progreso* para frenar procesos de radicalización solo podían ser llevadas a cabo por los árbitros tradicionales: los militares.[16]

Si bien Ecuador no constituía una fuente de preocupaciones en materia de insurgencia en la década de 1960, en los informes de la CIA sobre este país, se colaba una constante intranquilidad por el escaso desarrollo del país y las urgentes y requeridas reformas para neutralizar cualquier descontento y radicalización: "Ecuador es uno de los países más pobres y menos desarrollado en América Latina".[17]

---

[15] CIA, "An Opportunity in Ecuador", CIA. Freedom of Information Act Electronic Reading Room, en t.ly/xFAdW.

[16] La debilidad de la formación del Estado nación y la falta de un proyecto nacional popular permitían que la maquinaria burocrática militar fuera el árbitro entre los intereses de las oligarquías de la Sierra y la Costa. Durante los sesenta y setenta, las Fuerzas Armadas se fortalecieron como actores políticos con capacidad de bloqueo e intervención.

[17] CIA, "Ecuador Handbook", CIA. Freedom of Information Act Electronic Reading Room, en t.ly/JZ9L5.

En dos décadas –los sesenta y los setenta–, se implementaron un conjunto de reformas esperadas por la *Alianza para el Progreso*, incluida la reforma jurídico-política (1978) que precedió el regreso al orden constitucional. El éxito de su implementación, sin embargo, es debatible.

A inicios de la década de 1960, en Ecuador primaba un régimen gamonal en el que las oligarquías regionales permanentemente disputaban entre Sierra y Costa para hacer prevalecer sus intereses particulares; esta contienda está reflejada entre los Partidos Conservador y Liberal. Además, se carecía de un sistema constitucional y político que sentara las bases de una institucionalidad mínima y avanzara en un proceso de integración nacional. La misma CIA afirmaba: "Lo que pasa por 'constitucionalismo' en Ecuador es un sistema que permite a una pequeña oligarquía manipular el sistema político para su beneficio particular y desviar los esfuerzos recurrentes para iniciar programas de reforma".[18] La debilidad institucional del Ecuador lo volvía muy proclive a las crisis.

1.2. El primer ciclo de reformas

Hasta 1965 la economía ecuatoriana tenía una base eminentemente agrícola caracterizada por una elevada concentración de la propiedad de la tierra y del ingreso. El 85 % de las exportaciones provenían básicamente del banano, café y cacao. Las condiciones de atraso, pobreza, inestabilidad política y falta de atención para la mayoría de la población eran condiciones propicias para la radicalización.

Frente a eso era urgente un programa de reformas que mejorara en algo las condiciones de las mayorías, minimizara su exclusión y les arrebatara militantes a las estructuras de izquierda. Esto incluía una reforma agraria, la alfabetización, la distribución del ingreso y la llegada de

---

18 CIA, "An Opportunity in Ecuador", CIA. Freedom of Information Act Electronic Reading Room, en t.ly/xFAdW.

gobiernos democráticos. Es decir, se necesitaba eliminar las condiciones que pudieran llevar a un país a la revolución, siguiendo el ejemplo cubano. Según José Moncada, la Junta promovió el más serio programa de reformas -agraria, tributaria y administrativa-, cuya finalidad era "amortiguar las contradicciones del agro y el descontento campesino y [...] modernizar al país abriendo un cause más amplio a la industrialización".[19]

Los principales cambios en el campo consistieron en la eliminación de formas precapitalistas de producción; para ello, se promulgaron varias disposiciones legales: la reforma agraria de 1964 eliminó el huasipungo, el Decreto 373 abolió el trabajo precario en la agricultura, y el Decreto 1.001 declaró de utilidad pública y sujetas a expropiación e inmediata ocupación a todas las tierras bajo producción arrocera cultivadas por precaristas.[20] No hay que olvidar que, entre 1959 y 1964, se liquidó el huasipungo por iniciativa privada. Lo que significó la "entrega de las peores tierras y [la] eliminación del derecho de los *huasipungueros* a acceder a los recursos de la hacienda".[21]

La Junta Militar llevó a cabo la primera Reforma Agraria en 1964 y creó el Instituto Ecuatoriano de Reforma Agraria y Colonización (IERAC). Según la ley, esta reforma consistía básicamente en la expropiación de tierras explotadas en forma absentista y defectuosa, la reversión de tierras incultas (aquellas que habían permanecido ociosas por 10 años), la eliminación de toda forma precarista de tenencia de la tierra con fines agrícolas, la intervención en las haciendas de Estado, y la promoción de parcelaciones privadas que se ajustaran a los lineamientos de la ley. Con esta reforma "lo que se impuso es la tendencia general hacia

---

[19] José Moncada, *Capitalismo y subdesarrollo ecuatoriano en el siglo XX. Instituto de Investigaciones Económicas* (Quito: Instituto de Investigaciones Económicas. Universidad Central del Ecuador, 1982), 42.

[20] Moncada, *Capitalismo y subdesarrollo*, 46.

[21] Fernando Velasco Abad, *Reforma agraria y movimiento campesino indígena de la sierra* (Quito, Ecuador: El Conejo, 1983), p. 76.

la profundización del desarrollo capitalista en el campo y la consecuente proletarización del campesinado".[22] Entre sus efectos estuvo la migración temporal o definitiva.

A la reforma agraria, se sumaron las reformas tributaria y administrativa, que tenían como objetivo centralizar y modernizar el funcionamiento del Estado. El conjunto de reformas era parte del proceso de modernización que empezó a tomar forma a mediados de la década de 1960. Estas primeras reformas –administrativa, fiscal y agraria– impulsadas por la Junta Militar (1963-1966) sentaron las bases de un proceso de industrialización sustitutiva de importaciones que permitió el crecimiento de la población asalariada y la migración del campo a la ciudad. Ese impulso industrializador y el crecimiento de población asalariada crearon las condiciones para la organización de sindicatos en la siguiente década.

En suma, el conjunto de reformas que se desplegaron entre las décadas de 1960 y 1970 tendieron a la desestructuración del viejo régimen gamonal, el impulso de un proceso de industrialización, el fortalecimiento del aparato estatal y la integración nacional. El ciclo de reformas iniciado en la década de 1960 cobraría fuerza en la de 1970 gracias al *boom* petrolero. La tarea de la Junta Militar era la gestión de la crisis y la transición a la vida institucional, pero no lo logró y tuvo que abandonar el poder ante la presión de las élites empresariales de Guayaquil opuestas a las reformas industrialistas y la movilización de sectores laborales y estudiantiles.[23]

---

22 Velasco Abad, *Reforma agraria y movimiento campesino*, p. 76.
23 Hernán Ibarra, "La Calle y Mañana: Las trayectorias divergentes de dos revistas políticas ecuatorianas", *European Review of Latin American and Caribbean Studies / Revista Europea de Estudios Latinoamericanos y del Caribe* 92, (2012), en doi.org/10.18352/erlacs.8403. (consultado el 08 de febrero de 2021)

1.3. La Insurgencia

En el primer ciclo, se produjo una activación política que se expresó en una explosión organizativa de partidos de una izquierda radicalizada y procesos de movilización cuyo principal protagonista fue el movimiento estudiantil. Las expresiones de izquierdas que aparecieron en esos años buscaban ocupar un lugar a la izquierda de los partidos comunista y socialista y surgieron en torno a debates sobre la estrategia revolucionaria y realineamientos respecto al estalinismo, el conflicto chino-soviético, la Revolución cubana, la política del Vaticano y las revoluciones anticoloniales. Se produjo una multiplicación de familias de izquierdas: comunistas, socialistas, guevaristas, trotskistas, maoístas, cristianos de izquierda, etc.

En 1963 se creó el Partido Socialista Revolucionario Ecuatoriano (PSRE), en 1964 el Partido Comunista Marxista Leninista (PCMLE), y en 1965 el Movimiento de Izquierda Revolucionario (MIR). Durante estos años la militancia estaba guiada por los anhelos de producir focos revolucionarios armados.

Estas organizaciones insurgentes eran pequeñas y débiles por su división en facciones y no representaban ninguna amenaza;[24] sin embargo, el despliegue de importantes movilizaciones sociales sí constituía un problema para los diferentes gobiernos y una importante motivación para esas izquierdas. Aunque la Junta Militar destruyó al Partido Comunista, "la insatisfacción laboral y estudiantil" logró generar una presión importante para pensar en una posible reorganización de la Junta.[25]

Al cerrar la década -en la que ocurrió el asesinato del Che Guevara en Bolivia en 1967-, la estrategia contrainsurgente parece haber dado resultado. En un informe sobre las

---

[24] CIA, "Situation in Ecuador", CIA. Freedom of Information Act Electronic Reading Room, en t.ly/Zmq4g.
[25] CIA, "Situation in Ecuador".

guerrillas latinoamericanas del 22 de enero de 1971, la CIA informó:

> Durante más de diez años, Fidel Castro ha estado alentando y ayudando a los revolucionarios latinoamericanos a viajar a las tierras y montañas de sus propios países para imitar su campaña guerrillera y su victoria. Hoy, sin embargo, hay menos de 1000 guerrilleros rurales resistiendo en solo unos pocos países. Son débiles, de importancia decreciente y no representan una amenaza grave para los gobiernos. La insurgencia guerrillera en el interior se volvió cada vez más anacrónica e irrelevante en muchos países latinoamericanos en la década de los sesenta a medida que las sociedades se urbanizaban y modernizaban a un ritmo acelerado.[26]

Si bien las reformas fueron un importante factor para modernizar y neutralizar la insurgencia, también generaron las condiciones para el nacimiento de una nueva generación. Como el mismo informe de la CIA sostenía: "Sin embargo, a medida que las fortunas de la guerrilla rural se han desvanecido, una nueva generación de revolucionarios ha aparecido en las ciudades".[27] En 1972 algunos de los líderes de las organizaciones con impulsos político-militares fueron encarcelados por la dictadura de Guillermo Rodríguez Lara (1972-1976), y otros acabaron en el exilio.

2. Crecimiento y ascenso de la lucha (1972-1983)

El segundo ciclo (1972-1983) fue de ascenso de la lucha social y crecimiento organizativo. El fortalecimiento de la industrialización generó las condiciones propicias para la creación de nuevos sindicatos, pero fue incapaz de absorber

---

[26] CIA, "Weekly Summary. Special Report. The Latin America Guerrilla Today.", CIA. Freedom of Information Act Electronic Reading Room, en t.ly/Q0sgF.

[27] CIA, "Weekly Summary".

la mano de obra que se alimentaba de los flujos migratorios del campo a la ciudad. A pesar del *boom* petrolero, las condiciones de vida no mejoraron para las mayorías. El carácter desigual y excluyente de la modernización alimentó el malestar social. Durante este ciclo, las izquierdas cambiaron de estrategia y la actuación a través de los frentes de masas les permitió un crecimiento exponencial. Surgieron nuevas organizaciones de izquierda, tales como el Movimiento Revolucionario de Izquierda Cristiana (MRIC) en 1972 y el Movimiento Revolucionario de los Trabajadores (MRT) en 1977.

El crecimiento organizativo y la politización de sindicatos, campesinos, maestros, estudiantes, etc., permitieron el sostenimiento de importantes huelgas nacionales. Sin embargo, perdieron fuerza con el regreso al orden constitucional que abrió las puertas para el ingreso de las izquierdas radicalizadas a la arena institucional. Desde 1979 hasta 1983, desaparecieron todas las organizaciones que se habían radicalizado en las décadas de 1960 y 1970.

2.1. Segundo ciclo de reformas

Al igual que en la década de 1960, las oligarquías ecuatorianas no estaban dispuestas a implementar reformas que afectaran sus fortunas. Nuevamente, una dictadura militar tuvo que profundizar la modernización. En 1972, Guillermo Rodríguez Lara derrocó a Velasco y, aunque tenía un discurso nacionalista revolucionario -gracias al cual recibió el apoyo del Partido Comunista y de sectores sindicales-, encarceló y persiguió a los principales líderes de las izquierdas radicalizadas.

Rodríguez Lara se enfrentaba a la falta de recursos y a la oposición que podría surgir desde las oligarquías. Por ello, necesitaba el apoyo popular para llevar a cabo cualquier reforma. "Utilizó una retórica populista, al mismo tiempo que hacía ciertas concesiones a las organizaciones gremiales, fundamentalmente a las Centrales Sindicales".[28] Este ambiente permitió la organización de los sindicatos, la movilización campesina y su dinamización política, "frente a la mirada relativamente tolerante del Estado".[29]

Desde 1973, se produjo una profundización de la modernización -crecimiento de industrias, nueva reforma agraria y fortalecimiento del Estado- que fue sostenida, en gran medida, por el *boom* petrolero[30] y por los altos costos del petróleo.[31] Sin embargo, esta modernización fue desigual y excluyente. Crecieron las clases medias asalariadas gracias al fortalecimiento del Estado. El sistema educativo se amplió y permitió el crecimiento del número de estudiantes y educadores, especialmente en la universidad. Pero los campesinos que migraban a las ciudades y los que se quedaban vivían en condición de subsistencia. La búsqueda de viviendas en las ciudades alimentó los cinturones de pobreza. Aunque crecieron las industrias, no lograron absorber la mano de obra, y el descontento popular fue en aumento a lo largo de la década.

En el caso del petróleo, Rodríguez Lara adoptó una política nacionalista "que conduce a la constitución de CEPE (posteriormente Petroecuador), a la renegociación de los contratos petroleros con Texaco-Gulf, y al establecimiento

---

28 Velasco Abad, *Reforma agraria y movimiento campesino*, p. 95.
29 Velasco Abad, *Reforma agraria y movimiento campesino*, p. 95.
30 En agosto de 1972, salía el primer cargamento de crudo ecuatoriano del puerto de Balao en Esmeraldas, convirtiendo a Ecuador en el segundo mayor exportador de petróleo de América Latina, después de Venezuela.
31 El PIB creció a una tasa del 9.3 % entre 1970 y 1979. El presupuesto del gobierno central pasó de los 5 mil millones de sucres en el 70 a los 27 mil millones en 1977. Carlos Larrea, *Industria, estructura agraria y migraciones internas en el Ecuador: 1950-1982*. (Quito: Flacso Ecuador, 1991). "La industria se expandió con un 10% de promedio anual; mientras que el producto por habitante aumentó de 260 dólares en 1970 a 1.668 dólares en 1981". Alberto Acosta, *Breve historia económica del Ecuador* (Quito: Corporación Editora Nacional, 2006), pp. 126-127.

de condiciones que permitieron al Estado captar aproximadamente el 80% del excedente petrolero".[32]

Con los recursos petroleros bajo control estatal, los militares siguieron una agenda cepalina clásica para promover el desarrollo industrial: créditos de fomento, incentivos fiscales, subsidios, tasas de cambio sobrevaluadas, restricciones a las importaciones y recurso al endeudamiento externo cuando los precios del petróleo comenzaron a bajar.[33]

A fines de la década de 1970, el petróleo representaba aproximadamente el 70 % de las exportaciones del país, lo que permitió que el Estado contara con más recursos para gastos e inversiones. De esta manera, el Estado adquirió cierta autonomía respecto a los grupos de poder.

La migración del campo a la ciudad, la expansión del mercado interno, la pavimentación de miles de kilómetros de carreteras y el mejoramiento de las comunicaciones fomentaron la integración nacional. Sin embargo, los cambios eran precarios e incompletos sin un proyecto de desarrollo y la implementación de un sistema político. Hasta inicios de la década de 1970, "ni los núcleos comerciales ni los terratenientes semiindustriales habían logrado un nivel de desarrollo objetivo que les permitiese imponer su modelo de desarrollo librecambista o proteccionista, respectivamente".[34]

A pesar del proceso de modernización, no se modificaron los problemas estructurales: la concentración del ingreso y de la propiedad, la persistencia de relaciones

---

[32] Carlos Larrea, "Petróleo y estrategias de desarrollo en el Ecuador: 1972-2005", en *Petróleo y desarrollo sostenible en Ecuador*, editado por Guillaume Fontaine (Quito: Flacso, Sede Académica de Ecuador: PETROECUADOR, 2003), p. 64.

[33] León Zamosc, «Protesta agraria y movimiento indígena en la Sierra Ecuatoriana», en *Sismo étnico en el Ecuador. Varias perspectivas*, editado por José Almeida (Quito: Abya-Yala, CEDIME, 1993), p. 281.

[34] Velasco Abad, *Ecuador: subdesarrollo y dependencia* (Quito: Corp. Ed. Nacional, 1990), p. 108.

tradicionales de producción ahora incorporadas al capital, el subempleo, la exclusión de una parte de la población del país de los servicios de educación, salud y vivienda, el analfabetismo, la insuficiente producción agrícola para consumo interno; además, no cambiaron los patrones de producción dependientes del exterior y no se alteró el proceso de acumulación atado a las exportaciones de productos primarios.

2.2. El triunvirato militar

El triunvirato militar que desplazó a la dictadura de Guillermo Rodríguez Lara en 1976 incrementó la represión. Su papel consistió en generar las condiciones para la transición al orden constitucional a través de dos vías: el disciplinamiento social a través del endurecimiento de la represión, y una reforma jurídico-política que permitía el ingreso de las izquierdas al campo político institucional.

La represión solo consiguió avivar las movilizaciones; sin embargo, la reforma jurídico-política fue la estrategia más efectiva para neutralizar a las izquierdas radicalizadas, al permitirles el ingreso a la arena político-institucional. La reforma sirvió para desmovilizar a la izquierda al dotarla de representación y, de esa forma, aislar y debilitar a los grupos más radicales. Varias organizaciones de izquierda fueron asimiladas a la dinámica política del Estado. Los efectos fueron evidentes durante los primeros años de la década de 1980, cuando todas las organizaciones revolucionarias se dividieron o se disolvieron.

La dictadura militar sentó las bases para el regreso al orden constitucional. Además de la reforma política, suprimió la política social y redujo los salarios. Al mismo tiempo, aceleró la centralización y monopolización alrededor del Estado, junto a una más profunda intervención y dependencia del exterior. "Terratenientes, agroexportadores e importadores son abiertamente favorecidos a través de medidas estatales"[35] como la modificación de la Ley de Reforma Agraria para beneficiar a latifundistas o la concesión de exenciones fiscales a la exportación de productos primarios.

El gobierno siguió apoyando el desarrollo industrial; sin embargo, no contaba con una estrategia de promoción sectorial o de consolidación del mercado interno.

Esto, por cierto, supone una adicional exigencia de recursos y de divisas, lo cual hubiese podido ser problemático dada la caída de las exportaciones petroleras. La solución va a ser el incremento del endeudamiento externo hasta niveles nunca antes conocidos en el país.[36]

Para 1978, se comenzó a sentir una tendencia recesiva de la economía, a pesar de la "agresiva política de endeudamiento externo (durante 1977 y 1978 el Gobierno contrató cerca de 1.400 millones de dólares)".[37] Los sectores más afectados fueron la construcción, la agricultura y la industria, lo cual disminuyó el empleo. Según Moncada, el debilitamiento o deterioro de la actividad económica y la caída de la tasa de acumulación también generaron conflictos entre las fracciones dominantes, cuyos intereses no coincidían y que la dictadura ya no podía gestionar.[38] En las calles, la FEUE y la FESE denunciaron el alto costo de la vida, la devaluación del sucre, la entrega de los recursos naturales a las compañías extranjeras, la represión brutal, y la persecución política, entre otros.[39]

En 1977 se produjo el mayor evento de represión de la década: la masacre de Aztra, en la que "se calcula que

---

[35] Velasco Abad, *Reforma agraria y movimiento campesino*, p. 98.

[36] Velasco Abad, Reforma agraria y movimiento campesino, p. 98.

[37] José Moncada, *Capitalismo y subdesarrollo ecuatoriano en el siglo XX. Instituto de Investigaciones Económicas* (Quito: Corp. Ed. Nacional, 1990), p. 60.

[38] Moncada, *Capitalismo y subdesarrollo ecuatoriano en el siglo XX*, pp. 63-64.

[39] FEUE y FESE, "Viva la huelga de hambre declarada por los compañeros Pablo Herrera, David Larco y demás presos en el penal 'García Moreno'", 1978, Hojas volantes 1901-1991, Archivo Aurelio Espinosa Pólit, Quito.

murieron más de cien trabajadores".[40] La liberación de la fuerza de trabajo del campo había producido una importante migración hacia la costa.

Luego de la Reforma Agraria de 1963, los campesinos de Azuay y Cañar comenzaron a migrar a la Costa, especialmente en la época de zafra, por lo cual su trabajo en la mayoría de los casos era estacional, frente a una quinta parte -alrededor de 4.000 trabajadores- que habían logrado residir en la Troncal. Por consiguiente, la mano de obra era abundante y los salarios eran bajos.[41]

Los masacrados en el ingenio azucarero Aztra eran campesinos migrantes y zafreros que demandaban el cumplimiento del contrato colectivo. El desconocimiento del contrato colectivo dio origen a pliegos de peticiones y a la declaración de huelga. La huelga fue declarada ilegal, y el ministro de Gobierno dispuso el desalojo. Muchos fueron asesinados por disparos, otros murieron asfixiados o ahogados en el canal de riego al que se lanzaron. Luego de la masacre de Aztra, se enardecieron la agitación social y la oposición a la dictadura.

La represión y el disciplinamiento de los sectores populares eran el rasgo fundamental de esta dictadura.

El salario mínimo vital permanece congelado desde 1976 mientras se incrementan los precios. Las demandas de los trabajadores son rechazadas y se ilegaliza a las Centrales Sindicales.[42]

Durante el triunvirato, también la Unión Nacional de Educadores (UNE) perdió la personería jurídica, fueron expulsados sacerdotes extranjeros que comulgaban con las

---

40 Carolina Larco C. y León Espinosa O., eds., *El pensamiento político de los movimientos sociales* (Quito: Ministerio de Coordinación de la Política y Gobiernos Autónomos Descentralizados, 2012), p. 37.
41 Larco y Espinosa, eds., *El pensamiento político de los movimientos sociales*, p. 37.
42 Velasco Abad, *Reforma agraria y movimiento campesino*, p. 98.

ideas de monseñor Proaño, y Ecuador pasó a formar parte del Plan Cóndor.

En 1976 se llevó a cabo un encuentro auspiciado por la Conferencia Episcopal Latinoamericana (CELAM) y por el obispo de Riobamba, Leonidas Proaño. Se trató de una reunión pastoral para tratar los problemas de los pobres de América Latina en general y de los indígenas de la zona de Riobamba en particular. La policía ecuatoriana detuvo durante dos días a 17 obispos y 21 sacerdotes de varios países de América Latina y Estados Unidos, por considerar que la reunión era subversiva. El trabajo con indígenas que llevaba a cabo Proaño no solo incomodaba a los terratenientes de la zona, sino también a la dictadura.

A nivel latinoamericano había una intensa colaboración para reprimir a la izquierda. En 1978, durante el triunvirato, Ecuador pasó a integrar la Operación Cóndor, una operación creada en 1975 y que coordinaba acciones entre Chile, Argentina, Uruguay, Paraguay, Brasil y Bolivia. La estrategia usada fue el terrorismo de Estado a través de la tortura, desaparición y muerte de miles de personas. Según informes de la CIA, Ecuador recibió la colaboración de militares argentinos para el sistema de telecomunicaciones y el ofrecimiento de becas para oficiales militares que asistieran a la escuela de inteligencia de Chile.

> La responsabilidad general de la participación y las actividades de Ecuador en el Cóndor recae en el mando conjunto ecuatoriano de las fuerzas armadas; sin embargo, el comando conjunto ha asignado diversas responsabilidades individuales al ejército, la marina y la fuerza aérea, por ejemplo, el ejército a través de la dirección general de inteligencia (DGI) es responsable de los informes de inteligencia y el intercambio de información entre varios cóndores. La marina es responsable de las telecomunicaciones y la fuerza aérea es responsable de la guerra psicológica.[43]

---

[43] CIA, "Ecuador Participation in Operation Condor", CIA. Freedom of Information Act Electronic Reading Room, en t.ly/2m3Qy.

Fue esta dictadura, además, la que pautó las reglas del juego democrático. Por un lado, posibilitó la entrada a las izquierdas en la contienda electoral y, por otro, fortaleció el aparato represivo a través de la promulgación de la Ley de Seguridad Nacional (1979), que sería ampliamente utilizada por el Gobierno de León Febres Cordero para ejercer el terrorismo de Estado.

3. El repliegue (1983-1990)

El tercer ciclo fue de reflujo y de reorganización de la militancia (1983-1990). Frente a la transformación del campo político que produjo el regreso al orden constitucional, las trayectorias militantes se bifurcaron. Muchos dejaron la militancia, otros ingresaron al campo político institucional, otros se dedicaron a la docencia, otros ingresaron a ONG, y otros pasaron a formar parte de proyectos político-armados, de los que el más visible fue Alfaro Vive Carajo! (AVC). A pesar de que en 1979 Ecuador regresó al orden constitucional, la estrategia contrainsurgente no cesó; por el contrario, fue durante el periodo democrático cuando se desplegó el terrorismo de Estado para eliminar a las últimas expresiones radicalizadas.

Febres Cordero llegó al gobierno en 1984 bajo la promesa de "Pan, techo y empleo"; sin embargo, la agresiva liberalización de la economía, la eliminación de políticas que habían protegido la industria, el aumento de precios de la gasolina y la reducción de los subsidios a los alimentos terminaron eliminando la incipiente industria y precarizando la vida de los trabajadores. Su gobierno se caracterizó por mantener bajo control a la izquierda y a los sindicatos, para lo que dedicó importantes esfuerzos en el fortalecimiento del aparato represivo. Los militantes, dirigentes sindicales y campesinos eran blanco para un gobierno que actuaba bajo la hipótesis del enemigo interno.

En resumen, el gobierno de León Febres Cordero (1984-1988) aplicó dos políticas:

1. fuertes medidas represivas, persecuciones políticas, tortura y asesinato -sobre todo para quienes se vinculaban con organizaciones de izquierda-, y
2. la desestructuración del mundo del trabajo a través de la aplicación de medidas neoliberales.

El repliegue comenzó a sentirse en 1986; para entonces los principales dirigentes de AVC e integrantes de otros núcleos político-militares fueron asesinados y el mundo del trabajo empezó a sentir los efectos del neoliberalismo que erosionaron sus formas de organización. El aparato represivo legal y clandestino se fortaleció bajo la política de Seguridad Nacional en el periodo de León Febres Cordero.

El sueño del oro negro se terminó también en 1986 con la caída estrepitosa del precio del petróleo. El precio del barril, que había llegado hasta 34,4 dólares en 1981, cayó a 9 dólares en 1986. Para 1987, la deuda externa llegó a 9.300 millones de dólares -representaba más del 70 % del PIB-, las tasas de crecimiento de la industria se tornaron negativas, y el ingreso per cápita del país se encontraba en niveles similares a los de 1978.[44]

En medio del fuerte ambiente de represión, fue difícil para las centrales sindicales canalizar el descontento frente al declive de los niveles de vida y la ausencia de empleo y vivienda. Se organizaron tres huelgas nacionales entre 1984 y 1985; no obstante, no tuvieron la fuerza que habían mantenido entre 1980 y 1983. Solo después de un creciente desprestigio, la inconformidad de miembros de las Fuerzas Aéreas, la oposición unificada de la izquierda en el referéndum de 1986 y la reorganización de fuerzas en el legislativo -en el que las izquierdas ampliaron su participación-, se

---

[44] Carlos Larrea, *Industria, estructura agraria y migraciones internas en el Ecuador: 1950-1982* (Quito: Flacso Ecuador, 1991), p. 8.

produjo en marzo de 1987 "un paro laboral a nivel nacional que prácticamente paralizó a Quito y otras ciudades importantes y dejó a varios policías y manifestantes heridos".[45]

Uno de los principales legados del periodo de Febres Cordero fue el fortalecimiento del aparato represivo, que no culminó con su mandato. Según información de la CIA, las fuerzas armadas comenzaron la implementación de "un plan de 10 años para organizar, entrenar y equipar cinco unidades especiales denominadas supresión de grupos anti-subversivos".[46] Al finalizar la década de 1980, los grupos radicalizados prácticamente habían desaparecido.

Conclusiones

Las dictaduras ecuatorianas del periodo analizado en este capítulo cumplieron diversas funciones: fueron mediadoras de los intereses de las oligarquías, impulsaron un proceso de modernización y desarrollo, reprimieron a las izquierdas radicalizadas y la movilización social y disciplinaron a la sociedad. La política de contrainsurgencia incluyó un amplio paquete de reformas y diversas formas de represión. De hecho, en el caso de Ecuador, la forma más eficaz para contener la radicalización fue la apertura del campo político a las izquierdas radicalizadas. Una vez que la mayoría entró al juego político institucional, el resto quedaron aisladas. Y sobre estas últimas se aplicó una represión aún más violenta y sistemática durante un gobierno elegido constitucionalmente. Es decir, la política de contrainsurgencia continuó durante el periodo democrático.

El proceso de transformación que empujaron las izquierdas radicalizadas se resolvió en la tensión insur-

---

45 CIA, "Insurgency and Counterinsurgency in Perú, Colombia, and Ecuador", CIA. Freedom of Information Act Electronic Reading Room, en t.ly/IbIcG.
46 CIA, "Ecuador Overview", CIA. Freedom of Information Act Electronic Reading Room, en t.ly/AntJJ.

gencia-contrainsurgencia. La modernización emprendida desde la década de 1970 puso en crisis el régimen gamonal y los poderes locales y significó el ocaso de los partidos tradicionales, conservador y liberal. Además, la creciente importancia de las movilizaciones encabezadas por el sindicalismo y el protagonismo de las fuerzas de izquierda empujaron la creación de un nuevo sistema político y el fortalecimiento del Estado. La reforma político-institucional más importante fue la creación de un régimen de partidos que intentó convertirse en el mediador entre la sociedad civil y el Estado.

5

Honor, deber y sacrificio: la justificación discursiva de los golpes de Estado en Chile (1973) y Argentina (1976)

Leonardo Astorga Sánchez

> Tal vez sea triste que se haya quebrado una tradición democrática, que en este continente era larga. Pero cuando el Estado pierde sus calidades, vienen aquellos que por mandato deben mantener su vigencia a asumir ese cargo. Hoy lo hacemos. Estamos seguros de que Chile entero tiene que comprender el sacrificio que nos significa.
>
> Almirante José Merino Castro, 11 de setiembre de 1973

Introducción

Si bien es cierto que la cita que encabeza este capítulo corresponde a las declaraciones de un miembro de la Junta Militar chilena que tomó el poder después del golpe de Estado en contra del gobierno de Salvador Allende, esas palabras resultan familiares para la realidad que se experimentó en gran parte de América Latina entre 1960 y 1980. En ellas se encuentran las principales razones discursivas que justificaron a las Fuerzas Armadas para hacerse con el poder mediante el uso de la fuerza y que se resumen en tres conceptos: "honor", "deber" y "sacrificio".

Entre 1960 y 1980, América Latina se caracterizó por un fuerte proceso de militarización, que llevó a la creación de un Estado autoritario contrainsurgente.[1] Durante esos años, el golpe de Estado pasó a ser un acto político clave, mediante el cual el aparato estatal y su institucionalidad eran capturados por las Fuerzas Armadas y se les imprimía el carácter castrense, mientras que la disciplina y racionalidad militar pasaban a ser los ejes que orientarían la función y el arte de gobernar.[2]

Por medio del golpe de Estado, los militares llegaron al poder en Brasil en 1964, en Bolivia en 1971, en Chile y Uruguay en 1973 y en Argentina en 1976, y también hubo gobiernos militares en Centroamérica y se llevó a cabo una campaña de guerra sucia en México. A través del golpe de Estado, se iniciaron, en muchos países, procesos de transformación, en donde la violencia y el terrorismo de Estado pasaron a ser los medios para lograr la reorganización y creación de proyectos de sociedad que se exponían como una utopía autoritaria.[3]

Asimismo, la presencia de los militares en el poder, en un contexto de Guerra Fría, facilitó y permitió una integración y cooperación de los Estados autoritarios contrainsurgentes. Tal particularidad hizo posible, según lo analizado por Patrice McSherry, que la violencia alcanzara un nivel transnacional, siendo la operación Cóndor su máxima expresión.[4]

La diferencia de esos golpes de Estado con aquellos que se produjeron antes de la década de 1960, como explica Marcos Roitmann, es que las Fuerzas Armadas produjeron

---

[1]   Marcos Roitman, *Tiempos de oscuridad. Historia de los golpes de estado en América Latina* (Madrid: Akal, 2013), pp. 140-141.

[2]   Felipe Serrano, "Estado, Golpes de Estado y Militarización en América Latina: una reflexión histórico política", *Nueva Época*, n.º 64 (2010), p. 180.

[3]   Héctor Pérez, *Historia global de América Latina. Del siglo XXI a la independencia* (Madrid: Alianza Editorial, 2018), pp. 210-212.

[4]   Patrice McSherry, *Predatory States. Operation Condor and covert war in Latin America* (Oxford: Rowman & Littlefield Publishers, Inc., 2005), pp. 4-7.

esos golpes por iniciativa propia.[5] De esa manera, los militares llegaron a actuar e intervenir como grupo, como una corporación, y tomaron el poder para sí mismos porque se consideraban la única fuerza organizada y capaz de garantizar el orden, pues veían a las otras instituciones políticas como débiles o corruptas.[6]

Por consiguiente, el presente capítulo se propone llevar a cabo un acercamiento a las razones discursivas que fueron utilizadas para justificar el derrocamiento de gobiernos civiles por parte de los militares en Chile y en Argentina. El análisis parte, en primer lugar, de una delimitación del concepto de "seguridad", pues es clave para comprender mejor la manera de actuar de las Fuerzas Armadas en el contexto de Guerra Fría. Luego, este trabajo se adentra en el estudio de declaraciones, bandos y proclamas militares, con el fin de comprender cómo el honor, el deber y el sacrificio se unieron a las justificaciones en materia de seguridad planteadas por los militares.

1. Fuerzas Armadas, seguridad y discurso

Un elemento importante que debe considerarse para poder entender no solo el discurso, sino también la manera de actuar de los militares entre 1960 y 1980, es la idea que tenían del concepto de "seguridad". Para las Fuerzas Armadas, este concepto fue clave, ya que se partía del axioma de que la seguridad del Estado era la seguridad de la patria y la nación, además de que la seguridad garantizaba el desarrollo. Asimismo, los militares aducían que solo una institución como las Fuerzas Armadas podía garantizar y ofrecer seguridad, y, por tal razón, debían encargarse del Estado.

---

[5] Roitman, *Tiempos de oscuridad,* p. 147.
[6] Martijn Vlaskamp, "Golpes de Estado", *Violencia Política,* Lesley Ann-Daniels y Martij Vlaskamp (coords.) (Madrid: Tecnos, 2021), pp. 142-143.

Como lo explica Barry Buzan, la idea y el concepto de "seguridad" requieren de la identificación de un objeto referente al cual proteger (el Estado, la nación) y, a partir de esa identificación, posibilitar las condiciones y prácticas para que ese objeto sea motivo y objetivo de seguridad.[7] Al lograrlo, al establecer el objeto que proteger, el cómo protegerlo y de qué o de quiénes protegerlo, se inicia un proceso de securitización que no va a depender de una amenaza real, sino de cómo esa amenaza es presentada y narrada. Lo que se busca es que, mediante el discurso como parte del proceso de securitización, se priorice un tema con tal urgencia, que incite a una acción inmediata: el golpe de Estado.[8]

Tomando en cuenta lo anterior, se entiende la seguridad como parte de un discurso, donde la clave era cómo se argumentaban y legitimaban las acciones que se debían llevar a cabo. Más aún si a lo que se estaba apelando era a la supervivencia y al rescate del Estado y de la patria frente a una amenaza.

El discurso y la acción de los militares tienen mayor sentido si los observamos a la luz de la Doctrina de Seguridad Nacional (DSN). La Guerra Fría, por su parte, ofreció el contexto global para que las Fuerzas Armadas enmarcaran su actuación y su papel en la elaboración política e ideológica y en la definición de una manera de cómo hacer las cosas.[9] Como lo explica Laura Sala,[10] esas formas de ser y hacer partían del hecho de definir la seguridad nacional como el resultado de que los militares ejercieran el poder nacional a

---

7   Barry Buzan, *People, States and Fear. The National Security Problem in International Relations* (Brighton: Wheatsheaf Books LTD., 1983), pp. 36-37.

8   Barry Buzan, Ole Waever y Jaap de Wilde, *Security. New Framework for Analysis* (Boulder: Lynne Rienner Publisher, 1998), pp. 23-26.

9   Ariel C. Armony, "Transnationalizing the Dirty War: Argentina in Central America", *In from the Cold. Latin America's new encounter with the Cold War*, Gilbert M. Joseph y Daniela Spencer (eds.) (Durham: Duke University Press, 2008), pp. 134-137.

10 Laura Sala, "En busca de una doctrina contrasubversiva propia. Las tesis de ascenso de los oficiales guatemaltecos, 1975-1985", *Desafíos*, n.º 32 (2020), p. 7.

través de una estrategia y prácticas para alcanzar objetivos específicos y la capacidad de imponer su voluntad a pesar de sus oponentes. La DSN, según Leal Buitrago, era una macroteoría militar del Estado, mediante la cual se justificaba la importancia de que las Fuerzas Armadas ocuparan las instituciones estatales, a la vez que se militariza el concepto de "seguridad".[11] Mediante la Doctrina de Seguridad Nacional, las Fuerzas Armadas empezaron a verse y definirse no solo como las defensoras de los intereses nacionales, sino también como las encargadas de definir esos intereses.

Todo lo anterior respondía, además, a un elemento clave y estructural en la cultura política de América Latina: el militarismo. Eso era así porque, antes y después de los procesos de independencia, las Fuerzas Armadas se mantuvieron como una institución constante, que ocupaba un lugar muy importante en los diferentes procesos de cambio que experimentaron las sociedades latinoamericanas.[12] Así, el militarismo exponía a las Fuerzas Armadas como la solución a los problemas políticos, actuando en un principio como un medio para luego ser un fin en sí mismas.

2. Frente al caos

Todo régimen crea su propio discurso, se encarga de dotar a las palabras de un significado simbólico, para que puedan reinventar el mundo, y para que encajen dentro de la concepción que se tiene de la realidad, a partir de objetivos específicos. Si se parte de esa idea, se puede llegar a entender la forma en que las Fuerzas Armadas crearon un discurso que se caracterizó por su rigidez y exclusividad,

---

11 Fernando Leal Buitrago, "La Doctrina de Seguridad Nacional en América Latina", *Conflicto Armado. Seguridad y construcción de paz en Colombia*, Angelika Rettberg (ed.) (Colombia: Universidad de los Andes, 2010), p. 17.
12 Isaac Sandoval, *Las crisis políticas latinoamericanas y el militarismo* (Ciudad de México: Siglo XXI Editores, 1978), pp. 7-21.

interpretando el mundo a partir de un principio de opuestos, y haciendo de tal relación la base con que llegaron a ordenar la sociedad.

Uno de los principales elementos presentes en el discurso de los militares chilenos y argentinos fue el contraste entre orden y caos.[13] Las Fuerzas Armadas chilenas y argentinas consideraban que sus países estaban al borde del abismo, todo estaba a punto de derrumbarse, y que, ante tal situación, era su deber responder de manera heroica y a la vez sacrificada. El golpe de Estado fue expuesto como una acción dolorosa, pero necesaria, para reimplantar el orden.[14]

Frente al caos, tanto para el caso chileno como para el argentino, las Fuerzas Armadas eran las exponentes, el arquetipo del orden. Para el caso chileno, el caos inmediatamente se asoció con el carácter comunista del gobierno de Allende, lo cual ya de por sí entraba en conflicto con el fuerte anticomunismo de las Fuerzas Armadas chilenas; así lo explicaba el general Gustavo Leigh a pocas horas de haber tomado el poder por las armas:

> Después de tres años de soportar *el cáncer marxista, que nos llevó a un descalabro económico, moral y social* que no se podía seguir tolerando, por los sagrados intereses de la patria, nos hemos visto obligados a asumir la triste y dolorosa misión que hemos acometido.[15]

Para el caso de Argentina, el caos al que se referían las Fuerzas Armadas era el resultado de un vacío de poder, de un gobierno al que se lo acusaba de su incapacidad para gobernar; la administración de María Estela Martínez se

---

[13] Eduardo Toche, *Guerra y democracia. Los militares peruanos y la construcción nacional* (Lima: Clacso, 2008), p. 99.

[14] Cristian Gutiérrez, *La contra subversión como política. La doctrina de guerra revolucionaria francesa y su impacto en las FF.AA. de Chile y Argentina* (Santiago: LOM, 2018), pp. 122-123.

[15] "Declaración Junta Militar 1973", video de YouTube, 2:47, acceso el 24 de julio de 2023. En t.ly/ED70Q.

había caracterizado por una conflictividad social y por el aumento de la violencia, lo que terminó provocando una crisis política que le restó legitimidad y sirvió de pretexto para impulsar la intervención militar.[16] Lo anterior se puede observar en la primera comunicación del teniente general Videla tras el golpe:

> El país transita por una de las etapas más difíciles de su historia. Colocado al borde de la disgregación, la intervención de las fuerzas armadas ha constituido la única alternativa posible frente al deterioro provocado por el desgobierno, la corrupción y la complacencia.
> Por múltiples causas, *un notorio vacío de poder* fue minando a ritmo cada vez más acelerado las posibilidades del ejercicio de la autoridad, condición esencial para el desenvolvimiento del Estado. Las fuerzas armadas, conscientes que la continuación normal del proceso no ofrecía un futuro aceptable para el país, produjeron la única respuesta posible a esta crítica situación.[17]

En ambas justificaciones, ya sea por la orientación comunista de Allende o por la pérdida de legitimidad del gobierno de Martínez, se buscaba recalcar que las Fuerzas Armadas eran las únicas capaces de hacer las cosas bien. Se construyó la idea de que los militares eran los únicos que podían enfrentar el caos y convertirlo en orden, y que, por eso, el golpe de Estado pasó a ser el inicio de un proceso de recuperación, de sanación, o de reorganización nacional.

La idea de reformar a la nación se puede observar como uno de los principales objetivos planteados en el acta de constitución de la Junta de Gobierno militar chilena:

---

16 Juan Carlos Torre y Liliana de Riz, "Argentina, 1946-1990", *Historia de América Latina. El Cono Sur desde 1930*, Leslie Bethell (ed.) (Barcelona: Crítica, 2002), pp. 124-125.
17 "Jorge Rafael Videla, primera Cadena Nacional, 1976", video de YouTube, 22:28, acceso el 24 de julio de 2023. En t.ly/SKtXJ.

> ... esta Junta asume el mando Supremo de la Nación con el *patriótico compromiso de restaurar la chilenidad, la justicia y la institucionalidad quebrantada,* conscientes de que esta es la única forma de ser fieles a nuestras tradiciones, al legado que los Padres de la Patria nos dejaron y que la Historia de Chile nos impone y de permitir que la evolución y el progreso del país se encaucen vigorosamente por los caminos que la dinámica de los tiempos actuales exigen a Chile en el concierto de la Comunidad Internacional de que forma parte.[18]

Similar a la retórica chilena, podemos encontrar lo planteado por Jorge Videla como parte de su deseo de hacer del golpe el inicio de una nueva etapa histórica para Argentina:

> ... los hechos acaecidos el 24 de marzo de 1976 no materializan solamente la caída de un gobierno, significan, por el contrario, el cierre definitivo de un ciclo histórico y la apertura de uno nuevo cuya característica fundamental estará dada por *la tarea de reorganizar la nación, emprendida con real vocación de servicio por las fuerzas armadas.*[19]

Así, el golpe de Estado era considerado, visto y planteado como el inicio de una sociedad estable y renovada, siguiendo los principios de la lógica militar. Si se ve así, el discurso militar y las justificaciones del golpe constituían un discurso mítico, en donde se idealizaba a una sociedad encuadrada, disciplinada y que seguía valores esenciales: el cristianismo, el patriotismo y el respeto a la autoridad.[20]

---

[18] Biblioteca del Congreso Nacional de Chile, "Decreto Ley 1/Acta de constitución de la junta de gobierno", Junta de Gobierno de la República de Chile; Ministerio de Defensa Nacional, Junta de Gobierno de la República de Chile, Subsecretaría de Guerra, 11 de setiembre de 1973.

[19] "Jorge Rafael Videla, primera Cadena Nacional, 1976", video de YouTube, 22:28, acceso el 24 de julio de 2023. En t.ly/SKtXJ.

[20] Ariel C. Armony, *La Argentina, los Estados Unidos y la cruzada anticomunista en América Central, 1977-1984* (Buenos Aires: Universidad Nacional de Quilmes, 1999), p. 36.

Es en el Bando número 5, promulgado por la Junta de Gobierno chilena, en donde se observa ese encuadre moralista de la sociedad:

… las Fuerzas Armadas *han asumido el deber moral que la Patria les impone* de destituir al Gobierno que aunque inicialmente legítimo ha caído en la ilegitimidad flagrante, asumiendo el Poder por el solo lapso en que las circunstancias lo exijan, apoyado en la evidencia del sentir de la gran mayoría nacional, lo cual de por sí, **ante Dios y ante la Historia,** hace justo su actuar y por ende, las resoluciones, normas e instrucciones que se dicten para la consecución de la tarea de bien común y de alto interés patriótico que se dispone cumplir.[21]

Un planteamiento equivalente lo expresaba Videla en sus declaraciones:

Esta *actitud consciente y responsablemente asumida* no está motivada por intereses o apetencias de poder, solo responde al cumplimiento de una obligación inexcusable emanada de la misión específica de salvaguardar los más altos intereses de la nación. Frente a ese imperativo, las fuerzas armadas como institución han llenado el vacío de poder existente y como institución también han dado una respuesta a la coyuntura nacional a través de la aplicación de objetivos y pautas para la acción de gobierno a desarrollar, *inspirados en una auténtica vocación de servicio a la nación.*[22]

3. Frente a lo civil

Otro elemento discursivo presente en las declaraciones y proclamas analizadas era la manera como se distinguía al

---

21 Centro de Estudios Miguel Enríquez (CEME), "Bando número 5/ Junta de Gobierno de las Fuerzas Armadas y Carabineros de Chile", Archivo Chile, 11 de setiembre de 1973.

22 "Jorge Rafael Videla, primera Cadena Nacional, 1976", video de YouTube, 22:28, acceso el 24 de julio de 2023. En t.ly/SKtXJ.

militar frente al civil. Y, a partir de esa distinción, se justificaba que fueran las Fuerzas Armadas las que debían encargarse de ejercer el control político y decidir el destino de la nación.

En primer lugar, teniendo presente que el discurso de las Fuerzas Armadas era mítico, se establecía la figura del soldado como un héroe, como un modelo, y como la esencia del ser nacional. La institución militar se representaba como incorruptible y abnegada, la columna vertebral, la base sobre la que se asentaba la nación.[23]

Para el almirante José Merino, las cualidades excepcionales de los militares los posicionaban como los más adecuados para dirigir el destino de la nación: "… formados en una escuela de *civismo, de respeto por la persona humana, de convivencia de justicia y de patriotismo,* no se persigue otra finalidad que no sea la felicidad de todos los chilenos".[24]

Videla, para el caso argentino, tampoco se quedaba corto al realzar la superioridad moral y cívica de las Fuerzas Armadas:

> Profundamente *respetuosas de los poderes constitucionales, sostenes naturales de las instituciones democráticas,* las fuerzas armadas hicieron llegar en repetidas oportunidades serenas advertencias sobre los peligros que importaban tanto las omisiones como las medidas sin sentido. Su voz no fue escuchada, ninguna medida de fondo se adoptó en consecuencia.[25]

Había, además, un interés por recalcar que las Fuerzas Armadas actuaban en nombre de la nación, respondiendo al llamado del pueblo y nunca en nombre de intereses particulares. Así lo hizo la Junta Militar chilena al plantear que "la insuficiencia del sistema institucional […] hizo necesario

---

[23] Medrano, *Guerra y democracia*, pp. 83.

[24] CEME, "Proclama José T. Merino Castro", Archivo Chile, Valparaíso, 11 de setiembre de 1973.

[25] "Jorge Rafael Videla, primera Cadena Nacional, 1976", video de YouTube, 22:28, acceso el 24 de julio de 2023. En t.ly/SKtXJ.

que las Fuerzas Armadas y de Orden, después de agotar los medios [...] asumieran el Gobierno de la Nación, *acogiendo así el clamor de la inmensa mayoría ciudadana".*[26]

Lo anterior se complementaba con lo promulgado en el Bando número 5, en donde se ponía en el centro de la discusión la ilegitimidad del gobierno de Allende y su incapacidad de responder a los intereses nacionales:

> ... la intervención para deponer *al gobierno ilegítimo, inmoral y no representativo del gran sentir nacional,* evitando así mayores males que el actual vacío de poder pueda producir, pues para lograr esto no hay otros medios de razonamiento exitosos, siendo nuestro propósito restablecer la normalidad económica y social del país, la paz, la tranquilidad y seguridad perdidas.[27]

Por su parte, los militares argentinos hicieron del patriotismo y de escuchar la voluntad del pueblo las razones por las cuales tomaron el poder mediante las armas:

> [El proceso de reorganización nacional] Estará imbuido de un profundo sentido nacional y sólo *responderá a los más sagrados intereses de la Nación y sus habitantes.* Al contraer las Fuerzas Armadas tan trascendente compromiso, formulan una firme convocatoria a toda la comunidad nacional.[28]

Alrededor de los militares, se creó una imagen impoluta, como miembros de una institución incapaz de traicionar los valores esenciales, la esencia del ser nacional. A ese arquetipo se le oponían los políticos civiles, quienes fueron

---

26 CEME, "Decreto ley número 77," Archivo Chile, 13 de octubre de 1973.
27 Centro de Estudios Miguel Enríquez (CEME), "Bando número 5/ Junta de Gobierno de las Fuerzas Armadas y Carabineros de Chile", Archivo Chile, 11 de setiembre de 1973.
28 Jorge Rafael Videla, Emilio E. Massera y Orlando R. Agosti, "Proclama del golpe/La Junta Militar derroca a la presidenta María Estela Martínez de Perón, 24 de marzo de 1976". *Medio siglo de proclamas militares,* Horacio Verbitsky, comp. (Buenos Aires: Editorial/ 12, 1987), pp. 147-149.

representados como débiles y como promotores de la división y el desorden.

Para el caso chileno, desde las Fuerzas Armadas se enfatizó que el gobierno de Allende introdujo en la sociedad chilena elementos ajenos a su esencia, como, por ejemplo, la idea de la lucha de clases y de ser un gobierno para y por los comunistas:

> Que el mismo Gobierno [...] ha quebrado la unidad nacional fomentando artificialmente una *lucha de clases estéril* y en muchos casos cruenta, perdiendo el valioso aporte que todo chileno podría hacer en búsqueda del bien de la Patria y llevando a una lucha fratricida y ciega, tras las *ideas extrañas a nuestra idiosincrasia*, falsas y probadamente fracasadas.[29]

Por su parte, las Fuerzas Armadas argentinas recalcaron que la administración de María Martínez se había encargado de destruir la economía y no garantizaba ni seguridad ni respeto a los derechos y las libertades, y la acusaban de actos de corrupción:

> [Ante] la *ausencia total de los ejemplos éticos y morales* que deben dar quienes ejercen la conducción del Estado; a la *manifiesta irresponsabilidad en el manejo de la economía* que ocasionara el agotamiento del aparato productivo; a la especulación y *la corrupción generalizada*, todo lo cual se traduce en una irreparable pérdida del sentido de grandeza y de fe; las Fuerzas Armadas en cumplimiento de una obligación irrenunciable han asumido la conducción del Estado.[30]

Las proclamabas subrayaron que, mientras que el soldado llevaba a cabo su tarea siguiendo principios de honor,

---

[29] CEME, "Bando número 5/ Junta de Gobierno de las Fuerzas Armadas y Carabineros de Chile", Archivo Chile, 11 de setiembre de 1973.

[30] Jorge Rafael Videla, Emilio E. Massera y Orlando R. Agosti, "Proclama del golpe/La Junta Militar derroca a la presidenta María Estela Martínez de Perón, 24 de marzo de 1976" en *Medio siglo de proclamas militares*, Horacio Verbitsky, comp. (Buenos Aires: Editorial/12, 1987), pp. 147-149.

sacrificio y patriotismo, los políticos civiles lo hacían en búsqueda de beneficios particulares o para causar un daño a la sociedad. Esta forma de establecer una diferencia entre lo militar y lo civil impactó la manera en que se definió cuáles partidos y organizaciones sindicales podían tener cabida dentro de la dinámica política establecida por los militares. De tal manera, se consideraba dignos aquellos que se ajustaban a la racionalidad militar y a los principios de un patriotismo que los delegaba a un segundo plano, a ser la comparsa de los militares.

El decreto ley número 77, en Chile, utilizó el anticomunismo como criterio para proscribir a distintos partidos políticos:

> Prohíbanse, y, en consecuencia, serán consideradas asociaciones ilícitas, los Partidos Comunista, Socialista, Unión Socialista Popular, Movimiento de Acción Popular Unitario, Radical, Izquierda Cristiana, Acción Popular Independiente y todas aquellas entidades, agrupaciones, facciones o movimientos que sustenten la doctrina marxista o que por sus fines o por la conducta de sus adherentes sean sustancialmente coincidentes con los principios y objetivos de dicha doctrina y *que tiendan a destruir o a desvirtuar los propósitos y postulados fundamentales que se consignan en el Acta de Constitución de esta junta.*[31]

Para el caso argentino, las Fuerzas Armadas llevaron a cabo un proceso de categorización en función de lo que consideraban como útil en función a sus objetivos:

> Si las fuerzas armadas han impuesto una suspensión de las actividades de los partidos políticos como contribución a la pacificación interna, reiteran en su decisión de asegurar en el futuro *la vigencia de movimientos de opinión de auténtica expresión nacional y comprobar la vocación de servicio.*[32]

---

31 CEME, "Decreto ley número 77," Archivo Chile, 13 de octubre de 1973.
32 "Jorge Rafael Videla, primera Cadena Nacional, 1976", video de YouTube, 22:28, acceso el 24 de julio de 2023. En t.ly/SKtXJ.

4. El bien y el mal

Las Fuerzas Armadas se autopresentaban con un carácter inalterable e incorruptible y, por eso, se decían las guardianas perfectas de la argentinidad y de la chilenidad. Lo interesante es que esa identidad llegaba a ser definida a partir del apoyo que se le brindaba al proyecto que los militares querían llevar a cabo. Así lo explicaba el general Gustavo Leigh, miembro de la Junta Militar chilena:

> No tenemos miedo, sabemos la responsabilidad enorme que cargará sobre nuestros hombros. Pero tenemos la certeza, la seguridad, de que *la enorme mayoría del pueblo chileno está con nosotros, está dispuesto a luchar contra el marxismo.*[33]

Videla también presentó la acción llevada a cabo por los militares argentinos como parte de un llamado a los ciudadanos:

> Las Fuerzas Armadas *convocan al pueblo argentino a ejercer toda su responsabilidad* en un marco de tolerancia, unión y libertad en la lucha por un mañana de irrenunciable grandeza. Ha llegado la hora de la verdad, el gobierno nacional, al formular esta *sincera y honesta convocatoria al pueblo de la patria*, no pretende generar espontáneas conductas de participación en el proceso.[34]

De esa forma, se estableció una distinción entre amigo y enemigo y se crearon nociones que no daban espacio para puntos medios o neutros, por lo que todo acto que se llevara a cabo se interpretaba como a favor o en contra de la seguridad nacional.[35] Ser un buen ciudadano chileno o argentino dependía de la postura que se tomara frente al golpe y las

---

[33] "Declaración Junta Militar 1973", video de YouTube, 2:47, acceso el 24 de julio de 2023.

[34] "Jorge Rafael Videla, primera Cadena Nacional, 1976", video de YouTube, 22:28, acceso el 24 de julio de 2023. En t.ly/SKtXJ.

[35] Armony, *La Argentina*, p. 29.

subsecuentes acciones por parte de los militares y se apuntaba en función de aquellos valores claves, valores que además eran definidos por los militares como el patriotismo, el cristianismo, el anticomunismo, y el sacrificio:

> *Demandamos comprensión* para las razones que motivaron la actitud adoptada, demandamos comprensión para las pautas orientadoras impuestas al proceso de reorganización nacional, demandamos comprensión para *los esfuerzos que debemos exigir a cada argentino* como contribución impostergable.[36]

> En esta nueva etapa, *hay un puesto de lucha para cada ciudadano*. La tarea es ardua y urgente. *No estará exenta de sacrificio*, pero se la emprende con el absoluto convencimiento de que el ejemplo se predicará de arriba hacia abajo y con fe en el futuro argentino.[37]

Para el caso chileno, se hizo una referencia directa a los malos chilenos como aquellos que se identificaban como comunistas y que, de una u otra manera, apoyaron al gobierno de Salvador Allende:

> … la experiencia de casi tres años de *un Gobierno marxista* en Chile fue suficiente para destruir moral, institucional y económicamente al país, hasta el extremo de *poner en serio riesgo la subsistencia de la paz interior y de la seguridad exterior de la República*.[38]

En el caso argentino, no se hizo una referencia directa al comunismo, pero se definió a los malos argentinos como todos aquellos que podían entorpecer, amenazar moral y físicamente a la patria y al proyecto de los militares para

---

36 "Jorge Rafael Videla, primera Cadena Nacional, 1976", video de You Tube, 22:28, acceso el 24 de julio de 2023. En t.ly/SKtXJ.

37 Jorge Rafael Videla, Emilio E. Massera y Orlando R. Agosti, "Proclama del golpe/La Junta Militar derroca a la presidenta María Estela Martínez de Perón, 24 de marzo de 1976", *Medio siglo de proclamas militares*, Horacio Verbitsky, comp. (Buenos Aires: Editorial/12, 1987), pp. 147-149.

38 CEME, "Decreto ley número 77", Archivo Chile, 13 de octubre de 1973.

protegerla: "Esta decisión [el golpe de Estado] persigue el propósito de terminar con el desgobierno, la corrupción y el flagelo subversivo y sólo está *dirigida contra quienes han delinquido o cometido abusos de poder*".[39] Los golpistas argentinos además agregaron el concepto de "subversión", que fue visto en forma amplia como un enemigo poco convencional, con capacidades exageradas para infiltrarse y generar caos.[40] Además, la idea de la subversión iba de la mano con emprender una guerra total, permanente y generalizada y que el ejército debía controlar todo, vigilar todo y establecer un estado de sitio.[41]

La acción llevada a cabo por las Fuerzas Armadas en nombre de la patria justificaba medidas extrañas, como lo reconocieron los militares chilenos:

> Toda persona que sea sorprendida durante el Estado de Sitio imprimiendo o difundiendo por cualquier medio propaganda subversiva y atentatoria contra el Supremo *Gobierno sufrirá las penas contempladas por el Código de Justicia Militar para tiempo de Guerra*.[42]

Los militares argentinos defendían las medidas adoptadas como parte de los esfuerzos para lograr el objetivo de proteger a la nación:

> A partir de este momento, la responsabilidad asumida impone *el ejercicio severo de la autoridad* para erradicar definitivamente los vicios que afectan al país.
>
> Por ello, al par que continuará *combatiendo sin tregua a la delincuencia subversiva abierta o encubierta* y se desterrará toda

---

[39] Jorge Rafael Videla, Emilio E. Massera y Orlando R. Agosti, "Proclama del golpe/La Junta Militar derroca a la presidenta María Estela Martínez de Perón, 24 de marzo de 1976", en *Medio siglo de proclamas militares*, Horacio Verbitsky, comp. (Buenos Aires: Editorial/12, 1987), pp. 147-149.

[40] Armony, *La argentina*, pp. 28. Mariana di Stefano, *De guerrilleros, subversivos y terroristas: Discursos sobre la violencia en el juicio a las Juntas (Argentina, 1985)* (San José: Universidad de Costa Rica, 2021), pp. 16, 26.

[41] Gutiérrez, *La contra subversión*, pp. 109-110.

[42] CEME, "Bando número 31", Archivo Chile, 15 de setiembre de 1973.

demagogia, no se tolerará la corrupción o la venalidad bajo ninguna forma o circunstancia, ni tampoco cualquier transgresión a la ley u oposición al proceso de reparación que se inicia.[43]

Los subversivos fueron identificados como aquellos que, de una u otra manera, se oponían y obstaculizaban la labor de las Fuerzas Armadas. Por su parte, la seguridad nacional fue puesta por encima del individuo, y las necesidades del Estado fueron presentadas como superiores a los derechos y las libertades; finalmente, la lucha por el bien común le daba al ejército un estatus por encima de la ley.[44]

Ser un ente subversivo, o sea, un mal argentino o chileno, era terminar siendo excluido del proyecto nacional, visto como un extraño o intruso y, por eso, era susceptible de ser objeto del terrorismo de Estado, como se puede observar en las declaraciones de Videla:

Utilizaremos esa fuerza cuantas veces haga falta para asegurar la plena vigencia de la paz social, con ese objetivo, *combatiremos sin tregua* a la delincuencia subversiva en cualquiera de sus manifestaciones hasta su *total aniquilamiento*.[45]

Esa definición también apareció en la manera en que los militares chilenos legitimaron el uso de la violencia:

Todas aquellas personas que insistan en la actitud suicida e irresponsable [desafiar la autoridad de los militares] antes señalada, serán objeto de un ataque definitivo por parte de

---

43 Jorge Rafael Videla, Emilio E. Massera y Orlando R. Agosti, "Proclama del golpe/La Junta Militar derroca a la presidenta María Estela Martínez de Perón, 24 de marzo de 1976" en *Medio siglo de proclamas militares*, Horacio Verbitsky, comp. (Buenos Aires: Editorial/12, 1987), pp. 147-149.

44 Raúl Carnevali, "El Terrorismo de Estado como violación a los Derechos Humanos. En especial la intervención de los agentes estatales", *Estudios Constitucionales*, n.º 2 (2015), pp. 211-212.

45 "Jorge Rafael Videla, primera Cadena Nacional, 1976", video de YouTube, 22:28, acceso el 24 de julio de 2023. En t.ly/SKtXJ.

los efectivos de las FF.AA. y de Carabineros. *Los que fueran tomados prisioneros serán fusilados en el acto.*[46]

Los militares presentaron sus métodos violentos como metódicos, racionales y eficientes.[47] Asimismo, se vanagloriaron de ejercer una violencia que se hacía sin odio, ni resentimiento:

> *Las Fuerzas Armadas, organismos esencialmente profesionales,* no pueden permanecer impasibles ante el derrumbe de nuestra patria y la desesperación de millones de chilenos. Esto no es un golpe de Estado, pues es un tipo de esquema que no calza con nuestro modo de ser y repugna a *nuestra conciencia legalista y profunda convicción cívica.*[48]

> Para nosotros, el respeto de los derechos humanos no nace solo del mandato de la ley ni de las declaraciones internacionales, sino que resultante de nuestra cristiana y profunda convicción acerca de la preeminente dignidad del hombre como valor fundamental. Y es justamente *para asegurar la debida protección de los derechos naturales del hombre que asumimos el ejercicio pleno de la autoridad no para conculcar la libertad, sino para afirmarla, no para torcer la justicia, sino para imponerla.*[49]

En todo momento, los milicos aducían que su manera de actuar era dolorosa, pero respondía a los más altos valores y al deber que tenían como guardianes de la patria. De esa forma, el golpe de Estado se planteó y representó como la recuperación del gobierno de las manos de entes incapaces o mal intencionados y por la salvación de la patria.

---

[46] CEME, "Bando número 24", Archivo Chile, 12 de setiembre de 1973.
[47] Di Stefano, *De guerrilleros*, p. 30.
[48] CEME, "Proclama José T. Merino Castro", Archivo Chile, Valparaíso, 11 de setiembre de 1973.
[49] "Jorge Rafael Videla, primera Cadena Nacional, 1976", video de YouTube, 22:28, acceso el 24 de julio de 2023. En t.ly/SKtXJ.

Conclusión

La acción de los militares chilenos y argentinos hizo del golpe de Estado el inicio de un proceso securitizador que, a través del discurso, llegó a definir al Estado, y por extensión a la patria, como el objeto de defender y de garantizar la protección de valores tales como el patriotismo y el cristianismo frente a una amenaza que podía ser el comunismo o la subversión.

Tanto en Chile como en Argentina, el golpe de Estado fue presentado como un acto político que, en nombre de la seguridad y de la protección de la nación, permitía a los militares pasar por encima de la institucionalidad estatal y afectar la relación entre Estado y sociedad civil. De esa forma, se pretendía despolitizar a la sociedad e impedirle, a través del miedo y la violencia, participar en la política y movilizarse.

El golpe se legitimó como necesario para salvar y rescatar la democracia. Se trataba de una acción militar que llevaba al establecimiento de un estado de excepción y que limitaba las posibilidades del retorno a la democracia hasta que se obtuviera una victoria rotunda en la lucha antisubversiva y se organizara el proceso de recuperación nacional.

6

Mujeres, anticomunismo y Guerra Fría en América Latina[1]

Propuestas de investigación a partir de los movimientos de Brasil y Chile en la antesala de los golpes de Estado

MALENA ZUNINO Y REBECA ÁVILA

A las mujeres de Brasil les pertenece gran parte del mérito por detener la planeada ofensiva roja. Por miles, en una escala inigualable en la historia latinoamericana, las amas de casa se lanzaron a la lucha y, más que ninguna otra fuerza, alertaron al país. "Sin las mujeres", dice uno de los líderes de la contra-rrevolución, "nunca podríamos haber detenido el avance de Brasil hacia el comunismo. Mientras que muchos de los grupos masculinos tuvieron que luchar de manera encubierta, las mujeres pudieron pelear públicamente, ¡y cómo lucharon!".[2]

---

[1] El presente capítulo se elaboró a partir de dos ponencias presentadas en las XIV Jornadas de Sociología de la Universidad de Buenos Aires, en 2021, y en la Plataforma para el Diálogo "Guerra Fría y Golpes de Estado en América Latina (a 70 años del golpe de Estado en Bolivia, 1952)", organizada por CIHAC/CALAS en 2022. Agradecemos a los participantes, quienes nos estimularon a revisar, cuestionar y replantear nuestro trabajo.

[2] Clarence W. Hall, "The Country that Saved Itself". *Reader's Digest*, noviembre de 1964. Texto "Quando homens de empresas viram revolucionários" e folheto "The country that saved itself", Fundo do Instituto de Pesquisa e Estudos Sociais (IPÉS), BR AN, RIO.QL.O.CDI.22, Arquivo Nacional. En t.ly/W1f4H.

En esos momentos más parecía un enorme carnaval, que un reclamo político.
Y seguían llegando mujeres, más y más...
La enorme plaza se hizo estrecha.
En la sombra, los hombres del soviet comenzaron a tener miedo.[3]

Introducción

En América Latina, la Guerra Fría no dejó espacio para pausas ni momentos de alivio. Por el contrario, su historia da cuenta de un incremento vertiginoso en la intensidad de los conflictos. Desde el triunfo de la Revolución cubana en 1959, la llamada "latinoamericanización" del conflicto[4] significó su plena regionalización, con una intensificación de las dinámicas que ya estaban en marcha por lo menos desde el fin de la Segunda Guerra Mundial. Tal proceso obstaculizó los cambios sociopolíticos y generó, en cambio, una mayor polarización e inestabilidad.[5]

En el Cono Sur, las décadas de 1960 y 1970 estuvieron atravesadas por la desestabilización en su sentido más amplio, pasando por las esferas institucionales, económicas, políticas y sociales. El estallido de las fuerzas represivas encabezadas por las dictaduras militares (en connivencia con otras instituciones y sectores de la sociedad), así como de las insurrecciones revolucionarias, fue la expresión máxima de una fractura que atravesó la región. Sin embargo, la violencia política no fue la única dimensión del conflicto.

---

3   Maria Correa Morandé, *La guerra de las mujeres* (Santiago de Chile: Universidad Técnica del Estado, 1974), p. 33.
4   Gilbert Joseph y Daniela Spenser, eds., *In from the cold: Latin America's new encounter with the Cold War* (Durham: Duke University Press, 2008); Tanya Harmer, *Allende's Chile and the Inter-American Cold War* (Chapel Hill: The University of North Carolina Press, 2011).
5   Vanni Pettinà, *Historia mínima de la Guerra Fría en América Latina* (Ciudad de México: El Colegio de México, 2018), pp. 37-61.

¿En qué otros campos se manifestó la tensión de la Guerra Fría en América Latina? ¿Hasta qué punto las dinámicas externas moldearon las dinámicas nacionales? ¿Qué otras expresiones adoptó el terror impartido desde el plano civil? En el marco de la llamada "nueva historia de la Guerra Fría", que se desarrolló en las últimas décadas a partir de la apertura y el análisis de archivos del antiguo campo socialista y del sur global, se produjeron nuevas posibilidades para una interpretación descentralizada acerca de este período, entendiéndolo como un fenómeno global que involucró a distintos actores estatales y no estatales.

Tal perspectiva ha sido especialmente útil para habilitar una comprensión sobre el período que considerara sus singularidades y antecedentes sociohistóricos. La reinterpretación de lo que fue la Guerra Fría en la región ha implicado un balance entre las dinámicas de la pugna entre Estados Unidos y la Unión Soviética, la presencia histórica de la política exterior estadounidense para América Latina y la autonomía de los procesos sociohistóricos nacionales, así como la agencia de los sujetos latinoamericanos.[6]

En paralelo a dimensiones clásicas como la diplomacia y el militarismo, otras variables importantes han despertado interés. En este sentido, si la Guerra Fría también puede ser una variable explicativa para la politización e internacionalización de la vida diaria,[7] el género sobresale como una variable sumamente potente, capaz de abrir nuevos caminos interpretativos e incluso desvelar la importancia de otros actores y espacios del periodo. Si bien históricamente no ha tenido un lugar destacado en los análisis, el género operó como una dimensión a través de la cual se trasladaron los potenciales temores de la época, de la esfera privada hacia la pública y viceversa, en una imbricación compleja y

---

6 Pettinà, *Historia Mínima de la Guerra Fría*, pp. 19-22.
7 Greg Grandin, *The Last Colonial Massacre: Latin America in the Cold War* (Chicago: University of Chicago Press, 2004).

también cargada de disputas políticas –aunque no siempre de manera consciente–.[8]

Dumančić señala que el género y la sexualidad, dos categorías centrales en las relaciones humanas, identidades y prácticas, también influenciaron las formas de conducción de la Guerra Fría, la representación de sus procesos y la construcción de las memorias post-Guerra Fría. En este sentido, el autor plantea que, más que categorías útiles, se vuelven indispensables para analizar este conflicto como un fenómeno global. Aunque hayan atravesado las relaciones humanas en la larga duración, durante este tiempo histórico conllevaron problemáticas singulares y fueron centrales en episodios relevantes, tales como el "terror lila" que se infundió sobre los homosexuales, las controversias que generaron las pastillas anticonceptivas, la relación entre sexualidad y revolución y los imaginarios sobre la masculinidad combativa.[9]

Los trabajos en el campo de la historia reciente y la memoria que se ocupan de las dictaduras latinoamericanas, a pesar de su tendencia androcéntrica, han abordado el tema del género. Hiner señala que los primeros estudios se ocuparon fundamentalmente de las mujeres familiares de detenidos-desaparecidos, especialmente las madres

---

[8] Es importante destacar que han surgido trabajos importantes que conjugan directamente los conceptos de género y Guerra Fría, como los de Iván Molina Jiménez y David Díaz Arias, eds., *El verdadero anticomunismo. Política, género y Guerra Fría en Costa Rica (1948-1973)*, (San José: Editorial Universidad Estatal a Distancia, EUNED, 2017) y Philip E. Muehlenbeck, ed., *Gender, Sexuality, and the Cold War: A Global Perspective*, (Nashville: Vanderbilt University Press, 2017). Desde la perspectiva de la historia nacional, muchos trabajos también abordan tangencialmente estos temas aunque no los discutan en términos teóricos. A lo largo del capítulo, abordaremos algunos ejemplos de la historiografía sobre las dictaduras en Brasil y Chile.

[9] Marko Dumančić, "Hidden in Plain Sight. The Histories of Gender and Sexuality during the Cold War", en *Gender, Sexuality, and the Cold War: A Global Perspective*, ed. por Philip Muehlenbeck (Nashville: Vanderbilt University Press, 2017), pp. 1-12.

organizadas en grupos de derechos humanos.[10] También han surgido numerosos y valiosos trabajos sobre el accionar de las mujeres organizadas en la izquierda,[11] cuestionando y tensionando los roles tradicionales de género. Pero la autora menciona que son poco comunes los trabajos sobre subjetividades marginalizadas, como las mujeres pobladoras y campesinas, LGBTQIA+, originarias y afrodescendientes. Siguiendo esta crítica, agregamos que la escasez de

---

10 Hillary Hiner, "Memorias marginadas. Historia reciente y memoria en Latinoamérica desde una mirada crítica feminista interseccional y queer", *Aproximaciones teóricas y conceptuales en estudios sobre cultura política, memoria y derechos humanos*, ed. por Ximena Faúndez, Faud Hatibovic y Jaime Villanueva (Santiago: CEI-CPMDH - Universidad de Valparaíso, 2020), p. 135.

11 A modo de ejemplo, entre las numerosas producciones académicas que abordan el tema, destacamos las siguientes: Celia Amorós, *Historia de la Teoría Feminista* (Madrid: Instituto de Investigaciones de la UCM, 1994); Andrea Andújar *et al.*, comps., *Historia, género y política en los 70* (Buenos Aires: Feminaria, 2005); María Concepción Campos Luque y María José González Castillejo, coords., *Mujeres y Dictaduras en Europa y América: el largo camino* (Málaga: Atenea, 1996); Hillary Hiner, "Fue bonita la solidaridad entre mujeres": género, resistencia, y prisión política en Chile durante la dictadura", *Estudos Feministas*, vol. 23, n.º 3 (septiembre-diciembre, 2015), pp. 867-892; y Hillary Hiner, "Mujeres resistentes, memorias disidentes: ex presas políticas, militancia e Historia Reciente en Chile", *Conversaciones del Cono Sur 2*, n.º 2 (2016), pp. 4-8; Jane Jaquette, *The Women's Movement in Latin America, Participation and Democracy* (Nueva York: Routledge, 2018); Elizabeth Jelin, comp., *Ciudadanía e identidad: las mujeres en los movimientos sociales latinoamericanos* (Ginebra: UNRISD, 1987); Joana Maria Pedro, Cristina Scheibe Wolff y Ana Maria Veiga, *Resistências, gênero e feminismos contra as ditaduras no Cone Sul* (Florianópolis: Editora Mulheres, 2011); Graciela Sapriza, "Memorias de mujeres en el relato de la dictadura (Uruguay, 1973-1985). Violencia / carcel / exilio", *DEP. Deportate, Esuli, Profughe*, n.º 11 (julio, 2009), pp. 64-80; Tauana Olívia Gomes Silva, "Mulheres negras nos movimentos de esquerda durante a ditadura no Brasil (1964-1985)" (Tesis de Doctorado en Historia, Universidad Rennes 2 y Universidad de Santa Catarina, 2019); María Sonderéguer, comp., *Género y Poder. Violencias de género en contextos de represión política y conflictos armados* (Buenos Aires: Editorial de la Universidad Nacional de Quilmes, 2012); Maria Cláudia Badan Ribeiro, *Mulheres na luta armada: protagonismo feminino na ALN (Ação Libertadora Nacional)* (San Pablo: Alameda, 2018); Tamara Vidaurrázaga, "Subjetividades sexo genéricas en mujeres militantes de organizaciones político-militares de izquierda en el Cono Sur", *Revista de Estudios de Género, La Ventana*, vol. 5, n.º 41 (4 de noviembre, 2015), pp. 7-34.

investigaciones sobre las mujeres de derecha[12] también es un problema: aunque estén inscritas en los roles tradicionales de género (y lo hayan defendido), su accionar histórico plantea inquietudes que nos desafían a profundizar nuestra comprensión sobre género, sexualidad y dictaduras en el marco de la Guerra Fría en América Latina.

En la historiografía abocada al estudio de Latinoamérica, el trabajo de Margaret Power sobre el accionar de las mujeres de derecha, que empezó con el caso de las chilenas desde la década de 1960 hasta la dictadura de Pinochet,[13] constituye una referencia fundamental. La autora ha profundizado su estudio en perspectiva comparada y transnacional con los movimientos de mujeres de derecha en Brasil y Estados Unidos que emergieron en la década de 1960,[14] pero también ha motivado análisis globales,[15] sosteniendo la importancia de estudiar a las mujeres de derecha porque contribuyen a la definición de política dentro de sus países, así como las posibilidades políticas hechas por y para ellas; sus creencias, declaraciones y acciones integran la cultura política y social, pero también contraponen la idea de que la mujer es más progresista que el hombre, lo que nos estimula a construir un debate más crítico acerca de sus tensiones

---

[12] Para la consulta de trabajos de referencia sobre mujeres de derecha, véase el listado de Margaret Power, "La mujer de la derecha en América Latina y en el mundo: Una perspectiva comparada", *Revista de Estudios Históricos*, vol. 2, n.º 1 (agosto, 2005). En t.ly/2QMQc.

[13] Margaret Power, *La mujer de derecha. El poder femenino y la lucha contra Salvador Allende, 1964-1973* (Santiago de Chile: DIBAM – Centro de Investigaciones Barros Arana, 2008).

[14] Margaret Power, "Who but a Woman? The Transnational Diffusion of Anti-Communism among Conservative Women in Brazil, Chile and the United States during the Cold War", *Journal of Latin American Studies* vol. 47, n.º 1 (febrero, 2015), pp. 93-119; Margaret Power, "Discursos anticomunistas y antisocialistas de mujeres conservadoras en Brasil y Chile en las décadas de 1960 y 1970", *El pensamiento conservador y derechista en América Latina, España y Portugal. Siglos XIX y XX*, ed. por Fabio Kolar y Ulrich Mücke (Madrid: Iberoamericana - Vervuert, 2018), pp. 313-329.

[15] Paola Bacchetta y Margaret Power, eds., *Right-wing women. From Conservatives to Extremists Around the World* (Nueva York y Londres: Routledge, 2002); Power, "La mujer de la derecha en América Latina".

con los feminismos y los retos futuros para alcanzar la igualdad de género.[16] Es decir, una comprensión más amplia sobre el accionar de esas mujeres durante la Guerra Fría enriquece las inquietudes de la propia historia reciente en cuanto "pasado abierto" en América Latina.[17] Sus formas de organización política, sus vínculos, los espacios de poder que ocuparon, su construcción y reactualización discursiva nos interpelan a incorporarlas como un potente –¿paradigmático?– objeto de estudio, comparándolas y pensándolas (cuando corresponda) en una perspectiva transnacional.

En el presente capítulo, revisitamos los hallazgos y planteos de Power, que nos llevaron a escrutar otros trabajos complementarios sobre las mujeres chilenas,[18] además de trabajos de investigadoras que se dedicaron a los movimientos de mujeres brasileras, como Simone de Deus Simões (quien planteó el tema del género y las derechas aún durante la transición democrática) y Janaína Martins Cordeiro,[19] estudios sobre la prensa y las marchas multitudinarias que

---

16 Power, "La mujer de la derecha en América Latina".
17 El término es de Franco y Levín, citadas en Hiner, "Memorias marginadas", p. 134.
18 Ivonne Gabriela Berliner, "Chilenas de sectores medios con valores conservadores como sujetos políticos: 1964-1989" (Tesis de Doctorado en Historia, Universidad de Chile, 2005); Claudia Fedora Rojas, "Poder, mujeres y cambio en Chile (1964-1973): un capítulo de nuestra historia" (Tesis de Maestría en Historia, Universidad Autónoma Metropolitana-Iztapalapa, 1994); María Stella Toro Céspedes, "Las mujeres de derecha y las movilizaciones contra los gobiernos de Brasil y Chile (1960–1970)", Estudos Feministas, vol. 23, n.º 3 (septiembre-diciembre, 2015), pp. 817-837.
19 Solange de Deus Simões, Deus, Pátria e Família: as mulheres no golpe de 1964 (Petrópolis: Vozes, 1985); Janaína Martins Cordeiro, "A Nação que se salvou a si mesma". Entre Memória e História, a Campanha da Mulher pela Democracia (CAMDE)" (Tesis de Maestría en Historia, Universidade Federal Fluminense, 2008); Janaína Martins Cordeiro, "Direitas e organização do consenso sob a ditadura no Brasil: o caso da Campanha da Mulher pela Democracia (Camde)" (ponencia presentada en el Coloquio "Pensar las derechas en América Latina, siglo XX: Género, Mujeres y derechas". Los Polvorines, octubre de 2017).

las brasileras y chilenas organizaron,[20] y fuentes primarias del Archivo Nacional de Brasil y Memoria Chilena (Biblioteca Nacional de Chile). A partir de ello, reanalizamos los casos de los movimientos de mujeres de derecha que organizaron marchas multitudinarias contra los gobiernos de João Goulart, en Brasil, y Salvador Allende, en Chile, para luego discutir otras propuestas de investigación que se pueden desarrollar articulando discusiones sobre género, anticomunismo y Guerra Fría en América Latina.

El objetivo de este texto no consiste en plantear la organización de esas mujeres ni su comparación como hechos vanguardistas *per se*, en cuanto reconocemos que el accionar de las mujeres y la difusión de sus ideas en la esfera pública y la política latinoamericana ya han tenido lugar en momentos históricos anteriores. Lo que suscita nuestro interés es comprender cómo su desempeño se moviliza y relaciona con las dinámicas y los imaginarios que tienen lugar durante la Guerra Fría, identificando aspectos que puedan estimular nuevas interrogantes sobre género y mujeres de derecha en la región. Proponemos rediscutir esa bibliografía junto a los paradigmas más recientes acerca de la latinoamericanización y la transnacionalización de la Guerra Fría,[21] con el propósito de allanar el camino para la exploración y formulación de nuevas propuestas de investigación que propicien avances en el campo.

---

[20] Eduardo dos Santos Chaves, "Mulheres de direita, imprensa e o golpe de 1964: a '*marcha*' noticiada", *Revista de História da UEG*, vol. 10, n.º 2 (julio-diciembre, 2021), pp. 1-22; Aline Alves Presot, "As marchas da família com Deus pela liberdade e o golpe de 1964" (Tesis de Maestría en Historia Social, Universidade Federal do Rio de Janeiro, 2004); Vanessa Tessada, "Mujeres, dictadura y neocapitalismo. Representaciones femeninas en medios de comunicación durante las dictaduras chilena (1973–1989) y Argentina (1976–1983)" (Tesis de Maestría en Estudios Latinoamericanos, Universidad de Chile, 2010), en t.ly/PPJpy.

[21] Marcelo Casals, "Chile en la encrucijada". Anticomunismo y propaganda en la 'campaña del terror» de las elecciones presidenciales de 1964', *Chile y la Guerra Fría Global*, ed. por Tanya Harmer y Alfredo Riquelme Segovia (Santiago de Chile: RIL Editores, 2014), p. 91.

1. Mujeres, derechas y discursos: algunos lineamientos introductorios a partir de los casos de Brasil y Chile

Cronológicamente, los movimientos de mujeres conservadoras en Brasil ganaron proyección nacional antes que los de Chile, fundamentalmente a partir de 1962, con la creación de la Unión Cívica Femenina (UCF) en San Pablo y la Campaña Nacional de la Mujer Democrática (CAMDE) en Río de Janeiro. Dos años más tarde, en 1964, surgieron la Liga de la Mujer Democrática de Belo Horizonte, la Cruzada Democrática Femenina de Recife y la Acción Democrática Femenina Gaúcha, bajo la orientación de la UCF.[22]

En Chile también se desarrollaron experiencias similares. La creación de Acción Mujeres de Chile marcó un clivaje en la consolidación organizativa de las mujeres anticomunistas: fundada el 11 de junio de 1963, la organización se compuso por mujeres conservadoras de la élite chilena que, motivadas por las elecciones presidenciales de 1964 y de 1970, buscaban impedir el triunfo de Salvador Allende en las urnas. Sin embargo, a diferencia de los movimientos de mujeres en Brasil, Acción Mujeres de Chile no presentó un funcionamiento estable: por el contrario, su actuación estuvo exclusivamente limitada a las campañas electorales. En esta misma línea, Poder Femenino, que se conformó en 1972, también se colocó como organización clave en el escenario público. En contraposición a Acción Mujeres de Chile, Poder Femenino no se abocó a la obstaculización del gobierno socialista, sino que persiguió su posterior desestabilización.

La elección de estos casos para el análisis se justifica por el hecho de que estas mujeres lograron convocar multitudinarias marchas que contribuyeron a la desestabilización de los gobiernos democráticamente electos de João Goulart (1961-1964) y Salvador Allende (1970-1973), dando lugar

---

22 Cordeiro, "A Nação que se salvou a si mesma", p. 30.

a su derrocamiento posterior a través de golpes militares y la instauración de las dictaduras en Brasil y Chile, respectivamente. Hasta el momento, la bibliografía existente indica que la organización de marchas de mujeres de derecha en este tiempo histórico es un fenómeno que no se desarrolló con estas magnitudes en otros países de la región.

Como se profundiza en los siguientes apartados, en su discurso vincularon hábilmente concepciones tradicionales de género y anticomunismo, reivindicándose como figuras apolíticas –aunque estuvieran impactando profundamente los rumbos de la política nacional y sosteniendo alternativas antidemocráticas–. Por consiguiente, estos casos encuentran su pertinencia teórico-metodológica debido a su utilidad analítica, en el sentido de que estos fenómenos pueden actuar, como explica Tilly, como si fueran el "reverso del espejo",[23] con el que se podrán examinar algunos temas que posiblemente atravesaron a las mujeres de otros países latinoamericanos, y que han sido menos estudiadas.

La producción académica que versa sobre los movimientos de estas mujeres en Brasil y en Chile permite esbozar, en términos generales, similitudes en sus formas y contenidos. Destacamos tres puntos claves, a saber:

1. Su aparente apoliticidad, en cuanto se nombraban a sí mismos como apolíticos y desligados de intereses ideológicos. Su aglutinación, por el contrario, se fundamentaba a través de la producción de ideas y construcciones de sentido en torno a una concepción tradicional de la familia, donde el rol de la mujer estaba directamente ligado a la maternidad. Su mancomunación y acción en la arena pública, por lo tanto, fue entendida como una tarea "natural" vinculada directamente a la defensa de la patria como una extensión del hogar y sus "instituciones democráticas" percibidas en peligro

---

[23] Charles Tilly, *Grandes estructuras, procesos amplios, comparaciones enormes* (Madrid: Alianza Editorial, 1991), p. 113.

ante el avance comunista. En efecto, sus obligaciones en la escena pública se proyectaban como prolongación de sus responsabilidades hogareñas: "... el orden social estribaba en la ley, la religión, la familia y la propiedad, y cualquier cosa que debilitara a uno de estos pilares minaba a la sociedad entera".[24]

2. Pese a lo recién expuesto, estas mujeres se articularon con organismos locales y estadounidenses con clara tendencia político-partidaria e ideológica de derecha, que les brindaron incluso apoyo financiero.

3. Estos movimientos de mujeres irrumpieron en el espacio público de manera expresiva, recurriendo a elementos simbólicos y performáticos.

Si bien estas manifestaciones se configuraron como expresiones explícitas en torno a la política doméstica, de celebración y apoyo al derrocamiento de João Goulart, por un lado, y desaprobación del gobierno oficialista de Salvador Allende, por el otro, en sus consignas subyacieron lógicas que trascendieron las fronteras nacionales, interiorizando un lenguaje político que la Guerra Fría logró instaurar. Así, el escenario geopolítico de la época se expresó verbal y simbólicamente a nivel local, y estas mujeres no permanecieron ajenas a ello.

Es importante señalar que las mujeres de derecha actuaron de manera relevante en otros momentos históricos,[25] incluso vocalizando su anticomunismo, como dan cuenta los trabajos de Sandra McGee Deutsch sobre la relación entre las mujeres y el fascismo en la década de 1930.[26] No

---

[24] Sandra McGee Deutsch, "Contra 'el gran desorden sexual': Los nacionalistas y la sexualidad, 1919-1940", *Sociohistórica*, n.º 17-18 (2005), p. 130.

[25] Power, "La mujer de la derecha en América Latina" y *La mujer de derecha. El poder femenino*.

[26] Sandra McGee Deutsch, "What difference does gender make? The extreme right in the ABC countries in the era of fascism", *Estudios interdisciplinarios de América Latina y el Caribe* 8, n.º 2 (junio, 1997), pp. 5-21; Sandra McGee Deutsch, "Spartan Mothers: Fascist Women in Brazil in the 1930s", en *Right-Wing Women: From Conservatives to Extremists Around the World*, ed. por Paola

obstante, las tensiones de la Guerra Fría –y sus particularidades en América Latina, con el éxito de la Revolución
cubana en 1959, la Doctrina de Seguridad Nacional y el giro
autoritario en los países– potenciaban aún más la imbricación entre el anticomunismo, las concepciones tradicionales
de género y la idea de un enemigo interno que combatir.

Sin embargo, es absolutamente fundamental hacerse
eco de la distinción planteada por Bohoslavsky, Broquetas y
Gomes acerca de qué se entendía por "comunismo". Dependiendo de la coyuntura nacional, el término podría relacio-
narse con percepciones más o menos abstractas sobre este
peligro. Analizando las juventudes anticomunistas en Chile,
Argentina y Uruguay entre la década de 1960 y el inicio
de la década de 1970, los autores observan que en Chile la
definición era más concreta y precisa que en los otros países. Los motivos señalados por los autores remiten a la con-
fluencia de partidos de izquierda en la Unidad Popular, el
acercamiento diplomático y comercial con Cuba, el avance
de la reforma agraria y expropiación de empresas privadas,
mientras que en Argentina y Uruguay ni el comunismo ni
las otras fuerzas de izquierda tuvieron una capacidad política similar, de manera que su accionar se direccionó más
hacia la insatisfacción con las políticas económicas, con la
movilización creciente de los trabajadores y jóvenes y con
las disputas en el campo moral, donde relacionaban los
"procesos de modernización sociocultural" como un atribu-
to de la "expansión comunista".[27]

Si es importante distinguir qué entendían por "comunismo", es igualmente clave reconocer los matices entre
"anticomunismo", "derecha" y "conservadurismo". Atenta a

Bacchetta y Margaret Power (Nueva York y Londres: Routledge, 2002), pp. 155-167.

[27] Ernesto Bohoslavsky, Magdalena Broquetas y Gabriela Gomes, "Juventudes conservadoras en los años sesenta en Argentina, Chile y Uruguay" en *El pensamiento conservador y derechista en América Latina, España y Portugal. Siglos XIX y XX*, ed. por Fabio Kolar y Ulrich Mücke (Madrid: Iberoamericana - Vervuert, 2018), p. 294.

esta cuestión, Power sigue a De la Torre y Ramírez Sáiz, quienes explican que, si bien los conservadores pueden ser leídos como parte de la derecha, se distinguen de algunas alas como la derecha liberal y empresarial, a medida que su conservadurismo no aboga por todas las libertades, sobre todo cuando pueden tensionar sus valores e instituciones tradicionales (como la familia, la religión, el respeto a las autoridades y las buenas costumbres).[28]

Para el presente trabajo, utilizamos los tres términos porque entendemos que las brasileras y chilenas dialogaron con estas tres corrientes ideológicas, aunque no solían autodenominarse así. Organizadas en movimientos, estas mujeres se veían como participantes activas en una guerra global contra el enemigo comunista,[29] entendida como una tarea de disputa moral que tenía como punto de partida su condición de mujeres y madres, lo que les otorgaría la condición de apolíticas. Sin embargo, para ello contaron con el apoyo –logístico y financiero– de conocidos actores locales e internacionales de derecha, como militares, empresarios y políticos. A continuación, se discute la coyuntura histórica en que emergieron estos grupos y las marchas que organizaron durante la desestabilización de los gobiernos de Goulart y Allende.

2. Recorridos y líneas de acción

Aunque hayan existido otros grupos en Brasil, nos enfocaremos en la organización Campanha da Mulher Pela Democracia (CAMDE) por su relevancia, influencia en el

---

28 Renée de la Torre y Juan Manuel Ramírez Sáiz, "Trayectorias, redes sociales y política ciudadana de tres mujeres líderes", en *La Ciudadanización de la política en Jalisco*, coord. por Renée de la Torre y Juan Manuel Ramírez Sáiz (Guadalajara: ITESCO, 2001), citado en Power, "La mujer de la derecha en América Latina".

29 Power, "Discursos anticomunistas y antisocialistas de mujeres conservadoras", p. 318.

escenario público nacional y duración. El marco político y social al momento de su creación se caracterizó por la creciente polarización nacional e internacional, tras la renuncia del presidente Jânio Quadros en agosto de 1961, sustituido por su vicepresidente, João Goulart, y la instauración del sistema parlamentarista como reacción de los militares y la derecha para limitar su gobernabilidad. La figura de Goulart, quien procuraba impulsar las llamadas "reformas de base" y era percibido como un heredero político del *trabalhismo* de Getúlio Vargas, representaba la concreción de las supuestas amenazas comunistas en Brasil, propiciadas por injerencias extranjeras, según sectores de la derecha. La situación fue percibida como peligrosa para la patria, las familias y la Iglesia y, en definitiva, para la concepción de democracia sostenida por estas.[30]

Si bien circulan diversas versiones en torno a la creación de CAMDE, es sabido que en el año 1962 se reunieron, bajo el liderazgo de Amélia Molina Bastos,[31] un grupo de mujeres que frecuentaban la Iglesia de Nuestra Señora de la Paz en Ipanema, Río de Janeiro. Esto habría marcado el nacimiento formal de la organización, aunque, como sugiere Simões, es posible que hubiese comenzado a operar previo a su lanzamiento público.[32] Estas mujeres se presentaban ante el espacio público como sujetas del mundo privado –en cuanto "dueñas de hogar"– a partir de su rol como mujeres, que a su entender era sinónimo de madres y esposas. Aun así, y sin intención de caer en reduccionismos, el liderazgo de CAMDE congregó a mujeres de clase alta, residentes de la zona sur de Río de Janeiro, católicas y fuertemente

---

[30] Cordeiro, "A Nação que se salvou a si mesma".

[31] Hermana del general Antônio de Mendonça Molina, miembro del Servicio Secreto del Ejército, quien luego sería nombrada como La Madre del Año en abril de 1964 por el periódico *O Globo*, destacando sus dotes de mujer cristiana, profesora, dedicada a la familia, a Dios y a los cuidados (Centro de Pesquisa e Documentação de História Contemporânea do Brasil (CPDOC); Cordeiro, "A Nação que se salvou a si mesma", p. 27).

[32] Simões, *Deus, Pátria e Família*, pp. 29-32.

conservadoras. De allí que podemos decir que estas particularidades también operaron como elementos integradores. De hecho, la condición de clase de las integrantes les permitió destinar considerables recursos económicos y humanos a las labores de CAMDE, cuyo funcionamiento se basó fundamentalmente en el trabajo voluntario.[33]

En el caso de las mujeres chilenas, existe una evidente relación y continuidad entre los movimientos Acción Mujeres de Chile (1963) y Poder Femenino (1972). Muchas de las integrantes que conformaron el primero pasaron a tener roles activos en el segundo.[34] Sin embargo, diferían en su composición social, puesto que Poder Femenino se caracterizó por su influencia en diversos sectores de la sociedad incluyendo a mujeres congregadas por su oposición al gobierno de Allende, si bien su liderazgo permaneció bajo la posesión de mujeres de clase alta. Ambas se presentaron como organizaciones autónomas, apolíticas y alejadas de influencias ideológicas. A pesar de ello, entre sus figuras destacadas había mujeres que participaban de la política institucional, como María Correa Morandé, quien había sido diputada por el Partido Nacional.[35]

Particularmente Acción de Mujeres de Chile, creada en 1963 por mujeres de clase alta, se organizó originalmente con el objetivo de impedir el triunfo de Allende en las elecciones de 1964 y asegurar la victoria de la Democracia Cristiana. Esta campaña estuvo signada por intensas premisas anticomunistas y en detrimento de Allende, y estuvieron en gran parte dirigidas a las mujeres, a través de la apelación a

---

33 Cordeiro, "A Nação que se salvou a si mesma", p. 80.
34 Por ejemplo Elena Larraín, quien dirigió Acción Mujeres entre 1964 y 1970 y fue una de las fundadoras de Poder Femenino. Con base en su experticia, mantenía vinculaciones estrechas con los partidos de oposición a Allende. A manera de ilustración, Power señala, en *La mujer de derecha. El poder femenino*, que Larraín sostuvo diversos encuentros semanales con figuras destacadas de la derecha independiente, como con el expresidente Jorge Alessandri y el ideólogo y dirigente del gremialismo Jaime Guzmán.
35 Power, "Discursos anticomunistas y antisocialistas de mujeres conservadoras", pp. 324-325.

las representaciones tradicionalmente femeninas –especialmente familiares– con elementos similares a los utilizados en Brasil.[36]

Ese movimiento no actuó de manera constante ni estable, puesto que su participación se limitó a los períodos electorales, mostrando un papel determinante en las elecciones y campañas antiallendistas, cuyo efecto fue darle una dimensión de género al anticomunismo.[37] En este sentido, Acción Mujeres de Chile volvió a la escena pública en 1970, en esta ocasión motivada por el desencanto hacia el presidente demócrata cristiano de Frei Montalva (1964-1970), especialmente producto del proceso de reforma agraria que impulsó su gobierno.[38] Junto a los descontentos ocasionados por las reformas tributarias, la chilenización del cobre y la reforma universitaria, la derecha leyó esta situación como la "puerta de entrada al comunismo"[39], y, por lo tanto, Acción Mujeres de Chile se organizó para apoyar con vehemencia al derechista Jorge Alessandri. En 1972 se creó Poder Femenino, que, según las palabras de Correa Morandé, plasmadas en el libro de su autoría *La guerra de las mujeres* (publicado en 1974, el año posterior al golpe de Estado), fue el resultado de un grupo de amigas que se mancomunaron "ante el urgente interés de la patria".[40]

---

[36] Power, *La mujer de derecha. El Poder Femenino*; Eugenia Rodríguez Sáenz, "La Guerra Fría y la transformación de las identidades políticas y ciudadanas de las mujeres en Guatemala, Costa Rica y Chile (1945-1973)", *Historia Global y circulación de saberes en Iberoamérica, siglos XVI-XXI*, ed. por David Díaz Arias y Ronny Viales Hurtado (San José: Universidad de Costa Rica, Centro de Investigaciones Históricas de América Central, 2018), p. 170; Toro, "Las mujeres de derecha y las movilizaciones", p. 831.

[37] Rodríguez, "La Guerra Fría", p. 157.

[38] "De la campaña del terror a la marcha de ollas vacías - Mujeres y derecha política (1964-1973)", Memoria Chilena - Biblioteca Nacional de Chile, consultado el 7 de julio, 2023, en t.ly/o6Rmu.

[39] Gabriela Gomes, "Héroes y demonios. Los jóvenes del frente nacionalista patria y libertad en el Chile de la Unidad Popular (1970-1973)", *Revista Red Intercátedras de Historia de América Latina Contemporánea*, vol. 3, n.º 4 (junio-noviembre, 2016), p. 60.

[40] Correa, *La guerra de las mujeres*, p. 112.

Tanto en Brasil como en Chile, el apoyo civil a estos movimientos se dio por su habilidad para apelar a una concepción tradicional de género, al construir discursivamente sus insatisfacciones, necesidades y esperanzas para formar un programa coherente, introduciéndolo en la opinión pública con éxito a través de distintas formas de comunicación.[41] En el caso de CAMDE, sus principales líneas de acción pueden dividirse en dos: por un lado, buscaron presionar al gobierno incidiendo en la arena pública a través de protestas y marchas, así como con el envío de cartas y telegramas al Congreso, la difusión de folletos, panfletos y libros propagandísticos que procuraban mostrar "el valor de la democracia";[42] y, por otra parte, se dedicaron a la asistencia social[43] y a la formación y capacitación de mujeres

---

41 Power, "Discursos anticomunistas y antisocialistas de mujeres conservadoras", p. 314.

42 Presot, "As marchas da família com Deus pela liberdade"; Toro, "Las mujeres de derecha y las movilizaciones". Este tipo de conductas se vieron reforzadas por la colaboración prestada por la prensa de tendencia conservadora. En esta línea, es significativo el estrecho vínculo establecido con *O Globo* e ilustrado por Cordeiro ("A Nação que se salvou a si mesma", pp. 34-35), quien incluso precisa que el propio director del periódico, Rogério Marinho, ofreció su auditorio para llevar a cabo el lanzamiento oficial de la organización. Si bien este punto merece un análisis más acabado respecto al complejo entramado entre los medios de prensa hegemónicos y los grupos desestabilizadores del gobierno de Goulart, es menester hacer eco de las palabras de Chaves en "Mulheres de direita, imprensa e o golpe de 1964", en donde afirma que gran parte de la prensa no solamente actuó como portavoz de tales sectores, sino que se constituyó como un actor político de envergadura en sí mismo, mediante la difusión de una representación del mundo en perjuicio de otras. De allí que las mujeres, además de colaborar, trabajaron a la par de la prensa, con miras a construir y alimentar la circulación de un discurso de "consenso" en la constitución de la opinión pública. Véase Flávia Biroli y Luís Felipe Miguel, *Notícias em disputa: mídia, democracia e formação de preferências no Brasil* (San Pablo: Editora Contexto, 2017).

43 Cabe señalar que la presencia en el espacio público de mujeres de clase alta abocadas al asistencialismo y a la intervención social no es novedosa. La bibliografía existente en torno al tema sugiere que la feminización de la práctica caritativa es un fenómeno habitual y de larga data en la región. Véase Ana Peluffo, "El yo femenino y sus 'otros': sobre la beneficencia y la construcción de identidades en el siglo XIX", *Cuadernos de Literatura* 13, n.º 25 (julio-diciembre, 2008), pp. 8-23.

mediante la organización de cursos, conferencias y discursos en distintas zonas de la ciudad con la intención de impartir herramientas prácticas y difundir sus ideas. Esto fue efectivo en las clases medias y los sectores populares, por lo que lograron trascender las zonas más ricas del Estado e incluso operaron en ciudades de otros estados.[44]

Por su lado, Poder Femenino fue un comité coordinador que programaba actividades antigobiernistas y se abocó mayoritariamente a expresar su descontento a través de actos públicos. El grupo emergió después de las marchas conocidas como "cacerolazos"; llevaron a cabo boicots, realizaron acciones vinculadas a la difusión y comunicación, como la distribución masiva de panfletos, y proporcionaron "apoyo y recursos muy necesarios para el amplio espectro de fuerzas que protestaban contra el gobierno de Salvador Allende".[45] Entre otras operaciones, apoyaron las huelgas masculinas con entrega de comida y bebida. En simultáneo, sus activistas se reunían para capacitarse y formarse, tal como registra Berliner a través de entrevistas, de donde, por ejemplo, se desprende que las mujeres organizaban encuentros para escuchar a reconocidas personalidades pertenecientes a la derecha, como al político y escritor Enrique Campos, quien más tarde se convirtió en colaborador y asesor de la Junta Militar.[46]

Un contraste que merece atención son los abordajes de estos movimientos hacia lo religioso: el tema fue central en Brasil, una vez que veían al gobierno de Goulart –que relacionaban al comunismo y, por ende, al ateísmo– como una amenaza a la libertad religiosa y la Iglesia católica, entendida como una característica clave del propio nacionalismo; a pesar de la apelación a la fe católica, CAMDE contó con el apoyo de mujeres de otras religiones, como la protestante

---

[44] Chaves, "Mulheres de direita, imprensa e o golpe de 1964"; Cordeiro, "A Nação que se salvou a si mesma".
[45] Power, *La mujer de derecha. El poder femenino*, p. 193.
[46] Berliner, "Chilenas de sectores medios".

y religiones de matriz africana.[47] La dimensión religiosa no tuvo la misma centralidad en Chile, una vez que la Iglesia católica en el país había desarrollado una relación amistosa con la Unidad Popular, la Teología de la Liberación ascendía en la coyuntura internacional, y, dentro del liderazgo de Poder Femenino, había mujeres ligadas al ala liberal del Partido Nacionalista, que históricamente tenía una orientación secular.[48]

A pesar de estas diferencias, las propuestas y demandas de estos movimientos, vigorosamente ancladas a los preceptos de la maternidad y de la familia en peligro frente al avance comunista, fueron eficaces para atraer a mujeres de las clases medias y los sectores populares, quienes posiblemente estuvieran motivadas por el temor y por eso se adhirieron a determinadas demandas políticas.[49] Asimismo, las narrativas referidas a llamados "naturales" y "universales" que trascendían –o eran ajenas a– lo político y a la cuestión de clase, así como la autopercepción y el autonombramiento como seres que defendían lo privado y no como seres públicos, habilitaron y reforzaron una integración y movilización decidida y motivada que superaría la simple manipulación ideológica.[50]

A contrapelo de sus narrativas neutrales y apolíticas, CAMDE y Poder Femenino efectivamente establecieron nexos con diferentes agrupaciones y entidades nacionales. De ello dan cuenta, en primer lugar, los vínculos sanguíneos: muchas de las integrantes de CAMDE eran familiares, madres o esposas de empresarios del Instituto de Pesquisa e Estudos Sociais y del Instituto Brasileiro de Ação Democrática (IPES/IBAD) e integrantes de las Fuerzas Armadas,

---

47 Cordeiro, "Direitas e organização do consenso".
48 Power, "Discursos anticomunistas y antisocialistas de mujeres conservadoras", pp. 320-324.
49 Chaves, "Mulheres de direita, imprensa e o golpe de 1964" y Power, "Discursos anticomunistas y antisocialistas de mujeres conservadoras".
50 Cordeiro, "A Nação que se salvou a si mesma", pp. 81, 92.

en especial de miembros de altos puestos del Ejército.[51] A su vez, el liderazgo de Acción Mujeres de Chile congregó a mujeres de "familias ilustres" del país trasandino (generaciones de terratenientes, empresarios y políticos conservadores).[52] Por otro lado, el liderazgo de Poder Femenino contó con la presencia de mujeres de los partidos opositores, a partir de las cuales se establecieron redes con otros políticos, con las Fuerzas Armadas y determinados sectores civiles, como el movimiento gremial, el Centro de Madres y el sector obrero vinculado a la Democracia Cristiana.[53]

En otras palabras, aunque su articulación política no haya sido absolutamente autónoma –porque contaron con el apoyo logístico y financiero de organismos e individuos interesados en su potencial–, sus perspectivas políticas y su construcción discursiva sí lo fueron, hasta el punto de lograr organizar marchas multitudinarias que jugaron un papel fundamental en la desestabilización de los gobiernos de Goulart y Allende, operando como un sostén estratégico para las dictaduras militares que les sucedieron.

3. Familia, religión y patria ante el peligro rojo: las marchas en Brasil y Chile

En Brasil, el año 1964 significó la culminación de la reacción conservadora, con una impactante irrupción en el espacio público: el 19 de marzo, en San Pablo, la Marcha de la Familia con Dios por la Libertad vio la luz por primera vez. Con la organización de UCF, las mujeres de derecha consolidaron su fuerza política movilizando alrededor de 500.000 personas. Posteriormente, se replicó en varios puntos del país, dando así continuidad al movimiento desestabilizador del gobierno de Goulart, entendido, según ellas, como

---

51 Chaves, "Mulheres de direita, imprensa e o golpe de 1964", p. 4.
52 Power, *La mujer de derecha. El poder femenino*, pp. 101-103.
53 Power, *La mujer de derecha. El poder femenino*, pp. 194-195.

encadenamientos lógicos a la defensa de la Constitución y la democracia. Más aún, representaban una demanda de la sociedad civil hacia las Fuerzas Armadas para realizar una intervención "moralizadora" de las instituciones.[54]

La marcha más grande ocurrió en Río de Janeiro el 2 de abril, convocada por CAMDE. En la invitación publicada en el *Diário de Notícias* el 22 de marzo, se leían las siguientes palabras:

> Invitamos a las mujeres de Río a participar en una demostración cívica de fidelidad a las libertades democráticas que el comunismo está tratando de destruir en nuestro país. [...]. El tiempo de la reacción es nuestro porque gracias a la democracia todavía tenemos derecho a hablar y respeto por los hombres. [...]. Defendamos nuestras casas, defendamos nuestra patria. Ya comenzamos la pelea. Vamos a luchar por el saneamiento en Brasil, por la vigilancia cívica, pues tenemos la gran responsabilidad de poblar nuestra querida patria de buenos brasileros. Que toda mujer sea baluarte de la democracia, defensora de la libertad y agente de Dios [traducción de las autoras].[55]

Sin embargo, el lema de la marcha se vería modificado, puesto que el golpe de Estado impuesto el 1 de abril la alejó de la reacción y la defensa, transformándola en un evento festivo, donde se celebró la deposición de Goulart, por un lado, y la flamante victoria militar, por otro. Sus dinámicas devinieron en un "desfile conmemorativo",[56] lo que le otorgaría el nombre popular de Marcha de la Victoria, representando justamente el triunfo de "la cruz y el rosario por sobre la hoz y el martillo".[57]

Las siguientes palabras pronunciadas durante la marcha por Amélia Bastos, en nombre de la "mujer brasilera",

---

54 Cordeiro, "A Nação que se salvou a si mesma", p. 47; Presot, "As marchas da família com Deus pela liberdade".
55 Citada en Chaves, "Mulheres de direita, imprensa e o golpe de 1964", p. 1.
56 Chaves, "Mulheres de direita, imprensa e o golpe de 1964".
57 Cordeiro, "A Nação que se salvou a si mesma", p. 50.

dejan en evidencia su percepción sobre el clima de época y el cambio en el significado de las manifestaciones:

> Hoy las palabras de la brasilera no pueden ser las mismas que ayer, cuando era una súplica, una advertencia y un llamamiento. [...]. La súplica fue escuchada por Dios; la advertencia, por parte de los hombres y mujeres de esta patria libre y soberana; el llamamiento, al que asistieron la mayoría de ciudadanos responsables y, sobre todo, las clases armadas. Honor y gloria a nuestros soldados. [...]. Esta es, por tanto, la hora de oración a Dios por haber inspirado a las fuerzas de tierra, mar y aire, guardianes del régimen, el orden y la paz nacional, para cumplir con los deberes que la Constitución les asigna [traducción de las autoras].[58]

Las señoras de CAMDE fueron percibidas como las creadoras y dirigentes de tal hazaña. El general Mourão Filho, incluso, llegó a aseverar que tanto él "como todos los hombres que participaron en la revolución, no hicieron más que ejecutar lo que las mujeres predicaban en las calles para acabar con el comunismo".[59] Detrás de ellas, marcharon mujeres de organizaciones del mismo tenor provenientes de otros Estados, representantes de diferentes religiones –umbandistas, protestantes y judíos que inclusive tuvieron un espacio reservado para pronunciar sus discursos, junto a representantes del catolicismo–, trabajadores, comerciantes, obreros, políticos, sindicalistas, agrupaciones estudiantiles (tales como las de la Universidad Católica, del Colegio y la Universidad de Santa Úrsula, de la Universidad del Estado da Guanabara y la Universidad de Brasil), militares y empresarios.[60]

Siete años después, en los primeros días de diciembre del año 1971, en Santiago de Chile las mujeres anticomunistas chilenas convocaron a una marcha cuyas

---

58 Matias, Rodrigues, s.f., citado en Cordeiro, "Direitas e organização do consenso".
59 Simões, *Deus, Pátria e Família*, p. 107.
60 Presot, "As marchas da família com Deus pela liberdade".

pretensiones pretendían igualar los éxitos brasileros. Si bien no se conocen con exactitud los orígenes de esa actividad, el descontento de las medidas tomadas por el gobierno y la visita de Fidel Castro al país fueron los elementos decisivos que terminaron por concretar su resolución.

Entre las organizadoras de la marcha, sobresalieron las mujeres de Acción Mujeres de Chile, lo que fue funcional para enfatizar la desvinculación política del evento. Ahora bien, varias dirigentes de los partidos opositores al gobierno participaron en su planificación. Cabal cuenta de ello evidencia la solicitud del permiso emitido por un grupo de mujeres del Partido Nacional para llevar a cabo la marcha.[61] De igual forma, el evento contó con el apoyo explícito de los partidos políticos opositores, entre ellos del Partido Nacional, la Democracia Cristiana y el movimiento paramilitar Patria y Libertad, quienes enviaron hombres con la intención de custodiar su recorrido.[62] Por eso, compartimos lo indicado por Power al asegurar que fue improbable que esas mujeres planificaran y organizaran la marcha sin el beneplácito de los partidos políticos.[63]

Las demandas explícitas e inmediatas fueron relevantes para potenciar su componente aglutinador. Aquellas se construyeron a partir de elementos prácticos y materiales –las narrativas de hambruna, la escasez de alimentos y la carestía de la vida– aun cuando estos problemas no habían alcanzado la profundidad que efectivamente tendrían unos

---

[61] Toro, "Las mujeres de derecha y las movilizaciones", p. 832.

[62] Cristián Pérez, "A 45 años de la visita de Fidel Castro: Reflexiones sobre su efecto en la izquierda chilena", *Estudios Públicos*, n.º 148 (primavera, 2017), pp. 119-134. Véase también las memorias de Manuel Fuentes Wendling, *Memorias secretas de Patria y Libertad* (Santiago de Chile: Grijalbo, 1999). El periodista fue secretario de propaganda del grupo paramilitar de extrema derecha Frente Nacionalista Patria y Libertad.

[63] Power, *La mujer de derecha. El poder femenino.*

meses más tarde;[64] así lo deja al descubierto la propaganda publicada el 30 de noviembre en *El Mercurio*:

> Las mujeres vamos a protestar porque no hay posta (tipo de carne de vacuno/res) para hacerles sopa a las guaguas (bebés) y éstas se enferman de diarrea; vamos a denunciar que a nuestros maridos se les obliga a asistir a reuniones políticas para conservar sus empleos, vamos a protestar porque a la mayoría universitaria no se la deja expresarse.[65]

Después de una intensa difusión, que guardó similitudes con las modalidades brasileras, el 2 de diciembre de 1971 tuvo lugar la multitudinaria Marcha de las Cacerolas Vacías, a la que asistieron varias decenas de miles de mujeres. En las calles de Santiago, se desplegaron elementos tradicionalmente asociados al espacio privado, pero que en público fueron cargados de nuevas resignificaciones y sentidos. En esta línea, las representaciones y simbologías de la marcha pretendieron reflejar las problemáticas cotidianas, de allí que se recurriera a uno de los elementos domésticos –y, por añadidura, femeninos– por excelencia: la cacerola vacía.[66]

Luego de la Marcha en Santiago, esa práctica pasó a replicarse en diferentes ciudades del país y convirtió el caceroleo en una modalidad popular de protesta ante el gobierno y de repudio al desabastecimiento, tanto en los espacios públicos como en los privados. Estas formas de expresión devinieron en un símbolo y representación

---

[64] En *La mujer de derecha. El poder femenino*, Power problematiza esta narrativa al sostener que el primer cacerolazo, en diciembre de 1971, se organizó como una reacción a la visita de Fidel Castro, y no a la escasez, que en ese momento no tenía la dimensión que estos discursos lograron instaurar en el imaginario y la memoria popular; sin embargo, la fuerza de esta narrativa logró ocultar otras experiencias de ascensión socioeconómica importantes que también tuvieron lugar durante el gobierno de la Unidad Popular hasta la crisis de 1972.

[65] Rojas, "Poder, mujeres y cambio en Chile", p. 172.

[66] Nikki Craske, *Women & Politics in Latin America* (Cambridge: Polity Press, 2000).

de aquella "gesta heroica" encabezada por las mujeres, (auto)consideradas como heroínas, como se desprende de las palabras de Teresa Donoso, periodista de *El Mercurio*:

> Así fue como la modesta cacerola, arrancada a la paz de las cocinas, conoció la fama. Convertida en tambor de las huestes femeninas, se paseaba oronda por el territorio nacional, pese a las condenas que pendían sobre su machucada cabeza. Soñaba, quizás, con ganar un monumento a su memoria. (Y tal vez lo tenga un día).[67]

El devenir de los acontecimientos se tradujo en un indiscutido alcance mediático.[68]

Tanto en Brasil como en Chile, el éxito de las marchas no solo se debió a una masiva salida a las calles, sino sobre todo a la heterogeneidad de sus asistentes, en cuanto legitimaba y perpetuaba la idea de unión para defender la patria frente a un enemigo en común, consagrando así la percepción de "universalidad" de sus concepciones. Para alcanzar esta heterogeneidad, fue clave la asimilación de elementos simbólicos que imbricaron género y anticomunismo, a partir de la captación de temas tanto de la coyuntura política nacional, como de la internacional, invocando una narrativa integradora y patriótica. Las propagandas de las marchas apelaron a valores como el amor a la patria, la defensa de la familia y el respeto a la democracia –siempre definida a partir de sus entendimientos anticomunistas y paradójicamente con vistas a la obliteración de las instituciones democráticas–.[69]

---

67 Teresa Donoso Loero, *La epopeya de las ollas vacías* (Santiago de Chile: Editora Nacional Gabriela Mistral, 1974).

68 Al igual que en Brasil, los medios de prensa hegemónicos en Chile se configuraron como actores protagónicos en la desestabilización del gobierno, entre ellos destacan las operaciones de *El Mercurio*, que además recibió recursos económicos de Estados Unidos (Berliner, "Chilenas de sectores medios" y Power, *La mujer de derecha. El poder femenino*).

69 Power, "Discursos anticomunistas y antisocialistas de mujeres conservadoras", p. 235; Presot, "As marchas da família com Deus pela liberdade".

Como se desprende de las consignas anteriormente citadas, mientras que, en las marchas brasileras, el patriotismo estuvo profundamente anclado a las simbologías religiosas, las mujeres chilenas recurrieron a otros elementos en sus discursos e íconos. En Río de Janeiro, la escena se inundó de pabellones nacionales, cintas verdes y amarillas que representaban los colores de la bandera nacional, pero también imágenes como un rosario de enormes dimensiones llevado por las mujeres de CAMDE. Se entonó el himno nacional y el del Estado de Guanabara, pero también se escuchaban canciones clásicas sobre la ciudad, como "Cidade Maravilhosa". Abundaban las pancartas con ingeniosas y alusivas leyendas, tales como "Trabajador, sólo en democracia vas a poder elegir tu religión", "Ejército con Dios", e incluso interpelaciones en tono chistoso e irónico como "Buen rojo, solo pintalabios" o "Fueron a la luna con cohetes, con nosotros se convirtieron en estrellas", en referencia a la primera expedición al espacio realizada por la URSS.[70]

En Santiago de Chile, también se afirmó la defensa de la patria, a través de la premisa de que la chilenidad habría sido violentada y debía ser rescatada. De ello dan cuenta las innumerables banderas nacionales y los himnos entonados, un límite simbólico que distinguía a los "verdaderos chilenos" de los "falsos chilenos", y, aunque algunas consignas no lo expresaran abiertamente, se enmarcaban en un proyecto más extenso de desestabilización del gobierno constitucional.[71] Pero en el país transandino, como lo plantea Power, las mujeres transformaron su vida cotidiana en un arma política a través de la simbología de las cacerolas, asociadas a la cocina y, por ende, a su rol doméstico asociado a su género, y también expresaban su insatisfacción ante la

---

[70] Presot, "As marchas da família com Deus pela liberdade", p. 23.
[71] Carmen Gloria Godoy Ramos, "Un pasado en blanco y negro: El imaginario de la Unidad Popular y la nación en el Chile dictatorial", *Revista Chilena de Antropología Visual*, n.º 18 (diciembre, 2011), p. 6.

escasez de bienes de consumo.[72] Al unísono del golpeteo de las cacerolas, las mujeres pronunciaron consignas como "Allende, escucha, ¡las mujeres somos muchas!", "¡Chile sí! ¡Cuba no!", "¡Calabaza, calabaza!, ¡Fidel para tu casa!", "No hay carne, fúmate un habano" y "En la olla no hay un hueso y el gobierno se hace el leso".[73] En el ejercicio comparativo que hace Power sobre estos movimientos en Brasil y Chile, la autora concluye que el accionar de estas mujeres emergió desde su posición en la esfera privada y familiar, y no en respuesta a las obligaciones que se les atribuían como ciudadanas. Esta lectura ayudó a legitimar su anticomunismo, a medida que protestaban contra elementos que amenazarían su familia y su nación (y la Iglesia, en el caso brasilero), reforzando la conexión entre esos elementos a través de imágenes y simbologías muy potentes.[74] Las palabras de la líder de CAMDE, Amélia Bastos, destacadas por Chaves, reflejan esta intención cuando decía: "Hay que observar, superponer la democracia, la Patria, el régimen, las pasiones políticas, hasta que no haya más peligro. Luego limpiaremos la casa" [traducción de las autoras].[75] Pero, al fin y al cabo, efectivamente hicieron política y tensionaron profundamente los límites de la institucionalidad democrática.

En este sentido, la contradicción interna de los movimientos –también denominado por Greiffenhagen como el "dilema del conservadurismo"–[76] se manifestó precisamente entre la imagen que construyeron públicamente y lo que tejieron fuera

---

72 Power, "Discursos anticomunistas y antisocialistas de mujeres conservadoras", p. 313.
73 Consignas extraídas de *El Mercurio*, 2 de diciembre de 1971 (citadas en Power, *La mujer de derecha. El poder femenino*, p. 178).
74 Power, "Discursos anticomunistas y antisocialistas de mujeres conservadoras", pp. 325-326.
75 Chaves, "Mulheres de direita, imprensa e o golpe de 1964", p. 10.
76 Martin Greiffenhagen, *Das Dilemma des Konservatismus in Deutschland* (Múnich: Piper, 1971), citado en Fabio Kolar y Ulrich Mücke, "Introducción", en *El pensamiento conservador y derechista en América Latina, España y Portugal. Siglos XIX y XX*, ed. por Fabio Kolar y Ulrich Mücke (Madrid: Iberoamericana - Vervuert, 2018), pp. 21, 25.

de la dimensión pública: eran mujeres que defendían los roles de género tradicionales, pero terminaron desobedeciendo sus prédicas. Ante este escenario, se vieron convocadas a correrse del espacio privado para ocupar las calles, en un escenario entendido como masculino por excelencia y, por lo tanto, históricamente vedado para ellas. Sin soslayar los intereses de las instituciones y los partidos nacionales liderados por hombres ni la injerencia extranjera, es clave entender las dinámicas internas de tales movimientos y las motivaciones de sus agentes, quienes, a través de marchas multitudinarias, lograron inscribirse, de manera estratégica, en el punto álgido de las crisis de los gobiernos de João Goulart y Salvador Allende y, en consecuencia, allanaron el camino a los golpes de Estado y la instauración de las dictaduras militares.

4. Género, anticomunismo y la Guerra Fría latinoamericana: otras propuestas de investigación a partir de las mujeres de derecha

Tomando en consideración lo expuesto anteriormente, esbozamos algunas observaciones con la intención de construir propuestas de investigación alternativas a las tradicionales, planteando preguntas académicas que sirvan para la generación de futuros trabajos y la producción de nuevos hallazgos que atiendan a la relación entre las mujeres, el anticomunismo y la Guerra Fría en América Latina.

Para empezar, destacamos que la llamada "contrasubversión" comprendió una importante dimensión simbólica, que se manifestó en el campo cultural para construir diferencias entre lo normativo y lo subversivo, a fin de justificar la idea de estar ante un combate contra una amenaza global.[77] La fuerza que ganó el anticomunismo en la región durante esa época se

---

[77] Benjamin Cowan, *Securing Sex: Morality and Repression in the Making of Cold War Brazil* (Chapel Hill: The University of North Carolina Press, 2016).

debió a algunos componentes fundamentales, y uno de ellos fue el campo moral, largamente aludido por los movimientos de mujeres conservadoras de Brasil y Chile. Kolar y Mücke plantean que la descripción del comunismo como el enemigo de un supuesto Occidente combinó el pensamiento religioso conservador de los siglos XIX y XX con las concepciones de la libertad individual y del capitalismo del siglo XX.[78] Tales concepciones estuvieron en el centro de las disputas de la Guerra Fría, como elementos esenciales de una "idea de modernidad" encabezada especialmente por Estados Unidos.[79]

Dumančić plantea que, durante la Guerra Fría, la reproducción y el establecimiento de un núcleo familiar estable fueron percibidos como parte integrante de la seguridad nacional contra amenazas extranjeras.[80] Al respecto, el trabajo de Felitti da cuenta de la "sociedad cristiana occidental" –en sus análisis a partir de los discursos militares argentinos entre 1966 y 1973– y su alarma ante la decadencia de los valores familiares, que bajo esta óptica era el resultado directo del desarrollo de una peligrosa infiltración ideológica que corrompía las "raíces profundas del ser nacional". La forja de este vínculo hizo que las identidades de género y sexuales, sus expresiones y sus prácticas fueran atadas al concepto de "ciudadanía".[81] Al articularse alrededor de roles de género tradicionales –recurriendo a los signos de la maternidad, el hogar, la familia– para plantear demandas políticas en una coyuntura crítica de desestabilización de

---

78 Kolar y Mücke, "Introducción", p. 30.
79 Odd Arne Westad, *The Global Cold War. Third World Interventions and the Making of Our Times*. Cambridge: Cambridge University Press, 2005). En *Historia Mínima de la Guerra Fría*, pp. 31-32, Pettinà señala pertinentemente que la lectura de Westad sobre la Guerra Fría, como un enfrentamiento entre las visiones de modernidad capitalista y comunista, puede producir limitaciones a la comprensión de este período en América Latina. Sin embargo, el concepto nos parece preciso para mostrar la forma en que se articulaban y disputaban esos conceptos tanto en la política interna como en la externa.
80 Dumančić, "Hidden in plain sight", p. 6.
81 Karina Felitti, *La revolución de la píldora. Sexualidad y política en los sesenta* (Buenos Aires, Argentina: Edhasa, 2012), p. 64.

gobiernos democráticos, los movimientos de mujeres anticomunistas en Brasil y Chile que revisitamos en este capítulo obraron por la manutención del orden en función de
sus propios preceptos.

Siguiendo esta línea de lo simbólico, igualmente valio-
sas para un análisis integral del universo de las mujeres de
derecha son las contribuciones de Power al integrar el concepto de "miedo" como un elemento en común que articula
y atraviesa sus discursos en distintos tiempos históricos y
espacios geográficos. En un plano similar, Caiozzi y Chaves
acuden también al temor para sostener que esta fue una
dimensión clave para que las mujeres de los sectores populares se alinearan con las demandas de esos movimientos.
Pensaban, por ejemplo, que el comunismo podría desviar a
sus maridos por enrolarse en los sindicatos y en efecto los
alejaría de su rol como proveedores del hogar.[82]

Con eso presente, y en paralelo a las sugerencias de
Burbridge –quien se inspira en el trabajo de Power desde
un enfoque de las relaciones internacionales[83]–, considera-
mos de suma relevancia plantear una discusión en clave del
binomio seguridad versus inseguridad, no solo para arribar
al análisis en términos descriptivos de sus (in)seguridades,
sino también para conocer la significación que la persecución de la seguridad tuvo en sus motivaciones.

Entre los potenciales temores de la Guerra Fría, las pro-
gresivas libertades sexuales que se expandieron en la década
de 1960 también constituían una gran preocupación, porque
iban precisamente en contra del orden instituido, es decir,
de las concepciones tradicionales de género y sexualidad.

---

[82] María Antonella Caiozzi, "Guerra psicosocial, género y populismo: las
'voluntarias' de la Secretaría Nacional de la Mujer durante el régimen militar chileno. 1973-1980", *Encuentros Latinoamericanos (segunda época)* 7, n.º 2
(diciembre, 2013), pp. 70-121; Chaves, "Mulheres de direita, imprensa e o
golpe de 1964"; Power, "La mujer de la derecha en América Latina".

[83] Roisin Burbridge, "Pragmatism and Contradictions: Right-Wing Women
and the Quest for Security in Cold War Chile, 1964-1988" (Tesis de Maestría en Relaciones Internacionales en Perspectiva Histórica, Universidad de
Utrecht, 2021).

En este sentido, es ilustrativa la perspectiva de Terán al hablar del caso argentino, donde se deja en evidencia que el "andamiaje represivo de la cultura" fue respuesta de sectores conservadores y tradicionalistas que impusieron un bloqueo a los procesos de "modernización", los cuales desde su perspectiva planteaban narrativas reaccionarias ligadas a sensibilidades integristas con reminiscencias católicas y "extemporáneas". Tales prácticas eran entendidas como una transgresión social que afectaba a la ciudadanía en su conjunto, por lo que sus "practicantes" debían ser combatidos. Igualmente interesante es el trabajo de Langland, que da cuenta de cómo determinadas violencias fueron autorizadas sobre mujeres brasileras que se volvieron guerrilleras de izquierda alrededor de 1968, no tanto por el contenido de su accionar político, sino más bien por el imaginario que se creó acerca de sus prácticas sexuales y su concepción de familia. Esto se dio tanto por parte de la prensa y la publicidad –con su impacto en la opinión pública–, como por parte de los agentes represores.[84]

Los movimientos de mujeres de derecha iban precisamente a contrapelo de estas otras formas de manifestación de la identidad sexual y de género que contestaban el orden instituido.[85] Ellas peleaban, por lo tanto, una doble batalla: en la esfera pública, utilizaban el lenguaje más nítidamente

---

[84] Oscar Terán, *Nuestros años sesentas. La formación de la nueva izquierda intelectual argentina, 1956-1966* (Buenos Aires: Punto Sur, 1991), p. 154; Victoria Langland, "Birth Control Pills and Molotov Cocktails: Reading Sex and Revolution in 1968 Brazil", *In from the Cold: Latin America's new encounter with the Cold War,* ed. por Gilbert Joseph y Daniela Spenser (Durham y Londres: Duke University Press, 2008), pp. 308-349.

[85] Pese al conservadurismo, las distintas identidades sexuales y de género continuaron expresándose de diversas formas y disputaron estas concepciones; y, para finales de la década de 1970 e inicios de la de 1980, la visibilización de la sexualidad junto a las nuevas dinámicas mundiales tensionaron las narrativas tradicionales. Para más información sobre este punto, véase Cowan, *Securing sex;* y Vanessa Tessada, "Mujeres, dictadura y neocapitalismo. Representaciones femeninas en medios de comunicación durante las dictaduras chilena (1973-1989) y argentina (1976-1983)" (Tesis de Maestría en Estudios Latinoamericanos, Universidad de Chile, 2010), en t.ly/2pSOp.

asociado a la Guerra Fría (entre sus alocuciones más comunes, hacían referencias al enemigo interno y externo, a la amenaza comunista, a la URSS y los soviets, a Cuba), pero también actuaban fuertemente en la esfera privada al convocar a la población a luchar por la defensa de la dinámica familiar tradicional. De ahí que lograron tejer vínculos entre los temores que se manifestaban en el campo público y el privado, oscilando entre discursos más nítidamente politizados y otros que se construían como apolíticos, al incorporar elementos que referían directamente a la intimidad de la familia y el hogar.

Otro dato clave para pensar nuevas propuestas de investigación fueron los vínculos establecidos entre las mujeres latinoamericanas y las organizaciones y los partidos de derecha a nivel nacional e internacional. Es una premisa comúnmente aceptada que, durante la Guerra Fría, la reacción conservadora ante lo que se percibía como una amenaza al orden se organizó de manera transnacional; en esta línea, Harmer va más allá al plantear que, entre América Latina y Estados Unidos, se desarrolló una Guerra Fría interamericana: en lugar de una mera proyección del conflicto bipolar entre Estados Unidos y la URSS, y con la Unión Soviética dudosa de involucrarse más en la región, fueron sobre todo los propios actores latinoamericanos (estatales y civiles) quienes disputaron sus proposiciones sobre el comunismo y el capitalismo,[86] estableciendo redes y circulando saberes, tácticas y recursos, en procesos que no se restringieron a la importación de ideas estadounidenses.[87]

El caso de Brasil nos ofrece algunas evidencias —y estimula muchas preguntas— en este sentido: en el archivo

---

[86] Harmer, *Allende's Chile*, pp. 1-2.
[87] Laura Sala, "En búsqueda de una doctrina contrasubversiva propia. Las tesis de ascenso de los oficiales guatemaltecos, 1975-1985", *Desafíos*, vol. 32, n.º 2 (julio-diciembre, 2020), pp. 1-47.

de CAMDE,[88] se puede verificar que se organizaron charlas abiertas de figuras anticomunistas internacionales, tales como Juanita Castro,[89] Eudocio Ravines[90] y Elspeth Rostow.[91] El movimiento recibió un homenaje de refugiados del campo socialista, y sus representantes participaron de encuentros de la Liga Mundial Anticomunista (WACL) en 1968 y 1969. Cordeiro menciona estos eventos (incluso registra la anécdota sobre una de las representantes que no pudo viajar al encuentro porque su marido no se lo permitió),[92] pero falta comprender y examinar en detalle la manera en que se desarrollaron y cuáles fueron los efectos de estas conexiones.

Igualmente es conocido el grupo que organizó en 1967 el I Congreso Sudamericano de la Mujer en Defensa de la Democracia, en Río de Janeiro. Entre los trabajos que abordan el tema, Velez utiliza el fondo de CAMDE en el Archivo Nacional de Brasil para reconstruir cómo se organizó el evento y reflexionar sobre las discusiones que se llevaron a cabo alrededor del tema de la educación, del cual también se ocupan Campos y Chaves.[93] En otro trabajo, Chaves ofrece

---

88   Texto e recortes de jornais sobre palestras promovidas pela CAMDE, BR RJANRIO PE.0.0.7, Fundo Campanha da Mulher Pela Democracia, Arquivo Nacional. En t.ly/O6qvG.

89   Hermana de Fidel y Raúl Castro, se convirtió en disidente del proceso revolucionario encabezado por sus hermanos en Cuba, lo que la llevó a mudarse a Miami. Según Juanita, fue Virginia Leitão da Cunha, esposa de Vasco Leitão da Cunha (embajador brasilero en Cuba y posteriormente ministro de Relaciones Exteriores de la dictadura entre 1964 y 1966), quien la contactó con la CIA para su reclutamiento.

90   Político, escritor y periodista peruano. Exdirigente del Partido Comunista Peruano, posteriormente se volvió crítico del comunismo.

91   La académica norteamericana presentó una ponencia titulada "El rol de la dueña del hogar ante la inflación". Su marido fue el renombrado economista Walt Rostow, abiertamente anticomunista.

92   Cordeiro, "A Nação que se salvou a si mesma".

93   Érica Diniz Velez, "Sentinelas na vanguarda da defesa do futuro do Brasil. As mulheres da CAMDE entre os anos de 1964/69" (Tesis de Maestría en Historia, Universidad Federal Fluminense, 2015); Daniela de Campos y Eduardo dos Santos Chaves, "A educação nacional e o conservadorismo 1emenino em tempos de ditadura", *História da Educação*, vol. 26 (2022).

una perspectiva más transnacional al procurar identificar las agrupaciones de mujeres latinoamericanas que estuvieron presentes, pero todavía resta identificar qué vínculos se tejieron y cuál fue el impacto del congreso en otros países.[94] Finalmente, el último registro del archivo de CAMDE da cuenta de una participación en el Congreso de Suiza para manifestarse en contra del aborto, en 1974, lo que refuerza la utilidad de volver a la historia de esas mujeres con una perspectiva transnacional.

En esta dirección, los hallazgos de Power sobre el nexo entre las mujeres anticomunistas en Brasil, Chile y Estados Unidos son iluminadores y constituyen interesantes puntos de partida, porque permiten complejizar el accionar de esas mujeres en el plano regional, matizando la comprensión respecto a la injerencia estadounidense.[95] Tal como quedó plasmado en páginas anteriores, los antecedentes académicos dan cuenta de una relación entre los movimientos de ambos países, específicamente de la inspiración de las chilenas en sus congéneres brasileras, pero es necesario profundizar en las configuraciones propias de los intercambios para elucidar la circulación de saberes, tácticas y redes tejidas entre esos grupos.

Para abordar este tema, Power alude a la investigación de la periodista del *Washington Post*, Marlise Simons, a fin de visibilizar el nexo establecido entre los chilenos radicados en Brasil, que habían abandonado el país luego del triunfo de Allende, y que entraron en contacto con el IPES. Simons retomó las palabras del Dr. Glycon de Paiva, quien fuera fundador y miembro de aquel diario, al decir:

---

[94] Eduardo dos Santos Chaves, "Direitas organizadas na América Latina: o caso do I Congresso Sul-Americano da Mulher em Defesa da Democracia, em 1967" (ponencia presentada en el II Congreso Internacional Online de Estudos sobre Culturas: Dinâmicas e Comportamentos Socioculturais na/da América Latina. Foz do Iguaçu, junio de 2020).

[95] Power, "Who but a Woman".

[Nosotros] enseñamos a los chilenos a utilizar a las mujeres contra los marxistas […]. Las mujeres son el arma más eficaz que hay en política […]. Tienen tiempo y una gran capacidad para mostrar emoción y movilizarse rápidamente. Por ejemplo, si uno quiere difundir un rumor, como ser, "el presidente es alcohólico" o bien, "tuvo un infarto leve", se usa a las mujeres. Al día siguiente circula en todo el país.[96]

Si bien la cita anterior trasluce una ausencia de agencia de las mujeres conservadoras, es por demás importante elucidar su(s) papel(es) en la historia de la Guerra Fría, contraponiendo la idea de que no tenían agendas propias.[97] Como se dejó al descubierto en el presente trabajo, las mujeres conservadoras de derecha construyeron sus narrativas y sus símbolos, tenían sus prácticas y referencias que las colocaban y reafirmaban como tales. Así, cabe preguntarse no solo cómo se compuso la relación entre las mujeres de derecha con los hombres de sus propios países, sino los nexos regionales y los desarrollados con el norte global y qué implicaron, en términos geopolíticos, las vinculaciones en estos diferentes niveles de análisis.

Junto con las lecturas transnacionales, incorporar enfoques diacrónicos puede resultar provechoso porque permite revisitar prácticas y enunciados femeninos conservadores previamente utilizados por movimientos que los antecedieron. Tomando como guía a Power y a McGee Deutsch, estos abordajes transversales, a la vez que visibilizan los cambios y las continuidades en los discursos anticomunistas, echan luz sobre las particularidades que adoptaron tales corrientes ideológicas a lo largo de la Guerra Fría.[98]

De igual manera correspondería trazar proyecciones que conecten los movimientos en sus etapas de mayor

---

96 *Washington Post*, 6 de enero de 1974, citado en Power, *La mujer de derecha. El poder femenino*, p. 186.
97 Power, "La mujer de la derecha en América Latina".
98 Power, "La mujer de la derecha en América Latina" y "Discursos anticomunistas y antisocialistas de mujeres conservadoras"; McGee, "Spartan Mothers".

movilización con las etapas posteriores, los períodos dictatoriales y los periodos posdictatoriales. Esto abriría la puerta para analizar los devenires de estas mujeres, así como
facilitaría el estudio de la participación femenina en la dictadura desde miradas integrales en el largo plazo. ¿Cómo
incorporó el régimen a estas mujeres? ¿Qué ocurrió con las
que volvieron a sus hogares?

Sugerimos como forma de complementar teórica y
metodológicamente lo mencionado abordar estos procesos
desde aproximaciones a las trayectorias de vida personales,
profesionales y militantes, a modo de incorporar otros elementos a los relatos sobre la Guerra Fría en general. Esto se
presenta como una alternativa –no excluyente, sino adicional– con beneficios para mejorar la comprensión histórica
sobre estos períodos.

En último término, es pertinente señalar la necesidad
de incluir dos variables que comúnmente han sido menos
estudiadas (en comparación a la clase o la religión, por
ejemplo), a saber, la cuestión racial e intergeneracional. Por
su capacidad significativa y su poder explicativo, considera-
mos apremiante que futuras investigaciones prosigan deli-
neando tensiones y diálogos en este sentido.

Conclusiones

Este capítulo da cuenta de un creciente desarrollo teórico
e historiográfico latinoamericanista sobre la categoría de
género y la Guerra Fría a través de la problemática de las
mujeres de derecha y el anticomunismo. Particularmente,
Brasil y Chile se colocan como los países del Cono Sur
donde las movilizaciones femeninas de derecha alcanza-
ron su máxima expresión en las multitudinarias marchas
que colaboraron con los derrocamientos de los presidentes
democráticamente electos y su corolario, la imposición de
las dictaduras.

En sintonía con contribuciones anteriores, hemos intentado dar cuenta de que, si bien es indiscutida la influencia
geopolítica de las narrativas de la Guerra Fría, sus lógicas
fueron incorporadas como propias por los movimientos.
De todas formas, sus consignas en el espacio público guar-
daron consigo características singulares, cuyas expresiones
también se desprenden de la coyuntura histórica nacional.
Al mismo tiempo, en sus simbologías accionaron concepciones tradicionales de género: en paralelo a la apelación a
cuestiones de corte práctico e inmediato, tales movimientos
interpelaron e invocaron a las mujeres de sus respectivos
países a "pelear" por el futuro de su familia, ergo, su patria.

A partir de estos casos, hemos intentado dejar de mani-
fiesto que las mujeres de derecha pueden ser abordadas desde múltiples ángulos, para confluir en comprensiones más
integrales en términos historiográficos y sociológicos sobre
el entrecruzamiento de género, anticomunismo y Guerra
Fría en América Latina. Por eso, también sostenemos la
relevancia de acogerse a las lecturas transnacionales y los
análisis diacrónicos, así como la inclusión de la cuestión
racial e intergeneracional, a modo de interrogar el objeto de
estudio de otras maneras, posiblemente replanteando cómo
las mujeres de derecha pueden profundizar nuestra comprensión sobre la Guerra Fría en nuestra región y la agencia
civil en los giros autoritarios.

Tras su irrupción en el plano público, las mujeres de
derecha de Brasil y Chile expusieron sus demandas, temores y aspiraciones por restablecer un orden de acuerdo a sus
apreciaciones. Si fue en las calles donde estas mujeres lograron expresar sus ideas y ganar amplia visibilidad durante la
Guerra Fría, cabe preguntarse qué ocurrió con las mujeres
de derecha de otros países latinoamericanos donde no se
desarrollaron marchas ni otras manifestaciones públicas de
tal envergadura. En armonía con esta premisa, alentamos a
futuros trabajos a continuar con la búsqueda de respuestas
a interrogantes acerca de sus formas de organización política, los vínculos establecidos con otros agentes nacionales

e internacionales, los espacios de poder que ocuparon, la construcción –y reactualización– de su discurso, entre una extensa y vasta gama de posibilidades que se deriven de la creatividad investigativa.

7

Bolivia: del "Movimiento de las Pititas" al golpe de Estado de 2019

CARLA ESPÓSITO GUEVARA

Introducción

Zavaleta Mercado[1] apuntó que el golpe de Estado es la manera que adopta el cambio político y la sucesión en el poder en Bolivia. Durante 37 años, esa afirmación había perdido sentido, hasta el 12 de noviembre de 2019, cuando, luego de 21 días de convulsión social que llevaron a la renuncia de Evo Morales, ante un parlamento casi vacío, la senadora conservadora, Jeanine Áñez, asistida por un militar de las Fuerzas Armadas que le impuso la banda presidencial, se posesionó como presidenta interina de Bolivia.

La forma en que Áñez accedió al poder desató un intenso debate en torno a la pregunta de si este fue o no un golpe de Estado. Quienes sostienen que no lo fue[2] hablan de una insurrección y dicen que, a partir de las renuncias de las autoridades que estaban en la línea de sucesión constitucional, se había creado un "vacío de poder"[3] que condujo a una

---

1   Zavaleta Mercado, *Las masas en noviembre* (Buenos Aires: Clacso, 2009), p. 210.
2   Fernando Prado Salmon, "Clase media urbana, izquierda nacional y populismo masista en la crisis del 2019", en *Crisis política en Bolivia 2019-2020*, Luis Claros y Valdimir Cuellar, eds. (La Paz: Plural/Rosa Luxemburgo, 2022).
3   Rafael Archondo, "¿Fue Golpe?", en *RELAS*, vol. 1 (junio-noviembre de 2020).

sucesión legal. Señalan, además, que el nombramiento de la senadora Áñez fue ratificado por la Asamblea en una sesión en que la propia bancada del Movimiento al Socialismo (MAS) participó.

Por el contrario, quienes sostienen que se trató de un golpe[4] afirman que fue un nombramiento ilegal, pues se violaron normas, reglamentos constitucionales y rituales de toda transición estatal; asimismo, señalan el rol desempeñado por las Fuerzas Armadas, tanto en los motines policiales como en la "sugerencia" de renuncia realizada por el Alto Mando Militar al expresidente Evo Morales.

Este capítulo se adhiere al posicionamiento que interpreta la forma en que la exsenadora J. Áñez asumió la presidencia de Bolivia en 2019, y el contenido de ese gobierno, como un golpe de Estado. No se trató, sin embargo, de un golpe clásico, sino de un nuevo tipo de golpe que articuló diferentes estrategias de una guerra híbrida, con técnicas del *lawfare*, con elementos de una guerra de baja intensidad y otras características propias de los golpes clásicos. En relación con estos rasgos, Argiriakis define el golpe del 2019 como "golpe de estado combinado",[5] y este artículo comparte ese concepto. Además, el golpe se basó en un largo proceso de aprendizaje que se remonta al fallido golpe cívico protagonizado por el movimiento anticonstituyente del 2008, cuando comenzó un proceso de acumulación y radicalización en el seno de la derecha boliviana que culminó

---

[4] Jordán Argiriakis e Irene Helena, "El golpe de estado combinado en Bolivia", en *Crisis política en Bolivia*; Lorgio Orellana, "El ultraje a la cara. génesis de la relaciín e la pequeña burguesía mestiza en Cochabamba (octubre-noviembre de 2019)", Luis Claros y Vladimir de Cuellar, *Crisis politica en Bolivia (2019-2020)* (La Paz: Plural, 2022); Fernando Mayorga, "Crisis política en Bolivia 2019-2020", en Luis Claros y Vladimir de Cuellar, *Disputa por el sentido de la democracia y el papel del discurso religioso en el golpe de Estado en 2019* (La Paz: PLuural/Rosa Luxemburgo, 2022); Jorge Righter, *El Noviembrismo* (La Paz: Biblioteca Bicentenario, 2021); Yuri Torrez, *Hurgando el avispero. Ensayos sobre el Golpe de Eastado en Bolivia (2019-2020)* (La Paz: Ministerio de Culturas y Despatriarcalización, 2012).

[5] Argiriakis e Irene Helena, "El golpe de estado combinado en Bolivia".

en 2019, cuando el MAS entregó en bandeja de plata a sus opositores las condiciones de su propia derrota.

En 2019 se articuló una coyuntura compleja que mezcló dos elementos: un movimiento de indignados facilitado por los errores del MAS, en el que convergieron los descontentos de varios sectores y ciertos actores políticos que, frente a la imposibilidad de ganar las elecciones por la vía eleccionaria o vía congreso, apostaron por el golpe de Estado aprovechando la coyuntura. Esto hace necesario un análisis detallado de los antecedentes del golpe, de sus actores y de los componentes políticos, simbólicos y religiosos que lo legitimaron.

1. ¿Qué es un golpe?

Lesgard plantea que el concepto de "golpe de Estado" es histórico y cambiante. En los siglos XVII y XVIII, se entendía como un acto defensivo del poder político orientado a evitar la guerra civil, era potestad del príncipe y obedecía a la razón. Pero, con el advenimiento de las teorías de la soberanía, esta acepción desapareció y se desplazó por el ejercicio del poder político que se mantiene con la fuerza. En el siglo XIX, dice Lesgard, el golpe se definió como

> una acción ofensiva contra el Estado Constitucional de Derecho, [que] desafía al mismo tiempo la constitución legítima del poder político en la que el pueblo soberano elige libremente y [...] la constitución legal de un gobierno asentado en el ordenamiento jurídico del Estado-nación.[6]

Esa definición se heredó al siglo XX.

---

6   Cecilia Lesgart, "Golpes de estado y golpes constitucionales usos e innovación de un concepto político fundamental", en: *PolHis*, Vol. 23, año 12 (enero-junio 2019), p. 74.

Roitman explica que en el siglo XX los golpes se perpetraron en el marco de la Guerra Fría. Tras la Segunda Guerra Mundial, Europa aparecía como caldo de cultivo para la expansión comunista; para evitarlo, los Estados Unidos lanzaron un programa de dos fases: una económica y otra político-militar. La fase económica fue el Plan Marshall, programa de desarrollo que buscó alejar a los países europeos del socialismo. La fase política-militar fue la Doctrina Truman, estrategia norteamericana de "contención" del comunismo durante la Guerra Fría. Esa doctrina definió el concepto de Occidente sobre la democracia liberal representativa, los valores del "mundo libre", su concepto de "desarrollo", el de "seguridad" y el de "enemigo global", que era la amenaza comunista.[7] Respondiendo a esta estrategia tras el triunfo de la Revolución cubana, Roitman explica que el gobierno de John F. Kennedy diseñó la Alianza para el Progreso para América Latina como una política de ayuda económica de contención de las demandas de reforma agraria con la que trató de alejar a las masas del comunismo y la pobreza; además, se impulsó la formulación suramericana de la Doctrina de Seguridad Nacional (DSN).[8]

Los golpes de Estado en América Latina durante el siglo XX ocurrieron en el marco de la Guerra Fría y de la DSN. Los golpes del siglo XX se justificaron en la lucha contra el comunismo y se definieron como episodios en que los militares lograron derrocar por la fuerza a gobernantes elegidos mediante el sufragio popular, destituyendo a las autoridades legítima o legalmente constituidas. Utilizaron la violencia represiva y el terror con el objetivo de controlar o dar fin a las movilizaciones sociales y sindicales y derrotar al enemigo interno.[9]

---

[7] Marcos Roitman Rosseman, *Tiempos de Oscuridad* (Madrid: Akal, 2021), pp.112-139.

[8] Roitman, *Tiempos de oscuridad*, p. 54.

[9] Roitman, *Tiempos de oscuridad*.

De manera similar, Moreno y Figueroa definen los golpes del siglo XX como actos llevados a cabo "para deponer un gobernante o gobierno y colocar a otro e implican, por tanto, una ruptura con una institucionalidad".[10] Conceptualmente, esos autores plantean otro elemento fundamental que es la distinción entre golpe y revolución. El golpe de Estado, dicen, es "una ruptura de la institucionalidad existente desde dentro y desde arriba del poder"[11] y, por ello, es diferente de un proceso revolucionario que supone la movilización popular desde abajo, aunque existen casos en que los golpes han conllevado protestas y movilizaciones sociales, pero no necesariamente por eso los golpes se convierten en un acto revolucionario, en cuanto no contienen un elemento clave de la revolución que es la transformación del *statu quo* de una sociedad, puesto que el golpe supone casi siempre un acto restaurador, regresivo y vertical.

Ahora bien, existe una marcada coincidencia entre los autores estudiados al señalar que los golpes de Estado cambiaron luego del final de la Guerra Fría, la caída de la Unión Soviética (URSS), el fin de los gobiernos del comunismo realmente existente y la constatación del alto costo político y de violaciones a los derechos humanos que implicaron los golpes en el pasado.

Una vez desmantelado el enemigo comunista, Roitman plantea que el antiterrorismo, la lucha contra las mafias y el crimen organizado de la droga empezaron a considerarse como marco de la estrategia global para la estabilidad, paz y seguridad mundial. Es en la guerra contrainsurgente en Nicaragua donde se utilizó por primera vez el concepto de "guerra de baja intensidad" (GBI), que presenta tres principios:

---

10 Octavio Moreno y Carlos Figueroa, "Golpismo y neogolpismo en américa latina. Violencia y conflicto político en el siglo veintiuno", en *Iberoamérica Social*, vol. 3, n.º especial, p. 101.

11 Moreno y Figueroa, "Golpismo y neogolpismo".

1. el *rollback*, que consiste en la posibilidad de revertir procesos revolucionarios triunfantes;
2. el desarrollo de la contrainsurgencia, utilizada cuando el enemigo desarrolla estrategias revolucionarias de liberación nacional;
3. la lucha contra el terrorismo y el narcotráfico.

Pero fue el ataque a las Torres Gemelas en Nueva York el que empujó a que las fuerzas armadas latinoamericanas se plegaran a esta estrategia. A partir de entonces, el concepto de "terrorismo" se utilizó para etiquetar cualquier situación.[12]

Según Roitman, esa estrategia fue utilizada en Bolivia en 2008.[13] Sosa también sostiene que los neogolpes forman parte de los dispositivos de la GBI, cuyo origen está en los textos del sociólogo estadounidense y colaborador de la CIA Gene Sharp, quien describió detalladamente las diferentes etapas (ablandamiento, deslegitimación, calentamiento en la calle, diversas formas de lucha y fractura institucional) y acciones que se debían seguir para derrocar a un gobierno "dictatorial populista" que no fuera afín a los Estados Unidos.[14] Siguiendo a Sharp, Argiriakis describe el desarrollo preciso de estas etapas en el golpe del 2019 en Bolivia.[15]

Para Lesgard, finalizada la Guerra Fría, el golpe pasó a significar las acciones orientadas a hacer caer por *mecanismos constitucionales o institucionales* a gobiernos elegidos por el voto libre del pueblo, pero sin quebrar el régimen político, ni derrumbar el Estado constitucional de derecho, ni alterar las reglas escritas en la Constitución.[16] Es decir, son acciones ofensivas dentro de la democracia realizadas

---

[12] Roitman, *Tiempos de oscuridad*.
[13] Roitman, *Tiempos de oscuridad*, p. 164.
[14] Nahuel Sosa, "Golpes de Estado de nuevo tipo y una renovada Doctrina de Seguridad Nacional", en *V Jornadas de Teoría del Estado*, Beatriz Rajland, ed. (Buenos Aires: Universidad de Buenos Aires, 2016), p. 3.
[15] Argiriakis, "El golpe de estado combinado en Bolivia", pp. 169-194.
[16] Lesgard, "Golpes de Estado y golpes constitucionales", pp. 180-181.

por actores que tienen conocimiento de la Constitución y actúan desde las instituciones democráticas.[17] Roitman coincide con esta definición, al igual que Lesgard, y sostiene que, después de la Guerra Fría, las doctrinas golpistas dieron paso a los golpes constitucionales, más limpios y efectivos. Estos usan la ley como arma, por lo cual los llama "golpes constitucionales", y lo decisivo es que los actores han aprendido a jugar dentro de las reglas de juego democrático y utilizan mayorías parlamentarias o el Poder Judicial para destituir a un gobernante.[18]

Desde la sociología histórica, Soler y Prego sostienen que, en el marco de los gobiernos progresistas caracterizados por el protagonismo creciente de los movimientos sociales, las derechas se nuclean en el espacio político parlamentario generando condiciones de posibilidad para destituir a presidentes constitucionales con herramientas jurídicas y políticas democráticas que constituyen nuevos formatos destituyentes cuyo fin es clausurar procesos de cambio e instaurar un nuevo ordenamiento social. A diferencia de los golpes del siglo XX, sostienen, los actores provienen principalmente de la sociedad civil, utilizan herramientas legales como principal mecanismo destituyente y ejercen la violencia física de manera subsidiaria.[19]

Tirado concuerda con la anterior definición y denomina esta táctica como *lawfare* (del inglés, 'ley y guerra'), con la que refiere a la generación de "una 'guerra jurídica asimétrica'",[20] pero, a diferencia de Soler y Prego, esta autora subraya que el uso de la ley que hacen los actores poderosos para combatir y desarmar en el ámbito judicial a un adversario político no es neutro, sino ilegítimo e interesado. Asistimos

---

[17] Lesgard, "Golpes de Estado y golpes constitucionales", p. 180.

[18] Roitman, *Tiempos de oscuridad*, p. 202.

[19] Lorena Soler y Florencia Prego, "Derechas y neogolpismo en América Latina. Una lectura comparada de Honduras (2009), Paraguay (2012) y Brasil (2016)", en *Contemporánea*, vol. 11, n.º 2 (2009), pp. 33-34.

[20] Arantza Tirado, *Golpes de estado en nombre de la Ley* (Madrid: Akal, 2021), p. 15.

"a la paradójica demolición del Estado de derecho en nombre de la ley".[21] El *lawfare* "sustituye la guerra abierta con métodos legales porque tiene menores costos que la guerra cinética y puede ser incluso más efectivo",[22] y se enmarca en la guerra de amplio espectro, hoy denominada "guerra híbrida", que utiliza una combinación de operaciones judiciales, mediáticas, políticas o económicas para derrocar una presidencia. Parte de su eficacia radica en que "crea delitos o comportamientos sobre los que hay unanimidad de repudio y que, además, hayan despertado la indignación generalizada entre la ciudadanía (corrupción, robo, fraude)".[23]

Desde una lectura geopolítica, Andrew Korybko utiliza también el concepto de "guerra híbrida" para denominar a la nueva forma de intervenciones territoriales. También sitúa su explicación en cambios geopolíticos mundiales como la aparición del mundo multipolar, la presencia de armas de destrucción masiva, la paridad nuclear de varias potencias que ponen límites al enfrentamiento directo entre ellas. En ese nuevo contexto, los costos políticos y físicos de financiar una guerra convencional hacen que esta opción sea menos atractiva, entonces la guerra indirecta es más viable y en ella aparecen protagonistas desvinculados del Estado que se comportan públicamente como civiles. "Las redes sociales y tecnologías afines sustituyen las municiones de precisión [...] y las salas de chat *on line* y las páginas de Facebook se convertirán en [la] nuev[a] guarida de los militantes".[24] Koribko considera que el antecedente de los movimientos civiles para derrocar gobiernos está en las revoluciones de colores, cuya experiencia luego se adaptará a las primaveras de Oriente Medio. Esos procesos se caracterizaron por evitar ataques e intervenciones militares directas, no

---

21 Tirado, *Golpes de Estado en nombre de la ley*, p. 3.
22 Tirado, *Golpes de Estado en nombre de la ley*, p. 50.
23 Tirado, *Golpes de Estado en nombre de la ley*, p. 6.
24 Andrew Koribko, *Guerras híbridas. De las revoluciones de colores a los golpes* (San Pablo: Expressão Popular, 2018), p. 5.

utilizaron fuerzas externas convencionales, atacaron selectivamente, fueron amorfos y difíciles de predecir, estaban estructurados para parecer impredecibles, usaron mensajes simples para seducir, buscaron el control sobre la retórica de los derechos humanos y los medios de comunicación, y las ONG participan como organizaciones de vanguardia en temas de derechos humanos, democracia y ecología. La crítica que puede hacerse a Koribko es el excesivo peso que da a la organización externa en menoscabo de la agencia y subjetividad de los actores; sin embargo, en el caso de Bolivia, no deja de ser importante destacar la presencia de fundaciones y ONG que cumplieron un rol nada despreciable en potenciar sentimientos colectivos.

Esta es apretadamente la trama teórica y política en la que se inserta el concepto de "golpe de Estado" como un concepto histórico, plagado de adaptaciones y sujeto a cambios geopolíticos mundiales. El concepto de "golpe" ha mutado e implica hoy no una, sino una combinación de estrategias. El golpe del 2019 en Bolivia resultó de una combinación de una guerra de baja intensidad, a la que se sumó una estrategia civil que tuvo como escenario las calles y las redes sociales y un intento fallido de *lawfare* desde el parlamento y la OEA. Frente al fracaso del *lawfare*, el gobierno de Áñez usó técnicas del golpe duro como el estado de excepción y la masacre para acallar la disidencia. Por eso se trató de un golpe híbrido: por la variedad de métodos que utilizó.

2. Una historia de golpes

El golpe de 2019 tuvo su epicentro en Santa Cruz, región que, desde mediados del siglo XX, ha sido el epicentro de varios golpes de Estado. Allí se produjo el intento de golpe de Estado autodenominado "revolución de 1958", que fue frustrado; también allí ocurrió el golpe de Estado dirigido por Hugo Bánzer Suárez (1971-1978), el intento fallido de golpe cívico de 2008 y, finalmente, el golpe de 2019. Esta correlación no es casual, y su explicación da luces para entender lo que sucedió en 2019.

En 1957, Santa Cruz lideró una batalla política contra el gobierno de Hernán Siles por el cumplimiento de las regalías petroleras del 11 % para la región; en un momento muy duro de crisis económica nacional, el gobierno del MNR aceptó entregar estos recursos a Santa Cruz, sacrificando la reactivación económica nacional. Pese a esa victoria, por razones poco claras, al año siguiente la FSB organizó un golpe nacional contra el MNR. Según la investigación de Prudem, los jóvenes, muchos de ellos militantes de la Unión Juvenil Cruceñista, tomaron la prefectura y otros edificios públicos. Pero el golpe fracasó y los golpistas intentaron huir de la ciudad. En las afueras de Terebinto, el gobierno del MNR encontró "a los sediciosos que estaban huyendo" [25] y asesinó a cuatro. La brutalidad de la represalia, que se apoyó en grupos de milicianos campesinos trasladados desde Ukureña, quedó anclada en la memoria regional como uno de los pilares sobre los cuales se construyó el sentimiento anticolla y antiindio, así como una subjetividad regional de ciudad castigada que quedaría latente y animaría el rechazo hacia el MAS.

Si bien la Falange nunca fue significativa como partido, su ideología se dispersó y pasó a componer Acción Democrática Nacionalista (ADN), partido de Hugo Bánzer Suárez, quien, desde Santa Cruz, dirigió en 1971 el golpe militar bajo la Doctrina de la Seguridad Nacional, golpe que dio paso a una cruenta dictadura cuyos objetivos fueron derrotar la Asamblea Popular encabezada por Torrez, vista como parte de la amenaza comunista, y apoyar el desarrollo de la agroindustria cruceña.

---

[25] Prudem, "Las luchas 'cívicas' y las no tan cívicas: Santa Cruz de la Sierra (1957-59)", en *Revista Ciencia y Cultura*, n.º 29 (diciembre de 2012), pp. 49-50.

El banzerato consolidó un nuevo proceso de acumulación capitalista en Santa Cruz gracias al reparto de tierras. Nunca antes en la República se repartieron tantas tierras como durante el primer gobierno de Banzer. Estas fueron la garantía para créditos agrarios, principalmente para la producción de algodón, y sirvieron luego para la consolidación de la base financiera de la élite cruceña,[26] cuyos créditos, al quebrar el banco agrícola, no se pagaron, y la deuda se socializó.

3. El intento golpista de la Media Luna

En 2008, el movimiento cívico de Santa Cruz llamado la Media Luna, con apoyo de Beni y Pando, protagonizó un intento de golpe cívico de nuevo tipo que fracasó. Este se organizó para la defensa, no solo de la gran propiedad de la tierra, sino también de aquel orden social organizado en torno al poder agroindustrial y financiero que los cruceños veían amenazado por el creciente ascenso político del MAS.

En 2005, Evo Morales triunfó en las elecciones con un 54 % de apoyo; su mandato contenía dos puntos fundamentales: nacionalización de hidrocarburos y Asamblea Constituyente para refundar el país. Entre otros, la Asamblea planteaba la reforma de la gran propiedad agraria y el fin de los grandes latifundios. A partir de entonces, el Comité Cívico pro Santa Cruz (CCPSC), institución corporativa estamental dirigida por las elites económicas, preparó la defensa de los intereses empresariales y del modelo neoliberal de Santa Cruz.

La convocatoria a la Asamblea Constituyente fue férreamente resistida, fundamentalmente desde Santa Cruz, bajo la bandera de las autonomías, cuyo significado consistía en

---

26 G. K. Chesterton, "El empoderamiento de la élite cruceña Santa Cruz en los años setenta" (Mimeo, s.f.), p. 14.

la defensa del orden local y del sistema de poderes y patronazgos locales creados en el vacío dejado por la ausencia de Estado en esa región. El Comité Cívico encabezó entonces un movimiento conformado por empresarios, logias y gobernadores de Santa Cruz, Tarija, Pando y Beni, con los que conformó el CONALDE (Consejo Nacional por la Defensa de la Democracia), un frente amplio de "resistencia" al gobierno de Morales que contó con el respaldo del entonces embajador de Estados Unidos en Bolivia, Philip Goldberg,[27] quien llegó a Bolivia con el fin de desestabilizar al gobierno de Morales, razón por la que fue expulsado. Goberg impulsó un Referéndum Revocatorio de todas las autoridades nacionales, convencido de que Evo Morales no lograría pasar el 50 % de los votos y, ya deslegitimado en las urnas, la oposición y los prefectos del oriente pedirían su renuncia.

No obstante, contrario a lo pronosticado, Morales fue ratificado con un 67 % de apoyo, pero también lo fueron los gobernadores de la Media Luna, aunque con porcentajes menores. Este resultado condujo a un recrudecimiento de la conflictividad. Diez días después, los prefectos de la Media Luna convocaron a un paro cívico con el argumento de que la nueva constitución convertiría a Bolivia en otra Cuba.

Derrotada en el referéndum, la oligarquía cruceña se lanzó a una escalada neogolpista, la primera posterior a la Guerra Fría en Bolivia, cuyos métodos supusieron una combinación de tácticas violentas y no violentas. Las primeras implicaron la toma física de oficinas estatales y aeropuertos, bloqueos de caminos, incendios y destrucción de instituciones públicas, cierre de válvulas del gasoducto, toma de instalaciones gasíferas, organización y entrenamiento de grupos paramilitares de choque ya existentes,

---

[27] Philip Goldberg es un experto en alentar conflictos separatistas. Entre 1994 y 1996, fue jefe de la Oficina del Departamento de Estado para Bosnia (durante la guerra separatista de los Balcanes). Luego, entre 2004 y 2006, regresó como jefe de Misión en Pristina (Kosovo).

como la Unión Juvenil Cruceñista (UJC), que efectuaban saqueos a mercados y barrios populares, y la contratación de mercenarios. Entre las tácticas no violentas, estuvieron las acciones de "desobediencia civil" lideradas por los comités cívicos y las gobernaciones. El mecanismo más exitoso fueron las masivas movilizaciones populares, organizadas en cabildos financiados con sumas millonarias por el CCPSC, con características de espectáculo, y que fueron retomadas en 2019.

Tras un sinfín de dificultades, la Asamblea Constituyente concluyó en noviembre de 2008. El 25 de enero del 2009, se aprobó la nueva Constitución en un referéndum con 64,43 % de apoyo. Sin embargo, la Media Luna no aceptó el texto final porque reconocía unas autonomías departamentales mucho más restringidas de lo esperado.

Cuatro meses después de la aprobación de la Constitución, una noticia estremeció al país: en el Hotel las Américas, fue victimado Eduardo Rósza Flores, un mercenario húngaro-boliviano que, según la investigación de Ferreyra, había sido contratado por el empresariado cruceño para organizar una célula armada separatista. Según Ferreira, la célula fue financiada por el grupo La Torre, organismo de coordinación de la institucionalidad cruceña de la que formaba parte la gobernación, el Comité Cívico, empresarios privados, empresas transnacionales, productores agropecuarios, colegios profesionales, parlamentarios, cooperativas regionales de servicios y representantes de partidos de derecha desaparecidos, como ADN y PODEMOS.[28]

Ferreira transcribió una entrevista realizada por Rósza, traducida por *La Razón*, que debía salir a la luz en caso de que este muriera; en ella, el mercenario reconocía que estaba en Bolivia para organizar un órgano de defensa provincial, cuya tarea era la protección de la propiedad pública, y manifestaba lo siguiente: "[Dentro de un par de meses], si no hay

---

28 Reymi Ferreira, *Las logias en Santa Cruz. Segunda parte (1994-2010)* (Santa Cruz: El País, 2022).

autonomía [...] proclamaremos la independencia y fundaremos un nuevo país".[29] Esta célula armada fue el mayor error del movimiento cívico cruceño. El gobierno descubrió las armas, desarticuló la célula y apresó a sus principales financiadores bajo el cargo de terrorismo. El movimiento cívico quedó descabezado, derrotado política, militar y moralmente. No obstante, la experiencia pasó a formar parte del proceso de acumulación política en el seno del movimiento cívico cruceño. El apresamiento de los cabecillas, varios de ellos provenientes de reconocidas familias, y el mal manejo judicial del caso abonaron también un proceso de radicalización de las clases medias derechizadas,[30] que lanzaron el relato de "los presos políticos".

La derrota obligó a dejar de lado las tácticas de acción directa y silenció al movimiento cívico por varios años, durante los cuales el empresariado entabló una política de pactos con el gobierno del MAS que hizo varias concesiones al empresariado. Este pacto de gobernabilidad se extendió hasta el anuncio de la repostulación del binomio Morales-García Linera, cuando la experiencia golpista del 2008, que había quedado latente en la memoria cruceña, se reactivó, pero con otras tácticas propias de la GBI, que combinan varios métodos: guerra mediática, utilización de redes, difusión de rumores, con métodos de ocupación territorial y la organización de movimientos civiles aparentemente "apolíticos" fortalecidos con viejas y nuevas narrativas, así como con la presencia religiosa.

---

[29] Ferreira, *Las logias en Santa Cruz*, p. 156.
[30] Este proceso, denominado "caso terrorismo I", fue extinguido bajo el gobierno de Áñez, quien liberó a los implicados.

4. La guerra mediática: el caso Zapata

El carnaval de 2016 comenzó abiertamente la guerra mediática. Las redes sociales se volvieron el campo de batalla de la fabricación de *fake news* y rumores destinados a destruir moralmente la imagen de Evo Morales. Un periodista cruceño publicó una noticia que se conoció como el caso Zapata y que apuntaba a tratar de demostrar un caso de tráfico de influencia que involucraba a Morales. Pero, poco tiempo después, el propio periodista que lanzó la noticia reconoció que era falsa y huyó a la Argentina. Sin embargo, la denuncia fue amplificada por una red de periodistas y logró el objetivo de sembrar duda e indignar a la sociedad boliviana.

La falsa notica fue lanzada poco antes del referéndum que el gobierno solicitó para consultar sobre una reforma en la Constitución que pretendía modificar el código que impedía a los presidentes repostularse por dos periodos consecutivos. Morales perdió ese referéndum, entre otros factores, por la guerra mediática y el desprestigio de su imagen.

5. El referéndum del 21f y las plataformas ciudadanas

Para las elecciones de 2019, el MAS, en lugar de trabajar en nuevas candidaturas, apostó nuevamente al binomio Morales-García Linera, pese a que la nueva Constitución no permitía la reelección por más de dos periodos. El MAS buscó entonces una salida para sortear este obstáculo y llamó a un referéndum para modificar el artículo de la Constitución que prohibía la repostulación.

En medio de la feroz campaña mediática emprendida por la derecha y una gran polarización del escenario político, Evo Morales perdió el referéndum del 21 de febrero (21f). El 51,3 % de la población rechazó la modificación del artículo citado. Existe un consenso generalizado en identificar este momento como el punto de quiebre y el inicio del proceso del desgaste que culminó en la crisis política de 2019.[31] La derecha había logrado unificar y canalizar el descontento por la repostulación y movilizarlo a través de una nueva figura política, que eran las plataformas ciudadanas.

La derecha vislumbró una posibilidad de triunfo en el referéndum y decidió encarar una campaña sin políticos o partidos visibles y la planteó como una defensa de los valores democráticos; de este modo, se crearon las plataformas ciudadanas que aparentaban ser un movimiento "apolítico", espontáneo de la sociedad civil, aunque en realidad fueron creadas por un acuerdo entre las tres principales fuerzas de oposición. En cada ciudad del eje, las plataformas asumieron un lema distinto; el de Santa Cruz, "Bolivia dijo NO", fue el más exitoso, y a partir de ahí se crearon decenas de lemas, como "Democracia sí, dictadura no". Con esta estrategia la derecha logró que se sumaran sectores sociales que de otra forma no lo hubieran hecho y articuló un frente único de descontentos que se expresaron en el voto del 21f.

Aunque el MAS indicó que respetaría los resultados del referéndum, su jerarquía recurrió a otra controvertida estrategia legal: obviando el resultado del referéndum, el Tribunal Constitucional Plurinacional (TCP) lanzó un fallo interpretativo de la Constitución usando un argumento legal forzado que se basó en el pacto de San José de derechos políticos, para sostener que la postulación de Morales por tercera vez formaba parte del derecho humano de todo ciudadano a elegir y ser elegido y puso este pacto por encima del resultado del 21f. Este fallo fue uno de los errores más graves cometidos durante el gobierno del MAS; fue el

---

[31] María Teresa Zegada, "Crisis y Elecciones. Fin del ciclo de renovación de la política", en *Crisis Política en Bolivia 2019-2022*.

detonante de la indignación ciudadana[32] y movilizó incluso sectores no necesariamente afiliados a la derecha.

El fallo del TCP tuvo tres consecuencias: primero, sembró la desconfianza tanto en las instituciones electorales como en el respeto a la voluntad popular por parte del gobierno, segundo, creó un ambiente de receptividad de los rumores de fraude y, tercero, entregó en bandeja a la derecha una bandera legítima que facilitó la formación de un bloque que unificaba los diversos descontentos en torno a una consigna: el respeto al voto. En ese movimiento participaron tanto la extrema derecha, como sectores que nunca antes habían participado políticamente y sectores de izquierda desencantados con el MAS.

Las plataformas ciudadanas empezaron a crecer canalizando el descontento por el desconocimiento del 21f. En Santa Cruz fueron financiadas por la Gobernación, a estas se sumaron fundaciones como Ríos de Pie, financiada por Human Rights Watch, que trabaja con las tácticas de Gene Sharp usadas en las revoluciones de colores, con las que lograron resignificar el término "democracia", mientras calificaban al gobierno del MAS como "régimen autoritario".

6. El incendio del bosque Chiquitano

En agosto de 2019, dos meses antes de las elecciones, el bosque seco chiquitano en Santa Cruz fue devorado por las llamas. Aunque este tipo de incendios ocurre cada año en esa zona, el CCPSC capitalizó la indignación que el incendio provocó para presentarlo como si hubiera sido el mayor desastre ecológico del país. El movimiento cívico mostró una capacidad inmediata para movilizar redes de fundaciones como Ríos de Pie, universidades públicas y privadas

---

32 Gonzalo Rojas Ortuste, coord., *La rebelión ciudadana. Bolivia enfrenta al régimen populista autoritario* (La Paz: CIDES-UMSA, 2021).

y un número importante de *influencers* internacionales que llegaron a Santa Cruz y, desde el hotel Los Tajibos, posesionaron el *hastash* #SosChiquitania #BastaDay. Esta red posicionó exitosamente el discurso ecologista a su favor, culpó a los campesinos migrantes de ser los perpetradores del incendio y los convirtió en el nuevo enemigo interno, mientras que ignoró la responsabilidad de los grandes empresarios agroindustriales en el desastre. Ese discurso reavivó también viejos sentimientos de "invasión", latentes en la sociedad cruceña desde los tiempos de la marcha hacia el oriente.

Aprovechando la indignación social por el incendio, el CCPSC llamó a un multitudinario cabildo en defensa de la Chiquitanía y del 21F, que puso en el centro de la mesa el tema de la propiedad de la tierra para los cruceños y tomó seis resoluciones fundamentales: respeto al voto del 21F, federalismo, desobediencia civil y rebeldía ante un "posible fraude".

Fue en ese cabildo cuando Luis Fernando Camacho, líder de la extrema derecha cruceña, un desconocido hasta entonces, apareció públicamente con un rosario en la mano y haciéndose llamar "El Macho", dijo que lucha "no con armas sino con fe"[33] y lanzó la consigna: "Es el pueblo el que va a salvar Bolivia, pero con Dios a la cabeza de esta lucha". Según Jimmy Ortiz, asesor cívico, "en este cabildo se formalizó la Guerra Espiritual [...] contra las huestes demoniacas",[34] un discurso que se constituiría como el marco legitimador y simbólico de las movilizaciones posteriores. Ese día quedó clara la alianza entre el Comité Cívico y las iglesias[35]. A partir de entonces, se vería un protagonismo

---

[33] Twitter de Luis Fernando Camacho.

[34] Jimmy Ortiz Saucedo, "Apoteósico cabildo del 4 de octubre del 2019", en t.ly/iQuvm.

[35] Luis Fernando Camacho, discurso en el cabildo, 4 de noviembre de 2019, "La oración y la poesía de Andrea Vaca Barbery en el Cabildo, 4 de octubre 2019", en t.ly/xQQ_q.

creciente de las iglesias evangélicas, y todos los cabildos posteriores serían inaugurados con el sermón de Marcelo Salas, "apóstol" de la Iglesia Cristiana Tiempo de Cambio, que se autodefine como la iglesia del señor Jesucristo llamada a establecer el reino de Dios a esta generación.

7. El relato del "fraude monumental"

Con los ánimos todavía caldeados por el incendio, llegaron las elecciones del 20 de octubre. En ellas, el Tribunal Electoral habilitó por primera vez la Transmisión de Resultados Electorales Preliminares (TREP), un sistema que permitía dar resultados no oficiales de manera rápida. El TREP estaba diseñado para entregar datos hasta el 80 % y no más, porque no era el sistema de conteo oficial. Siendo esta la primera vez que este sistema se usaba en Bolivia, el Tribunal electoral falló en explicar previamente a la población su funcionamiento, y así se creó una enorme confusión.

La transmisión de los resultados preliminares al 83,85 % de los votos señalaba que el MAS llevaba una ventaja de 7,9 % sobre el segundo puesto. El MAS tenía 45,75 %, mientras que el CC tenía el 37,8 % de los votos, un escenario que obligaba a una segunda vuelta. El conteo no oficial se detuvo a las 19:40 horas del domingo 20 de octubre y se reanudó al día siguiente a las 20:10, casi 24 horas después. Al reanudarse el conteo oficial, el MAS alcanzaba el 46,85 % de los votos, mientras que el CC tenía el 36,74 %, lo cual equivalía ahora a una diferencia del 10,1 % y cerraba la posibilidad de una segunda vuelta. Los votos faltantes por contar eran los del campo, históricamente tendientes a Morales.

En esas circunstancias, la suspensión del TREP fue rápidamente interpretada como parte de "un fraude monumental". La oposición reclamó que, en las casi 24 horas que el conteo estuvo parado, se había producido un cambio de tendencia. La misión de observadores de la OEA emitió un comunicado[36] donde indicó que los resultados presentaban un "cambio inexplicable de tendencia que modifica drásticamente el destino de la elección".[37] Evidentemente, no era un cambio abrupto, pues los votos que faltaban provenían de las zonas rurales donde históricamente el MAS tenía más poder.

Frente a la incertidumbre y las protestas desatadas, el gobierno solicitó a la OEA una auditoría de las elecciones. Esta misión presentó un polémico informe en el que señaló la presencia de "irregularidades en el llenado de las actas de escrutinio y cómputo",[38] pero el informe se cuidó de usar la palabra "fraude". Este sería posteriormente cuestionado por instituciones como la CELAG y el CPER.[39] Pese a eso, las conclusiones de la OEA potenciaron la indignación popular. El relato del fraude quedó instalado. Al informe le sucedieron 21 días de conflicto, la famosa "movilización de las pititas", que concluyó el 10 de noviembre con la renuncia de Evo Morales a la presidencia.

8. La revolución de las "pititas"

La "revolución de las pititas" fue una movilización protagonizada fundamentalmente por jóvenes y clases medias en todo el país, gatillada tanto por el desconocimiento del referéndum del 21f, como por la indignación que generó el anuncio irresponsable de "fraude" que lanzó el excandidato Carlos Mesa antes de que el conteo electoral se cerrara,

---

[36] Organización de los Estados Americanos (OEA), "Análisis de Integridad Electoral. Elecciones Generales en el Estado Plurinacional de Bolivia", 20 de octubre de 2019. INFORME FINAL: goo.su/BnzC.

[37] BBC, "Elecciones en Bolivia: Mesa denuncia un 'fraude escandaloso' en el recuento de los votos y la OEA muestra su 'profunda preocupación'", 5 de noviembre del 2019, en t.ly/Ss1Wn.

[38] Organización de los Estados Americanos (OEA), "Análisis de Integridad Electoral", p. 4.

[39] Ver t.ly/ONHoV.

fraude que nunca pudo probarse gracias a las quemas de los tribunales electorales que el propio movimiento propició. Carlos Mesa lideró las movilizaciones en La Paz bajo la bandera de la defensa de la segunda vuelta y Camacho las dirigió en Santa Cruz con otro carácter, al convertir al movimiento social cruceño en una suerte de "guerra santa" del pueblo de Dios contra los herejes del MAS, contra quienes movilizarían los "ejércitos de Dios" con un discurso que superpuso lo militar y lo religioso. Los cabildos cruceños se convirtieron en verdaderos rituales políticos de integración moral. El liderazgo carismático de Camacho articuló en Santa Cruz una comunidad moral y política a través de la dramatización del acontecimiento político, plagado de símbolos tanto regionales como religiosos: la bandera regional blanco y verde, la cruz, el mojón, la Virgen, el rostro de Jesús, el rosario y el Cristo redentor y los rezos colectivos movilizaron a la población.

Estas movilizaciones se autodenominaron la "revolución de las pititas" y fue con su presencia en las calles con lo que Camacho y otros líderes políticos se lanzaron a las acciones golpistas frente a la imposibilidad de darle una salida constitucional al conflicto.

La "revolución de las pititas" podría verse como una adaptación de las revoluciones de colores a América Latina. Primero, porque las redes sociales tuvieron una gran importancia en la fabricación de consensos y fueron fundamentales tanto en el trabajo de desprestigio de líderes, como en las disputas por la retórica de los derechos humanos y el ecologismo. Segundo, por la importante presencia de movimientos civiles como las plataformas ciudadanas, alimentados tanto por las redes, como por ONG y fundaciones que conformaron redes de acción e instauraron frases como "resistencia civil pacífica" y "lucha contra el autoritarismo", que se sumaron a la presencia de consignas abstractas como "libertad".

9. El golpe y la Biblia

Durante el cabildo del 12 de noviembre en Santa Cruz, posterior a la posesión de Áñez, Camacho hizo una serie de revelaciones que ayudan a entender lo ocurrido en las altas esferas civiles y militares durante los 21 días de paro. Uno de los temas que tocó fue el papel desempeñado por las fuerzas armadas, particularmente la policía, que derivó en el motín policial del 8 de noviembre. Entre otras cosas, con una chaqueta de policía en las manos, Camacho dijo:

> Quiero contarles que durante los días que estuve en La Paz, un noble policía me prestó su uniforme para poder pasar por las calles [...] coronel, su institución nos protegió todo el tiempo, desde que llegamos hasta que nos fuimos. [...]. A los pies de este Cristo hicimos un compromiso de reivindicar la dignidad de la policía, ellos dieron el inicio de esa esperanza cuando ya estábamos casi caídos, cuando esa policía se levantó por su pueblo [...] en todo momento la policía nos apoyó, por eso es que yo quería iniciar con un minuto de silencio.[40]

A finales de diciembre de 2019, durante el acto de descubrimiento de un mural en su honor en la sede de su fraternidad, Camacho reveló otros hechos que fueron publicados en el periódico *La Razón* en octubre de 2021, con un titular que decía: "Cuando policías se cuadran a Camacho y militares también". En aquella alocución, Camacho literalmente reconoció que fue su padre quien cerró con los militares y policías y que, cuando ya tenía certeza de que las fuerzas armadas no iban a actuar, decidió trasladarse a La Paz y darle las 48 horas al presidente para que renunciara. Detalló, asimismo, cómo llegó a la sede de Gobierno y fue protegido y trasladado por la policía, que se puso a sus órdenes:

> Me suben al jeep; había *un coronel a mi lado*, salimos y recibe la llamada de un general de la Policía, y le dice: "Ubicación,

---

[40] Cabildo, 12/12/2023, en t.ly/872Ey.

coronel". Le dice: "Por seguridad, *el paquete no se lo puedo dar, mi general*". Camacho dice que la respuesta de su escolta al general le dejó tranquilo. *Era una señal de "subordinación" ante un civil*. Sin embargo, relata que hubo otras llamadas incómodas.

Nos fuimos y recibimos dos llamadas más del general, hasta que lo llamó Romero [ministro de Gobierno] [...] y le dice "¿dónde está?" [Camacho]. Y le dice: "No puedo darle la ubicación por seguridad *del paquete*, ministro". Y colgó el teléfono", recuerda. Seguimos avanzando, lo volvió a llamar (habla de Romero) y le dijo: "Tráigalo a Palacio, lo estoy esperando para que deje su carta". Y me dice el coronel: "¿Qué le digo?" "Dígale que la voz del pueblo no entra por la ventanilla, que no se la voy a dejar ahí, que se la voy a dejar en Palacio Quemado", dice Camacho.

Entendido. ¿Qué más?

Y me dice [el coronel]: "¿Dónde quiere ir?". A mi hotel [dice Camacho]. Volvió a llamar el ministro y le dice "¿dónde lo están llevando?". Al hotel. "¿A qué hotel?". "No le puedo decir".[41]

Cuando llegó la comitiva al hotel, los policías se pusieron a la disposición de Camacho:

Fue hermoso. Llegamos al hotel, con dos movilidades, ocho policías y unas siete motos. Paran afuera del hotel. Y (el coronel) les dice: "Sáquense sus uniformes, sus mochilas y vístanse". Se sacan el traje y me dice: "El general de la Policía (NdR: entonces era comandante Yuri Calderón) es masista, pero a partir de hoy nosotros nos hacemos cargo de su seguridad como civiles, ya no somos policías", cuenta el entonces dirigente cívico. [...]. "Puta, fue espectacular, y era la UTOP, eran los que se amotinaron. Cuando entramos, pasó todo lo que tenía que pasar", dice sobre los primeros policías que se "cuadraron" ante él en el hotel.[42]

Este relato revela cómo la policía rompió la cadena de mando y se puso bajo las órdenes de un civil. Esta fue

41 Rubén Atahuichi, "Cuando los policías se cuadran ante Camacho y los militares tambien", *La Razón*, 6 de octubre de 2021, en t.ly/ahCA7.
42 Atahuichi, "Cuando los policías se cuadran ante Camacho y los militares tambien".

la primera ruptura constitucional de las fuerzas armadas e implicó varios delitos: desacato, uso ilegal de uniformes y subordinación a un civil externo a las instituciones del Estado.

El 8 de noviembre, comenzó la espiral de motines en la Policía Boliviana. El primero estalló en Cochabamba; al terminar el día, las unidades policiales de seis departamentos se habían sumado a la medida. El 10 de noviembre, siguiendo el ejemplo de la policía, el Alto Mando de las Fuerzas Armadas leyó un comunicado en el que "sugiere" a Evo Morales su renuncia.[43] La lectura de esta sugerencia consumó el acto de ruptura constitucional y de insubordinación de las Fuerzas Armadas.

A la ruptura institucional del Alto Mando Militar, se sumaron otros desacatos protagonizados por la Fuerza Aérea. Adriana Salvatierra, expresidenta del Senado, relata que su comandante permitió sobrevuelos no autorizados desacatando abiertamente órdenes presidenciales:

> [N]i siquiera dejaban a Evo Morales usar el avión presidencial [...]. [E]mpiezan a realizarse sobrevuelos a la altura de Challapata y esos eran vuelos que no estaban autorizados por el comandante en jefe de las Fuerzas Armadas que, en ese momento era Evo Morales, como presidente del Estado. Entonces ahí se produce la renuncia de Evo Morales, va hacia el trópico de Cochabamba. Ese fue su último viaje, incluso él relata que sufrió un acoso sistemático, que le ofrecieron dinero a su seguridad para que puedan entregar[lo].[44]

En efecto, las Fuerzas Armadas habían dejado de responder al presidente mucho antes de su renuncia. Lo mismo ocurrió en la casa militar; la exministra Teresa Morales dio detalles de cómo las puertas del Palacio Quemado se abrieron para que Camacho ingresara a depositar la Biblia

---

[43] Lectura del comunicado de las Fuerzas Armadas: t.ly/4P5-u.
[44] Programa Piedra Papel Tijera, Entrevista a Adriana Salvatierra, en t.ly/wyS_Q.

y la bandera antes de la renuncia de Morales.[45] A esto se agregó que, ese mismo 11 de noviembre, extrañamente y sin ninguna instrucción constitucional, Rolando Gallardo, ayudante de la Casa Militar, recogió la medalla presidencial de las bóvedas del Banco Central[46].

En suma, todos los hechos acaecidos desde el día que Camacho llegó a La Paz forman una cadena de desacatos, insubordinaciones, actos anticonstitucionales y fracturas institucionales cometidos por las Fuerzas Armadas que, en su conjunto, pueden calificarse como un golpe de Estado.

Presionado por las protestas y la ruptura institucional, Evo Morales renunció a la presidencia el 10 de noviembre. Las movilizaciones comenzaron a dispersarse; entonces Camacho pidió "dos días más de paro, les suplico, les ruego, si levantan ahorita la Asamblea Legislativa puede hacer algo". Ese algo era la sucesión constitucional que él quería evitar;[47] asimismo, solicitó la renuncia de todas las autoridades de los Poderes Ejecutivo, Legislativo y Judicial y el inicio de procesos a todo el Parlamento.[48]

Según Brockman, esa no era la misma propuesta de Carlos Mesa: "Quiroga y Paz pensaban que Camacho estaba haciendo cosas muy peligrosas: temían que pudiera maniobrar para una toma del poder con los militares",[49] o sea, un golpe clásico. La diferencia estaba en el método: ambos bandos buscaban la destitución de Morales, pero la línea mesista apuntaba a una salida más apegada a la legalidad y por eso necesitaban actuar en el Parlamento, mientras que Camacho pretendía una salida abiertamente golpista con apoyo de los militares y quería prescindir del Parlamento.

---

45 Entrevista a Teresa Morales, del 5 de octubre de 2021: t.ly/2c-Na.
46 Entrevista personal a Adriana Salvatierra, mayo del 2023, Santa Cruz.
47 Programa Cabildeo, 16 de octubre del 2020.
48 "Camacho llama a conformar una "junta de gobierno transitorio y pide renuncia colectiva", en *Correo del Sur*, 10 de noviembre de 2019.
49 Robert Brockman, *21 días de resistencia. La caída de Evo Morales* (La Paz: Libros de Bolivia, 2020), p. 532.

10. El *lawfare*

Mientras que Camacho intentaba la vía de un golpe cívico-militar y la conformación de una junta de notables, el 10 de noviembre, Carlos Mesa, apostado en la puerta del órgano legislativo obstruyendo el ingreso de cualquier parlamentario a la Asamblea, en una declaración pública dijo: "Nadie del MAS debe continuar este proceso político".[50] Con eso anunció su estrategia en el Parlamento.

El 11 de noviembre, monseñor Scarpellini (+) convocó a unas reuniones en la Universidad Católica, en las que participaron líderes como Jorge Quiroga, Carlos Mesa, Danilo Paz, Samuel Doria Medina, Vásquez Villamor, Jerjes Justiniano, representantes de ONG como Juan Carlos Núñez, de Jubileo, el embajador de Jair Bolsonaro en La Paz y el representante de la Unión Europea. Luego de su renuncia a la presidencia del Senado, la senadora Adriana Salvatierra fue convocada por Scarpellini para ser consultada sobre posibles salidas legales en relación con la sucesión presidencial. Salvatierra asistió, y su testimonio ayuda a comprender dónde y quiénes tomaron la decisión de que Áñez fuera nombrada presidenta y cómo, desde ese espacio extraparlamentario, se tomaron decisiones y dieron órdenes a las Fuerzas Armadas antes de la renuncia de Morales.

Tanto Teresa Morales, como la senadora Salvatierra participaron de las reuniones los días 11 y 12. En la primera reunión, se negoció la salida de Evo Morales rumbo a México, condición que Salvatierra puso para iniciar un diálogo, pero, extrañamente, quien dio la orden al comandante de la Fuerza Aérea Boliviana (FAB) para autorizar la salida del avión de Mexicana de Aviación donde el expresidente se encontraba fue Jorge Quiroga. Él mismo reconoció posteriormente haber autorizado el "permiso" para que entrara a Bolivia el avión mexicano. Estas fueron sus palabras:

---

50 "Para Mesa nadie del MAS debe seguir en el proceso post Evo Morales", *El Deber*, 10 de noviembre de 2019.

Yo nunca pensé terminar de agente de viajes de Evo Morales, pero en el vacío de poder el avión mexicano estaba en Perú y no ingresaba [a Bolivia], yo hablo con la gente de la Fuerza Área [y] les digo que den el permiso para pacificar el país.[51]

En efecto, Jorge Terceros, comandante de la Fuerza Aérea, se había puesto a disposición de Quiroga, un civil sin mandato constitucional, para darle órdenes que ratificaron el proceso de ruptura institucional de la fuerza aérea, que recibía instrucciones de varios actores privados. Al día siguiente, la diputada Rivera se sumó a las reuniones. Al iniciar, Carlos Mesa se dirigió a la senadora Salvatierra y le preguntó:

-¿Usted ha renunciado? Y Salvatierra responde lo siguiente:
-He renunciado a la presidencia del senado por medios de comunicación y se ha reflejado en las redes sociales, pero no he renunciado con mi renuncia escrita y firmada, porque no he podido llegar a la plaza Murillo y tampoco he podido llegar a la Asamblea.

Entonces, Mesa preguntó: "¿Haciéndola mediante los medios de comunicación su renuncia ya es válida?". Y Salvatierra respondió que su renuncia era válida solo si se presentaba de forma escrita y firmada. Mesa le consultó cómo se procedía luego, y Salvatierra contestó:

Cuando yo entregue mi renuncia escrita y firmada se tiene que convocar a una sesión del senado y una vez comprobado el *cuorum* se instala la sesión [...] se considera mi renuncia y si ha renunciado mi vicepresidente, el senador Medinacelli, se tiene que considerar mi renuncia y la de Medinacelli. Una vez aceptada mi renuncia se recompone la directiva de la cámara, se vota y se recompone la cámara bajo voto: presidencia y

---

51 "Quiroga dice que viabilizó con la FAB la salida de Morales a Mexico para 'efectivizar' la sucesión", *La Razón*, 8 de julio, 2021.

vicepresidencia corresponden a la bancada en mayoría, que es mi bancada.[52]

Ya en la reunión, Salvatierra se percató de que había sido convocada ahí para viabilizar una salida sobre la que ya se habían hecho acuerdos previamente, sin consultar al MAS. En una entrevista personal, la exsenadora relató lo siguiente:

> Ellos ya habían decidido que la presidenta sea Jeanine Áñez y lo que querían con nosotras allí era que viabilicemos esa decisión, ya habían decidido el 10 y el 11 retirar la medalla presidencial y nos insisten en la reunión del 12 que la única línea de sucesión constitucional era Jeanine.

El final de la reunión lo relató Teresa Morales, en una entrevista brindada al programa de televisión *Piedra, papel y tinta*:

> En cierto momento de la reunión la discusión se estanca sobre el reglamento que claramente establecía la necesidad de llamar a una sesión del pleno camaral para definir la sucesión, la que recaía en manos de Salvatierra. En este momento Carlos Mesa lanza la pregunta que estaba reservando para el final:
> -¿Ustedes aceptarían que asuma Jeanine Áñez? y Adriana le responde:
> -"Yo no sé por qué preguntan eso si, por lo que sé [Áñez] está moviéndose en la cápsula presidencial".[53]

En efecto, UNITEL había reportado imágenes en las que se veía a la senadora Áñez siendo transportada por vehículos de Casa Presidencial con resguardo militar y ya estaba en su despacho de presidenta cuando dio su conferencia de prensa.

---

[52] *Piedra, papel y tinta*: Entrevista a Adriana Salvatierra, Crisis de Estado en 2019, 17-06-21.

[53] *Piedra, papel y* tinta: Reuniones en la Universidad Católica en la crisis de 2019, 14-06-22: t.ly/whjEG.

Frente a la imposibilidad de llegar a un acuerdo sobre el reglamento, la senadora Salvatierra y la diputada Rivero pidieron suspender la reunión. Antes de salir, Doria Medina señaló: "Hagan las consultas rápidas porque de lo contrario vamos a aplicar nuestro plan B".[54] Nunca pudieron consultar con su bancada. Esa misma tarde, Áñez fue posesionada como presidenta. En el momento en que se desarrollaba esa reunión, la oposición ya había solicitado la banda presidencial, el dispositivo militar ya estaba listo, estaba puesta la cápsula presidencial a disposición de Áñez y la medalla presidencial ya había sido retirada del Banco Central. Al poco tiempo de que Teresa Morales y Salvatierra llegaran a la embajada mexicana, donde estaban momentáneamente refugiadas, la señora Áñez se autoproclamó presidenta sin esperar la reunión del pleno camaral, ni la recomposición de la presidencia del Senado y sin esperar la renuncia escrita de la presidenta del Senado.

El contenido del "plan B" se conoció tiempo después, cuando el exrector de la Universidad Mayor de San Andrés, Waldo Albarracín, en una entrevista pública confesó que el 10 de noviembre había tenido lugar una reunión en la Universidad Católica en la que él había participado con casi los mismos actores, excepto las delegadas del MAS. Ahí se decidió que la presidencia recaería en la senadora suplente, J. Áñez. Albarracín reconoció: "Ahí se analizó [sic] las diversas probabilidades y se dijo que la solución sea *lo más aproximado [sic] a la constitución* [...] evidentemente en esa reunión se intercambiaron criterios de que Áñez sea presidenta".[55]

Albarracín mencionó una salida lo más aproximada a la Constitución, porque la salida constitucional, que consistía en llamar a reunión del pleno congresal para que este recompusiera su directiva, no era posible para la oposición ya que era minoritaria en el Congreso. Entonces, frente a la imposibilidad de hacer un acuerdo con el MAS para que

---

54 Entrevista a Teresa Morales en *Piedra, papel y tinta*, 18 de junio del 2021.
55 Entrevista, Radio Deseo, 13 de enero de 2020: t.ly/Vfwvs.

otra fuerza política asumiera la presidencia, la única salida que quedó era pasar por alto el reglamento de la Asamblea, nombrar a una senadora en minoría y dar un golpe parlamentario. Aquella sesión ilegal, sin el cuórum reglamentario y sin la presencia de la bancada en mayoría, es el elemento decisivo para catalogar lo ocurrido como un golpe de Estado. Asistieron únicamente los asambleístas del partido de Áñez, que representaban el 14 % del pleno camaral, quienes llegaron apoyados por la Fuerza Aérea Militar.[56] El propio Camacho reconoció que la Fuerza Aérea facilitó el traslado únicamente de las bancadas de oposición:

> Quiero agradecer [...] al ejército, [por]que también nos ayudó para que todos los senadores que estuvieron sesionando hoy, los transportaron directamente en los aviones militares para que tengamos nueva presidenta [...]. Las fuerzas aéreas pusieron sus aviones y pudimos concretar para que ellos sesionen y tuvimos nueva presidenta.[57]

Según el reglamento de la Asamblea, la presidencia del Senado podía recaer únicamente en el titular de la bancada en mayoría, pero la senadora Áñez era la segunda senadora suplente y además pertenecía a una bancada en minoría; por tanto, no estaba en la línea de sucesión constitucional y lo que correspondía era que la Asamblea, reunida en pleno, decidiera quién ocuparía la presidencia del Senado y no que lo hiciera un grupo de privados reunidos fuera del espacio institucional y secuestrando una decisión pública.

Pese a esto, Áñez instaló la sesión, al no haber cuórum la suspendió y se autonombró como presidenta del Senado; acto seguido, se autoproclamó como presidenta del Estado, pero no juró como presidenta frente al pleno camaral, como lo hicieron sus predecesores, Carlos Mesa (2003) y Rodríguez Veltzé (2005), que en situaciones similares esperaron

---

[56] "Ex jefe militar reconoció que recibió dinero de Camacho para trasladar a Asambleístas", *La Razón*, 2 de enero de 2023, en t.ly/V8P4V.
[57] Cabildo, 12 de noviembre del 2019: t.ly/VfJY-.

la reunión del pleno congresal. En ausencia del Parlamento, el comandante en jefe del Ejército le impuso la banda presidencial. Una vez posesionada, Biblia en mano, entró al Palacio Quemado y dijo "El pueblo ha permitido que la Biblia vuelva a entrar a palacio", mientras sus seguidores gritaban: "¡Gloria a Dios!".[58]

11. El devenir en golpe clásico

Tanto el autonombramiento de la señora Áñez como las quemas de la *wiphala* (bandera indígena) en La Paz y Cochabamba generaron una indignación generalizada entre los sectores populares. La misma noche que el movimiento del 21f se retiró de las calles, estas fueron ocupadas por los sectores populares. Al día siguiente, la ciudad de El Alto fue testigo de una enorme manifestación popular, cuyos protagonistas portaban cientos de banderas indígenas, mientras gritaban "¡Ahora sí guerra civil!".

Entre el 15 y el 19 de noviembre, las manifestaciones se hicieron incontenibles, el gobierno de facto puso en marcha la función coercitiva del Estado que, eufemísticamente, se llamó "pacificación del país", el Gabinete promulgó el Decreto Supremo 4.078, que permitió al Ejército abrir fuego sobre la población desarmada y lo eximió de responsabilidad penal por los actos de represión porque actuaban en legítima defensa o estado de necesidad. Con este decreto, Áñez autorizó la represión violenta de las protestas en las masacres de Sacaba (Cochabamba) y Senkata (El Alto), ejecutadas entre el 15 y el 19 de noviembre, respectivamente, donde murieron 33 personas y 280 quedaron heridas. Lo extraño fue que ninguna de las fundaciones o plataformas que estuvieron en las calles, protestando por el respeto a la democracia, salieron en defensa de los masacrados.

---

58 Video de autonombramiento de Áñez: t.ly/bUZBY.

El gobierno de Áñez había asumido su "derecho de matar"[59] para sentar la soberanía de su régimen. Mbembe define la soberanía como el derecho de matar y dice que, "en el estado de excepción, los enemigos ficcionalizados constituyen la base normativa del derecho de matar".[60] En efecto, el gobierno de Áñez revivió las doctrinas del "enemigo interno" que esta vez eran los campesinos movilizados, a quienes era posible matar porque "representaban un peligro para el orden interno". Su muerte se convirtió en una necesidad para la propia seguridad del orden, según el gobierno de facto. Ambas masacres fueron justificadas bajo la acusación de terrorismo. El ministro de Defensa, Fernando López, intentando justificarlas, dijo lo siguiente en una entrevista con CNN:

> Hoy ya estamos tratando con terroristas, [...] quieren dejar sin luz, sin agua, sin gas [...]. Definitivamente, la intención es la quiebra absoluta, la explosión de una planta que además [...] es una especie de terrorismo vandálico [...] ya no hay duda [...] que esto ya es terrorismo, terrorismo puro y derecho.[61]

No obstante, la investigación del Grupo Internacional de Expertos (GIEI) no encontró evidencias de actos terroristas. Su informe señaló que "no ha identificado evidencias concretas que indiquen que se hubiera producido un ataque directo contra la planta y que esta haya estado expuesta a un riesgo de explosión".[62]

La política interior de Áñez era una copia de la Ley Patriótica (Patriot Act) con la que, después del 11 de septiembre, el gobierno de Bush justificó la creación de un estado de excepción permanente bajo la excusa de la lucha

---

[59] Achille Mbembe, *Políticas de la enemistad* (París: Éditions La Découverte, 2016), p. 21.
[60] Mbembe, *Políticas de la enemistad*.
[61] CNN entrevista a Fernando López: t.ly/2lqmK.
[62] "Informe sobre los hechos de violencia y vulneración de los derechos humanos ocurridos entre el 1 de septiembre y el 31 de diciembre de 2019", p. 247.

antiterrorista. El terrorismo fue usado como pretexto para acusar a cualquiera que no estuviera de acuerdo con el gobierno. La falta de capacidad para manejar las tensiones sociales condujo al gobierno a penalizar hechos que en cualquier democracia serían normales y legales. A esto se sumó la existencia de cientos de presos políticos en las cárceles sin el debido proceso, torturas, silenciamiento de radios comunitarias, amenazas a periodistas, intervención a sedes sindicales, militarización de las calles y plazas (esto lo baso en observación personal) y presencia de grupos parapoliciales en las calles. El golpe parlamentario había devenido en golpe duro.

Conclusiones

En 2019, Bolivia enfrentó una de sus peores crisis políticas, desatada por una cadena de errores cometidos por el MAS y que crearon las condiciones de posibilidad para un enorme movimiento de protesta liderado por las clases medias; esta ganó gran legitimidad entre la juventud por el pedido de respeto a las reglas institucionales, la democracia y la alternancia. No obstante, este movimiento terminó apoyando una presidencia que asumió el gobierno violentando abiertamente la institucionalidad y toda regla democrática e instauró un régimen cercano a una dictadura. Probablemente, esta contradicción explica en parte por qué un movimiento que inició con un gran capital político terminó súbitamente desapareciendo del mapa político.

El liderazgo de este movimiento estuvo en Santa Cruz, donde emergió la figura mesiánica de Camacho, quien representa una derecha radical y religiosa. Esta capitalizó la movilización social derrotando la línea institucionalista liberal representada por Demócratas, partido que poseía una estructura partidaria de 16 años de antigüedad, así como los gérmenes de un proyecto nacional, que también desapareció del mapa político tras la figura de Camacho.

Camacho carece de un proyecto político, de una visión nacional y de una verdadera estructura partidaria más allá de su figura; por tanto, condujo a la derecha a un atrincheramiento regional radicalizado donde se desarrollaron ideas separatistas. Asimismo, la desastrosa presidencia de Áñez contribuyó al descalabro, no solo de la sigla de Demócratas que ella representaba, sino de toda la derecha que la había apoyado, y a un despilfarro del capital político que "el movimiento de las pititas" pudo acumular.

En la medida en que la posesión de Áñez resultó de una ruptura institucional, en que participaron tanto las Fuerzas Armadas como el Parlamento y ocurrió la sustitución del Parlamento por un grupo de privados, estábamos ya frente a un golpe de Estado. Este golpe se desarrolló en el marco de un nuevo contexto geopolítico mundial, en el que son más difíciles las intervenciones violentas abiertas del ejército; por eso, se trató de un golpe de nuevo tipo, en el que se combinaron tácticas como la guerra mediática y un golpe parlamentario que, debido a su ilegitimidad, derivó en un golpe duro que suspendió los derechos constitucionales e instauró técnicas de poder propias de las dictaduras, sin que ningún defensor de la democracia saliera a las calles a defenderla.

8

Golpes de una tirana memoria

Conversación con Horacio Castellanos Moya

DAVID DÍAZ ARIAS Y WERNER MACKENBACH

Esta conversación tuvo lugar el 14 de octubre de 2022 por medios virtuales. En ella participaron Horacio Castellanos Moya (HC), Werner Mackenbach (WM), y David Díaz Arias (DDA). Por su trascendencia, la reproducimos completa:

WM: Les doy la más cordial bienvenida a este conversatorio en el marco de la Plataforma para el Diálogo "Guerra Fría y Golpes de Estado en América Latina. A 70 años de la revolución boliviana de 1952", organizada por el Centro Regional Centroamérica y el Caribe de CALAS, con sede en el Centro de Investigaciones Históricas de América Central (CIHAC) de la Universidad de Costa Rica. CALAS son las siglas para el Maria Sibylla Merian Center for Latin American Studies, que es un proyecto de cooperación en investigación transatlántica que está integrado por un consorcio de cuatro universidades latinoamericanas y cuatro universidades alemanas. El propósito principal de CALAS es el fomento, la realización y la circulación de proyectos novedosos e innovadores de investigación en el área de las ciencias sociales y las humanidades, y en problemáticas vinculadas con la temática general del programa, que es "afrontar las crisis: perspectivas transdisciplinarias desde América Latina". El Centro Regional Centroamérica y el Caribe de

CALAS ha invitado a esta plataforma "Guerra Fría y Golpes de Estado en América Latina" con el propósito de ofrecer un espacio para presentar y discutir experiencias individuales, análisis académicos, posicionamientos políticos y representaciones literarias y artísticas. En particular, este encuentro pretende recuperar la discusión sobre golpes de Estado en América Latina durante el período 1947–1990, para visualizar sus aplicaciones, sus efectos colaterales, el pensamiento económico y social que los motivó, sus impactos y sus efectos en el presente, pero también propone contribuir a una historia del concepto "golpe de Estado", sus usos y abusos y sus interrelaciones con la historia política, social y militar latinoamericanas.

Me alegra mucho que me acompaña en este conversatorio el Dr. David Díaz Arias, que es el director del Centro de Investigaciones Históricas de América Central y cocoordinador del Centro Regional Centroamérica y el Caribe de CALAS, y, muy en particular, me complace que participa en esta conversación nuestro invitado especial: el escritor Horacio Castellanos Moya, quien es, sin duda, uno de los autores centroamericanos más destacados en la actualidad. Él ha trabajado como periodista en varios países latinoamericanos y ha sido invitado por diferentes instituciones internacionales; por ejemplo, estuvo en Fráncfort, Alemania, en el programa para escritores perseguidos, y también en el programa City of Asylum en Pittsburgh, Estados Unidos. También ha sido invitado por la Universidad de Tokio y por otras universidades y actualmente imparte clases en la Universidad de Iowa (Estados Unidos).

Hasta el momento, Horacio ha publicado trece novelas, varios libros de poesía y de cuentos, y también numerosos ensayos sobre varias temáticas, muchas veces vinculados con temáticas centroamericanas. Por su obra ha ganado varios premios; entre ellos el Premio Nacional de Novela de la Universidad Centroamericana José Simón Cañas, en El Salvador, el Northern California Book Award en Estados

Unidos y también el Premio Iberoamericano de Narrativa Manuel Rojas en Chile.

Entre sus novelas hay una en particular sobre la que queremos hablar en este conversatorio; se trata de la novela *Tirana memoria*, publicada en el 2008. Pero, antes de comenzar este conversatorio, quisiera darle la palabra a David Díaz Arias.

DDA: Muchas gracias al Dr. Werner Mackenbach por esta introducción. Además, como él lo señaló, es muy satisfactorio compartir esta conversación con Horacio Castellanos Moya en torno a una novela tremendamente impactante y muy original, particularmente en lo que respecta a las formas en que explora el pasado y también las maneras en que lo reconstruye. Castellanos es, sin duda, uno de los escritores más originales de la región centroamericana, pero también es un escritor que ha incluso saltado de espacios geográficos no solo a nivel de su vida personal, sino también a nivel literario.

Ese exilio, como se nota en su producción ficcional, ha alimentado tremendamente la narrativa de este escritor con quien vamos a conversar hoy y él ha sabido incrustar el peso de la experiencia centroamericana, de una experiencia tanto individual como social, en esos otros espacios donde él se ha movido y dentro de la ficción que ha creado. Por eso, para esta plataforma de CALAS, es una dicha contar con Castellanos para esta conversación.

WM: La novela *Tirana memoria* fue publicada en 2008. En ella se narran los acontecimientos ocurridos en El Salvador durante 1944, especialmente entre finales de marzo e inicios de mayo de ese año. Consultado por Castellanos Moya para la escritura de la novela, el teniente Mariano Castro Morán,[1] participante de los acontecimientos de 1944, ubica los sucesos mencionados en un relato más amplio de

---

1 Castro Morán, Mariano, *Relámpagos de Libertad* (San Salvador: Editorial Lis, 2000).

la historia salvadoreña, en la que, como él dice, no existe un año tan especial, tan memorable como el de 1944. Cito brevemente de este libro testimonial:

> En efecto, en el corto lapso de nueve meses tuvieron lugar cuatro acontecimientos muy destacados: uno, el golpe de Estado en abril, dos, la huelga general en mayo, tres, el golpe de Estado en octubre, cuatro, la invasión de salvadoreños provenientes de Guatemala en diciembre.

Horacio, la gran mayoría de tus novelas se refieren a un pasado más reciente en la historia centroamericana, muy en particular también de la historia salvadoreña. Esta novela, en cambio, aborda acontecimientos más remotos. ¿Por qué volver a ese pasado, en tu narrativa, en tu novelística?

HC: Muchas gracias, Werner y David, por invitarme a este evento. Es para mí un gusto estar con ustedes. ¿Por qué mi interés en ese golpe de Estado? En primer lugar, siempre he sentido mucha curiosidad por los golpes de Estado y especialmente por los de la historia salvadoreña: el golpe del 44, el del 31, el del 59, el del 72 y el del 79, que son cinco golpes de Estado que fungen como marcadores o como mojones históricos en el entendimiento de la historia del país en el siglo XX. En el caso del golpe del 44, tuve además interés por un motivo personal y familiar, pues mi padre se vio involucrado en ese golpe.

Mi padre fue condenado a muerte en ese momento, pero, por suerte, no fue capturado. Así que a mí me quedó la curiosidad sobre qué había pasado con el golpe y cómo habría sido la experiencia de mi padre, por lo que comencé a leer todo lo que encontré sobre ese acontecimiento. Al respecto, el libro que más me impresionó, por la exactitud cronológica de los eventos, fue el de Patricia Parkman.[2] Fue entonces cuando comencé a pensar en la posibilidad de

---

[2] Patricia Parkman, *Insurrección no violenta en El Salvador* (San Salvador: Dirección de Publicaciones e Impresos, 2003).

escribir un libro sobre el golpe; por supuesto, no pensé en recrear lo que le ocurrió a mi padre, porque, a decir verdad, yo nunca hablé con mi padre sobre eso, porque él murió cuando yo tenía 13 años, de forma que nunca conversamos de su vida política. Yo no tenía edad para tener ningún interés en la política en aquel momento.

Cuando comencé a investigar sobre el golpe de 1944, encontré que había material de sobra para producir una ficción. En ese proceso de lectura, entendí que ese ha sido el único golpe de Estado en el que los salvadoreños tuvieron consenso con respecto a la necesidad de deshacerse de un dictador. Durante el siglo XX, El Salvador fue un país de dictaduras; de esas, la más larga fue la del general Maximiliano Hernández Martínez, que estuvo en el poder por doce años; si se comparan con la extensión de otras dictaduras en Honduras, Nicaragua o Guatemala, es una bicoca. Ciertamente, doce años no es mucho para los dictadores de esa época, pero me llamó mucho la atención que todos los sectores sociales estuvieron involucrados en ese golpe, en la derrota, en el derrocamiento del general Martínez, incluyendo sectores del ejército. Por supuesto que se alzaron con los nuevos oficiales que habían sido formados en Estados Unidos, incluido el propio gobierno mexicano, y que en realidad el único sostén de Martínez era su círculo cercano y sus militares fieles. Entonces, yo creo que la sociedad salvadoreña nunca había tenido un nivel de unidad alrededor de una causa, ni lo ha vuelto a tener desde ese año. Y creo que por eso, quizás, es por lo que ese fue un año excepcional, un año en que hubo un consenso de distintos sectores para derrocar al general Martínez.

DDA: Horacio, a mí me encanta el título que le pones siempre a tus novelas. Esta, en especial, tiene este hermoso título de *Tirana memoria*. Y desde ese título apuntas a esta dependencia en la historia de El Salvador, aunque el mismo comentario se puede ampliar para toda América Latina, de volver al pasado, de estar amarrado a estas fuertes experiencias históricas de transiciones políticas que, como dices, pueden presentarse constantemente como mojones históricos y que también pueden repetirse hoy, pues en Latinoamérica existe una tendencia a que el pasado vuelva, como si se tratara de una historia cíclica.

Pero, en esta novela, la tirana memoria es también una memoria de esperanza en la vía intimista en que construyes los personajes y la narración. La narrativa que construyes involucra una tremenda angustia de no saber en dónde están los seres queridos, de ignorar qué ha pasado con ellos, lo cual es una angustia compartida en toda América Latina por efecto de golpes de Estado. No obstante, hay más, pues subyace en tu narrativa la esperanza de que la historia pueda parir una nueva visión de sociedad. Esta tirana memoria, entonces, es un recurso que nos posiciona entre la repetición del pasado, su recuerdo, pero también la posibilidad de desprenderse de su tiranía.

Al final de la novela, dices que para ti la experiencia histórica es solo un motivo de ficción, pero realmente tu libro va más allá de eso, pues intentas dar una visión del pasado. ¿Cómo podríamos acercarnos a esa tiranía de la memoria en América Latina pensando en esta ficción que construye alternativas frente a la pesadez de las cadenas de ese pasado violento? ¿Es siempre tirana esa memoria o en tu ficción se ofrece una posibilidad de desviarla, de reconstruirla y también de dar esperanza cuando parece que hay menos posibilidades de que un mejor futuro sea posible?

HC: Bueno, la tiranía de la memoria es algo inevitable, no solo inevitable a nivel personal, sino a nivel colectivo y a nivel histórico. Y por eso no es gratuito que haya periodos, como ocurre ahora en algunos países, en donde se desatan debates acalorados en torno a la memoria histórica y en torno a cómo se ubican las fuerzas políticas con relación a esa memoria. Ahora bien, lo que yo me propuse en la novela, como tú bien lo mencionas, fue mostrar eso desde la perspectiva de la cotidianidad, porque la narrativa, la ficción funciona a partir de los detalles de la construcción de individualidades, y a mí en la novela me interesaba ver ese golpe de Estado, el golpe militar en sí, a partir de una voz con bastante ingenuidad política, que es la voz de uno de los personajes principales: Haydee. En ella ocurre una transformación que va de una visión conservadora al principio sobre los eventos y que, poco a poco, va cambiando para involucrarse en los hechos y así tratar de influir para cambiar la situación de opresión política en la que vive.

Para mí, la historia es un referente brutal. Y ese referente, que es lo que se puede llamar "verdad histórica", lo utilizo para construir una ficción que permita acercarse a ella desde otra perspectiva, no desde la perspectiva de la interpretación de los eventos, sino desde la perspectiva de cómo se viven los eventos, de cómo se enfrentan los eventos, de cómo se vive el día a día, de cómo funciona la mente de los seres humanos en esta situación. La ficción está construida a partir de subjetividades y por eso yo enfatizo tanto en este personaje Haydee, que se va involucrando en la trama porque su esposo está preso y se va decantando políticamente, como los otros dos personajes, Jimmy y Clément. En la novela, los personajes ven las cosas desde su propia experiencia y están construidos a partir de individualidades. Tanto es así, que el último personaje, Pericles, ni siquiera participa en el golpe, porque está en la cárcel. Las individualidades, entonces, me permiten profundizar en los detalles, en los otros ángulos de la historia, en las preocupaciones del día a día.

WM: Lo que me ha impresionado en esta novela, y me ocurre también en otras de tus obras, es el uso intertextual de fuentes de varios tipos. Entre ellas, una fuente muy importante es la de Juan Mario Castellanos,[3] el sociólogo salvadoreño que publicó un libro importante sobre estos años que te interesan en esta novela. En ese libro, él dice que polemiza con la visión extremadamente simplista que, desde los primeros años de la década de 1970, se institucionalizó

---

3   Juan Mario Castellanos, *El Salvador 1930-1960. Antecedentes históricos de la guerra civil* (San Salvador: Dirección de Publicaciones e Impresos, 2001).

en el seno de las organizaciones populares y revolucionarias salvadoreñas, buscaba interpretar el derrocamiento de
la dictadura de Martínez como resultado de una insurrección popular. En el caso de tu novela, ¿hay algo, algún afán
similar de contrarrestar, de polemizar contra esta interpretación simplista?

HC: Mira, la verdad es que yo nunca me lo planteé así,
porque no comparto esa lectura del 44: de que eso fue una
insurrección popular. Fue una huelga general, y la visión
que plantearon en la década de 1970 la presentó como una
revuelta popular, pero yo lo que creo es que, dependiendo
de los momentos históricos en que se vive y de las fuerzas
que se quieren imponer, es desde esa interpretación desde
que se cuenta la historia. Entonces las organizaciones de
la izquierda salvadoreña de los años setenta, los ochenta y
quizá hasta principios de los 90, todo lo miraban en función
de la confrontación directa con el ejército y las fuerzas del
capital. No obstante, no fue así; entonces las organizaciones
de izquierda no podían aceptar que ese golpe de 1944, que
ese derrocamiento de Hernández Martínez fue realizado
con el apoyo de parte de ese ejército salvadoreño, del capital
y de Estados Unidos y que sin esas fuerzas no se hubiera
podido derrocar al general en ese momento. El movimiento
popular también participó, pero fue un movimiento muy
desarticulado porque se trataba de un movimiento popular
que había sido reprimido por ese dictador durante doce
años, es decir, el movimiento popular por sí mismo no
hubiera sido capaz de botar al dictador, porque no tenía los
instrumentos organizativos para hacerlo.

Así, la interpretación de la que yo partí fue una interpretación más global, más apegada a lo que verdaderamente
sucedió y no a partir de posicionamientos políticos e ideológicos, que son los que motivaron eso que critica Juan
Mario Castellanos en su libro.

DDA: Bueno, me gusta ese señalamiento que hace Horacio con respecto a cómo ideológicamente la historia puede
ser manipulada o ajustada dependiendo de las necesidades

políticas que se tengan hoy, y en el caso de América Latina en general, en sus vínculos con la historia contemporánea, hay mucha evidencia al respecto. Ahora, Horacio, pensando en esto que señalas de un país con una meta compartida de echar abajo a Hernández Martínez, al Brujo, como le llamas en la novela, ¿qué posibilidades hay de entender esta historia a partir del concepto de "justicia"? En otras palabras, quisiera introducir a esta conversación la pregunta de si crees que hay o no hay golpes de Estado justos y, en esa vía también, que medites si hay o no hay golpes de Estado injustos, en el sentido en que un golpe de Estado como el que exploras en esta novela parecía necesario o fundamental para echar abajo una tiranía que, además, se había construido sobre la base de miles de indios muertos en la masacre de 1932 y en una fiera persecución a sus opositores.

HC: Sí, claro. Es decir, para que haya un golpe de Estado, se necesita que el poder haya abusado de sus derechos. Se necesita que haya gente que haya sido afectada en grado sumo por el poder, en sus intereses, pero también en aspectos esenciales de derechos humanos. Porque hay golpes de derecha que son golpes que podríamos llamar "injustos", que responden más a los intereses de los actores para establecer su poder. Por ejemplo, no se puede comparar el golpe de Hernández Martínez con el golpe contra Salvador Allende. Son cosas radicalmente distintas en cuanto a toda su configuración, pues los golpes de derecha son golpes desde la cúpula. En El Salvador también se han dado golpes de cúpula, como fue el golpe de 1979, pues se trató de un golpe para contener el movimiento revolucionario que estaba por radicalizarse y por crecer más. Ese golpe fue una barrera de contención, no respondió a un movimiento, pero también había gente con ideas de justicia, porque no dudo que el coronel Majano, más allá de querer formar parte de la Junta, tuviese una idea de que no se podía seguir masacrando a la población como se estaba masacrando. El golpe de 1944 en El Salvador es un golpe bastante paradigmático precisamente por esa unión de los distintos sectores. Es decir, fue consecuencia de toda la represión de la libertad de expresión, la represión contra la libertad de organización, contra los partidos políticos, contra todos los elementos de la vida democrática, etc. Así es que ese golpe, en ese sentido, fue esencial.

En mi novela la búsqueda de la justicia precisamente la vemos en el caso de Haydee, mientras que el sentido de la cúpula lo vemos en los otros dos personajes, en Jimmy y en Clément. Pero Haydee pelea en la novela por una justicia muy elemental, como todas las otras señoras que están con ella en el comité de madres o de esposas de presos políticos, ellas protestan contra la injusticia de que sus maridos estén presos por delitos que en ninguna situación democrática podrían ser vistos como tales: la libertad de expresión, la libertad de organización, la libertad de manifestación.

Entonces se dan los dos niveles: el nivel que apela por la justicia, que muestra cómo la justicia y la búsqueda de la justicia pueden modificar la conciencia de una persona y pueden apelar a que esa persona se mueva en una dirección que nunca esperó moverse y cómo, al mismo tiempo, hay personajes que no están preocupados por la justicia, sino por la intriga del poder. Yo creo que en un golpe de Estado siempre se conjugan una multiplicidad de intereses que van desde los intereses personales, particulares, egoístas, hasta los intereses que buscan restablecer la justicia.

Asimismo, no hay un solo golpe de Estado, sino que hay varios golpes de Estado que se están fraguando al final, o se juntan, o hay uno que se impone. Son varias conspiraciones que comienzan a suceder y de pronto una de ellas logra capitalizar la fuerza y a llevar hacia adelante la expectativa de triunfar. En el caso del 44, vemos cómo, con todas esas condiciones, las subjetividades de las personas involucradas en el golpe son determinantes para el fracaso; es muy fuerte lo que digo, pero es la cobardía de los mismos militares de la cúpula militar que después fueron fusilados lo que les impidió avanzar hasta las últimas consecuencias. Porque, si hubieran bombardeado el cuartel de la policía y hubieran matado a Martínez, santo y seña, ahí hubiera quedado todo. Pero estaban tan pegados a Martínez, que no pudieron tomar esa decisión; tenían parte de su conciencia amarrada al dictador.

Yo platiqué sobre golpes de Estado con alguna gente en México, durante mi exilio en ese país, y tuve acceso a salvadoreños mayores que habían participado en diversos golpes de Estado. Y una de las características que se pueden rescatar de esas experiencias es que, si no se tiene la decisión de ir hasta las consecuencias finales, por lo general luego se experimenta la derrota. Eso sucedió en el 44 con el golpe de Estado, y eso sucedió en el 72 con el golpe de Estado contra el general Fidel Sánchez Hernández: el golpe fue derrotado incluso cuando los golpistas tenían capturado al presidente en el cuartel insurreccional.

De esa forma, la falta de decisión lleva a la derrota de un golpe. El caso excepcional del 44 es que, derrotado ese golpe, se logra armar esa huelga general que logra acabar con el dictador. Entonces fue un golpe violento, pero no funcionó, y lo que sí funcionó fue la huelga pacífica. Si el golpe violento hubiera triunfado, ¿quién sabe qué habría sido después de El Salvador? La experiencia de la huelga fue una experiencia cívica muy importante que sin aquella derrota no hubiera acontecido.

WM: Horacio, me interesa mucho lo que dices sobre el concepto de "golpe de Estado", especialmente por sus usos y abusos actuales, por ejemplo, si pensamos en la actual dictadura Ortega-Murillo en Nicaragua, que utiliza este concepto "golpe de Estado" para aplastar cualquier movimiento social opositor. Coincido con tu posición sobre diferentes tipos de golpes de Estado, pero tal vez una faceta o un elemento que es importante en todos los golpes de Estado es la participación, por lo menos de una parte de los órganos de represión, es decir, del ejército. Sin esa participación de por lo menos fragmentos, fracciones de los órganos de represión, no creo que se pueda llamar "golpe de Estado" a un movimiento.

HC: A mí me parece que sí, que es así, porque por eso es un golpe de Estado, porque una parte importante del Estado golpea a quien controla el poder. Es un golpe dentro del Estado. Un golpe de Estado no es una fuerza que viene de afuera, sino que se trata de fuerzas internas del Estado. Y eso es muy importante de subrayar, porque los golpes siempre implican que el líder golpista sea un traidor y que ejerza el liderazgo para derrocar a quien está arriba, a quien se supone ha jurado lealtad. El líder golpista debe tener esa decisión; si no llega esa decisión, de seguro no triunfa el movimiento. No necesariamente tiene que matar al detentor del poder, pero sí tiene que estar dispuesto a llegar hasta las últimas consecuencias en su traición.

El golpe de Estado tiene que hacerlo alguien que ya participa de ese Estado y que está muy cerca del poder al que va a cambiar dentro del Estado. En el caso del 44, el golpe militar *per se* del 2 de abril fue dirigido por un compadre del general Martínez, pues por eso lo fusiló, por traidor. El golpe de Estado de Allende lo dirigió su jefe del ejército. Con otros objetivos y en otro contexto, el golpe de Estado del 72 lo dirigieron el jefe de la Brigada de Artillería. Y en el 79, también en El Salvador, el golpe de Estado lo dirigió parte de la cúpula militar.

Es muy difícil realizar un golpe de Estado sin contar con la participación de alguien que se encuentre dentro del círculo de poder que rodea al líder. Por eso, cuando mencionas a Ortega, que acusa a toda esta gente de querer propinarle un golpe de Estado, se trata simplemente de un abuso del concepto con un objetivo específico. A Ortega le podría dar un golpe de Estado su jefe del Estado Mayor, o su ministro de Defensa y no un opositor, que va a ir a competir en las elecciones.

DDA: Horacio, me gustaría volver al asunto del recuerdo y de la memoria, de estas cadenas pesadas que vienen del pasado y que se imponen sobre los personajes de tu obra. Tengo presente el cuento de Jorge Luis Borges, "La memoria de Shakespeare", en donde el autor en alguna parte menciona que, a medida que el hombre va haciéndose viejo, tiene la tarea de cargar con sus recuerdos; al ver el vínculo que estableces entre este libro del que conversamos con otras de tus novelas como *Moronga* o *El hombre amansado*, me pregunto sobre cómo entre estos libros se expresa la tiranía de la memoria. Lo pregunto porque cargar en el caso de Borges remite al sentido del título de tu novela, porque los recuerdos se vuelven tiranos del ser humano, están allí combativos para decir lo que hizo una persona o la forma en que recuerda lo que hizo y lo que le hicieron, y, pensando en El Salvador como país, es posible que un país también pueda ser arrastrado por sus recuerdos, dominado por sus memorias, tanto que quiera romper como sea posible con ese pasado y darles la posibilidad a opciones radicales para que destruyan esas cadenas y de esa manera se pueda recomponer la esperanza del futuro. ¿Podríamos ver a El Salvador como un organismo viviente que recuerda y que se impone la tarea de romper con lo que no quiere cargar de esa memoria? ¿Podríamos interpretar a los intentos autoritarios actuales en El Salvador como una forma de desprecio del pasado y una especie de ajuste de cuentas con los gobiernos que ascendieron después de los acuerdos de paz?

HC: Es muy interesante, David, pensar y tratar de encontrar asideros para esa memoria colectiva, esa memoria país. Es decir, pensar sobre cómo la memoria colectiva de un país funciona, cómo la memoria colectiva de un país se perpetúa, cómo la memoria colectiva de un país se esfuma. No tengo instrumentos analíticos para hacer algo así. Ahora, tú mismo lo has dicho: es imposible deshacerse del pasado. El personaje de *Moronga* intenta deshacerse de su pasado y lo mismo le ocurre al personaje de *El hombre amansado*, pero el pasado les cae como una pedrada.

Pero quizás el esfuerzo por deshacerse del pasado de un país puede darse cuando el poder es tomado por un nuevo sector social joven que tiene una visión del poder distinta de las generaciones que lo precedieron. En el caso de El Salvador, me da la impresión de que las fuerzas políticas que existían hasta ahora lo hicieron muy mal, así como lo hicieron bien en la guerra, lo hicieron tan mal en la paz, que esa memoria es la que quieren extirpar las nuevas generaciones. Y siempre hay un líder que puede oler eso y tira la carnada a ver qué pesca. Entonces la gente cree que se va a deshacer de su pasado, pero no lo logra, y, cuando vuelve el pasado, vuelve con mayor fuerza porque los márgenes de lo posible, en lo político y en lo histórico, son reducidos.

WM: Horacio, me gustaría agregar a lo que dijiste, a lo que te preguntó David, algo más autobiográfico. En tu más reciente novela publicada este año, *El hombre amansado*, otra vez un miembro de la familia Aragón juega un papel importantísimo en la trama y está también tiranizado por la memoria, desarraigado, etcétera. ¿Cuánto tiraniza al escritor-ciudadano ser Horacio Castellanos Moya? Ya es la séptima novela de esta saga familiar, por llamarla así, entonces es impresionante que sigue preocupándote esta memoria, esta posmemoria también como es el caso de la novela *Tirana memoria*.

HC: Sí, mucho, mucho, mucho; me tiraniza mucho. Fíjate que yo había escrito ya varias novelas cuando comenzó esta saga de los Aragón, y comenzó con una novela titulada *Donde no estén ustedes* (2003), donde aparece por primera vez el embajador Alberto Aragón.

Yo no sabía cuando comencé esa novela que iba a escribir una saga sobre esa familia. Tan es así que la siguiente novela fue *Insensatez* (2004), que no tiene nada que ver con la saga. En su planteamiento, entonces, evidentemente hay cosas biográficas relacionadas con el autor, porque yo no puedo construir una familia de la nada, tengo que apelar a lo que conozco. Y es apelando a lo que conozco, a partir de lo que sé de primera mano, como puedo fabular. Hay casos en que se puede encontrar cercanía de un personaje con alguien de mi familia, cercanía inmediata, pero hay otros casos de personajes donde no hay nada así. Nunca he conocido a alguien que se parezca a un personaje como Haydee; no me basé en nadie para imaginar a esa mujer. Pero su esposo sí, su esposo está inspirado en alguien de mi familia. Hay gente que dice que es mi *alter ego* que saca lo peor de mí. Bueno, puede ser, pero no me siento cómodo pensando que el personaje soy yo, porque, si quisiera escribir sobre mí, escribiría memorias o una autobiografía. Me siento cómodo no siendo yo, siendo ese otro personaje que tiene cosas mías, por supuesto; en realidad todos mis personajes tienen cosas del autor, aunque no se basen en nadie, como en el caso de Haydee.

Yo comencé la saga con *Donde no estén ustedes*; precisamente esa novela se iba a llamar *Tirana memoria*, porque el personaje Alberto Aragón me llevó a la idea de *Tirana memoria*, y el final de esa novela son estos viejos recordando su vida. Así, Alberto es un personaje acabado, acabado por la memoria. Pero después dije "No, esto no va con eso", y publiqué *Insensatez* y publiqué *Desmoronamiento*. Y después apareció la novela para la que el título ya estaba desde cuatro años antes, y ahí entró exactamente toda la idea de la memoria.

WM: No quisiera terminar esta conversación sin tocar un tema que me parece sumamente interesante. En su prefacio al libro de Gabriela Selser, *Banderas y harapos*,[4] publicado hace algunos años, Sergio Ramírez escribió que la historia con mayúscula se cuenta con relatos de historia en minúscula. Y esto es lo que estás haciendo en esta novela: también cuentas desde los márgenes, desde tres personajes marginales, un pintor bohemio, un alcohólico mujeriego y una mujer apolítica creyente archicatólica. Y creo que eso te permite contar la historia de una manera diferente, mucho más diversificada.

¿Cómo lograste escribir de manera tan verosímil este diario de Haydee? Es un diario, como dijiste, completamente inventado, pero creo que es la primera novela en la que logras realmente darnos una imagen muy verosímil de una

---

4   Gabriela Selser, *Banderas y harapos. Relatos de la revolución en Nicaragua* (Managua: Anamá Ediciones, 2016).

mujer muy conservadora que después, en el transcurso de los acontecimientos, se politiza.

HC: Yo había tratado anteriormente en *La diabla en el espejo* (2000) desarrollar una voz femenina, pero esa era una voz que yo oía en mi hábitat, por lo que la construí con mayor facilidad. En el caso de la voz de Haydee, te soy sincero, no sé de dónde salió; sé que no era un personaje que yo iba a desarrollar en la novela, porque inicialmente quería que la voz fuera la de su esposo, la de Pericles. Quería que Pericles, desde la cárcel, contara lo que estaba pasando, y esa fue mi intención original, pero hice muchos intentos para hacerlo y fracasé. Y fracasé porque Pericles es una especie de espía, es un hombre de secretos, y era muy difícil, me era muy difícil meterme en ese hombre de secretos y encontrar un dispositivo narrativo para contar la historia. Entonces me bloqueé. Ya tenía el final de la novela, ya tenía la parte de Pericles al final y quería hacerle el pasado la tirana memoria; quería construir el pasado. Haydee ya existía en mi mente como la esposa de Pericles, a la que él iba a hacer referencia desde la cárcel cuando ella le llevara la comida o cosas de esas, pero no era un personaje central. Esas son las limitaciones y al mismo tiempo los talentos de un narrador. Esa limitación se convirtió en virtud para mí, porque me llevó a un silencio, a un bloqueo que de pronto se destapó con algo totalmente inesperado, que era la voz de Haydee. La voz de Haydee me cayó del cielo porque no era algo en lo que yo estaba trabajando. Y una vez que comencé a probar esa voz, cuando llevaba como 15 o 20 páginas, me dije "Esta es; me puedo meter en la mente de esta mujer más fácil que en la de su marido". Yo tenía un cuadro cronológico con todo lo que pasaba y entonces me metí ya en el detalle de la vida de la mujer y en la voz de la mujer y en sus preocupaciones, en sus vivencias, en su día a día, en su mentalidad.

DDA: Quiero agradecerle muchísimo a Horacio Castellanos el tiempo que nos ha dado para esta conversación, que ha sido realmente muy enriquecedora, tanto en su visión de la historia de El Salvador, como en la construcción de la ficción de *Tirana memoria* y otras de sus novelas.

WM: También de mi parte, muchas gracias a Horacio. Para quienes no conocen la novela, todavía está accesible y se puede comprar y les recomiendo la lectura de este texto dentro de la obra completa de Horacio, ya que siempre, siempre es un gusto tanto estético como histórico leer sus novelas.

Muchísimas gracias, Horacio, y hasta luego.

HC: Muchas gracias, Werner, y muchas gracias, David. Ha sido un placer conversar con ustedes. ¡Hasta la próxima!

Epílogo

Los golpes de Estado de ayer y hoy en América Latina

MARCOS ROITMAN ROSENMANN

1. Repensando las estrategias golpistas

Los golpes de Estado civil-militares han sido una constante en América Latina. Sirva como dato que, en el siglo XX, se produjeron un total de 325, sin considerar las intentonas fracasadas, las invasiones extranjeras y los ruidos de sable. Diríamos que no se trata de una excepcionalidad, por mucho que el discurso institucional los termine relegando a un pasado superado. La aparición de los llamados "golpes blandos" demuestra su recurrencia. En este sentido, debemos hablar de estrategias complementarias y no excluyentes. Chile es un buen ejemplo de este mecanismo que se mostró operativo en el golpe de Estado que derrocó al gobierno constitucional del presidente Salvador Allende, el 11 de septiembre de 1973.

En la actualidad, los llamados "golpes blandos" forman parte de los manuales de desestabilización conocidos como acciones "no violentas". En este sentido, se trata de sembrar el caos y conspirar para, a continuación, llamar a las fuerzas armadas a recuperar el poder político para las plutocracias. En esta lógica, no existe un golpe de Estado militar o civil; es la unión de ambas variables lo que facilita su éxito. Sin unidad, el golpe de Estado está destinado a fracasar. Siguiendo el ejemplo de Chile, la sociedad civil cobró relevancia en la estrategia del golpe de Estado; los partidos

políticos opositores llamaron a romper el orden constitucional mediante el sabotaje, el juicio político a ministros,
las huelgas patronales, de comerciantes, el desabastecimiento, y las movilizaciones estudiantiles y de mujeres. Fueron
estas movilizaciones las que crearon las condiciones para el
golpe de Estado. También destacó el papel de los medios de
comunicación social. En Chile, hubo una actividad frenética
por parte de la prensa de derecha, con el fin de generar una
opinión pública favorable al golpe de Estado. La campaña
del miedo, y la guerra de propaganda contra el gobierno
de la Unidad Popular, estuvo presente en las editoriales de
El Mercurio, periódico cuyo dueño, Agustín Edwards, llamó
directamente al golpe de Estado nada más triunfar la Unidad Popular el 4 de septiembre de 1970. El movimiento
gremialista surgido a fines de la década de 1960, y encabezado por Jaime Guzmán, posterior redactor e impulsor de la
Constitución pinochetista de 1980, llamó a la movilización
contra el gobierno de Salvador Allende.

El gremialismo descubrió la importancia de la acción política
en los años sesenta, al tiempo que durante la Unidad Popular comprendió que en la lucha por el imaginario social y
la demostración de fuerza era vital la movilización. Ante el
fuerte activismo de la izquierda y de los sectores asociados a
ella, el gremialismo contribuyó al cercamiento de la derecha
a un nuevo estilo de hacer política y abandonó el estilo tradicional derechista de salones y solo actividades cupulares,
saliendo a reclutar adolescentes y centros estudiantiles.[1]

En pleno siglo XXI, los manuales para llevar a cabo
los golpes de Estado y los procesos desestabilizadores no
se enfocan exclusivamente en las fuerzas armadas. Los
golpes de Estado constitucionales (blandos) requieren la

---

[1]   Verónica Valdivia, "Lecciones de una revolución: Jaime Guzmán y los gre-
      mialistas, 1973-1980", en: Verónica Valdivia, Rolando Álvarez, y Julio Pinto,
      *Su revolución contra nuestra revolución. Izquierdas y derechas en el Chile de
      Pinochet (1973-1981)* (Editorial LOM, Santiago-Chile, 2006).

participación de muchos agentes sincronizados, todos golpeando al unísono en diferentes frentes. Su arquitectura está diseñada para generar un colapso institucional, bloquear el funcionamiento de los aparatos del Estado y deslegitimar la acción de gobierno. Se trata de organizar y movilizar una parte de la población bajo la estrategia de la desestabilización. Nuevamente, la experiencia de Chile emerge como ejemplo: profesionales, sindicatos amarillos, independientes, organizaciones empresariales, amas de casa, estudiantes, pequeños campesinos, trabajadores de la administración pública, juventud, ONG, sectores medios, etc., se articulan y presentan en un solo frente. Se trata de aislar al gobierno, restarle apoyos, minar su autoridad, servirse de la sedición y buscar el enfrentamiento. En definitiva, es la técnica para garantizar el éxito del golpe blando. Es la suma de una política de desgaste, aislamiento internacional, bloqueo, desinformación, guerra psicológica y desquiciamiento del orden social lo que acaba por quebrar el gobierno constitucional. El resultado de dicha estrategia será proponer que "el gobierno, legítimo en su origen, se torna ilegítimo en su actuación"; así, las condiciones materiales para el golpe de Estado civil-militar están dadas.

En el siglo XXI, tenemos los casos de Honduras, Brasil, Paraguay, Bolivia y, más recientemente, Perú, sin olvidar los intentos fallidos en Venezuela. Acusaciones de corrupción, malversación de fondos, tráfico de influencias, violencia, inseguridad ciudadana, desabastecimiento, inflación, alianza con el narcotráfico son las más recurridas y eficaces en esta estrategia de desgaste. Todo suma para reclamar la "vuelta a la normalidad". Es decir, restablecer el orden bajo pautas de un golpe de "guante blanco". El objetivo es minar la autoridad. En uno de los manuales más utilizados, se describe el mecanismo de esta manera:

> Todo gobierno requiere de autoridad, requiere de la aceptación de su autoridad, el derecho a mandar y a ser obedecido. *La clave de la obediencia habitual está en la mente. Si no hay*

lealtad, o si no es forzada, la obediencia no se hace habitual. En esencia, la autoridad requiere del reconocimiento voluntario. La falta de aceptación de la autoridad del gobernante disminuye la disposición a obedecer. Si no se reconoce la autoridad al gobernante, la obediencia será un acto consciente, en lugar de habitual; por lo tanto la obediencia se puede negar. Si se niega al gobernante el derecho a gobernar, entonces no hay consenso de grupo que es lo que se requiere para hacer posible su gobierno. La pérdida de autoridad pone en marcha la desintegración del poder gobernante. Su poder disminuye en la medida en que se niega su autoridad.[2]

En esta dinámica, el Parlamento y los jueces, es decir, el Poder Legislativo y el Judicial, juegan su papel en el tablero del golpe de Estado civil-militar. Mientras tanto, los militares se reciclan en las academias de guerra. Ahora, en la trama de los golpes de Estado blandos, pasan a un segundo plano, no por ello menos importante, solo que no sacarán los tanques a las calles, tampoco ocuparán los sitios neurálgicos del poder, ni confiscarán radioemisoras o llevarán a cabo detenciones masivas. Habrá una política selectiva en cuanto cuerpos de seguridad del Estado. Las torturas, las violaciones y los asesinatos de los dirigentes sindicales, defensores de los derechos humanos, medioambientalistas, estudiantiles y los partidos de izquierda se harán de manera colectiva.

Los profesores y alumnos que dan vida a las academias de guerra en las escuelas de oficiales y suboficiales, como en los cursos del alto mando, son instruidos acorde a las prioridades que marca el siglo XXI. Los manuales de contrainsurgencia y guerras de baja intensidad son reelaborados. Las fuerzas armadas se visualizan como un poder del Estado no beligerante y siempre bajo las órdenes del poder civil. En Perú, sin ir más lejos, sus mandos se han reinventado en la lucha contra el narcotráfico, asumiendo

---

2 Gene Sharp, *La lucha política no violenta. Criterios y métodos* (Santiago de Chile: Ediciones CESOC, 1988), pp. 24-25. Las cursivas son del autor.

un papel protagónico en la lucha contra el crimen organizado (tráfico de estupefacientes, lucha contra los cárteles o la inmigración ilegal, etc.), lo cual, en los hechos, les otorga una mayor visibilidad en la vida cotidiana de la sociedad civil. Así, se los ve patrullando en las grandes ciudades, actuando en operativos con la DEA, salvamento de rehenes, y luchando contra los pueblos originarios en su papel de defensa de la propiedad privada de las trasnacionales de la soya, madereras, etc. En Chile, se los ve en el Wallmapu reprimiendo al pueblo mapuche; en Chiapas, México, están en puestos estratégicos acosando los caracoles zapatistas o en Perú reprimiendo las manifestaciones de protesta contra el gobierno de facto de Dina Boluarte.

La táctica del golpe de blando busca restar apoyo social a los gobiernos populares y democráticos, paralizando la vida política y social del país, y vaciando de contenido el uso de la violencia legítima por parte del Estado. Se busca romper las vías de negociación para articular un discurso centrado en una sola propuesta: el gobierno debe dimitir por ser ilegítimo en su ejercicio. Argumentos utilizados, incluso, en una monarquía como la española, donde el Partido Popular y VOX llaman continuamente a desobedecer al gobierno para deslegitimar las políticas sociales de la coalición encabezada por el PSOE. Su objetivo final: quebrar el orden institucional bloqueando el Parlamento. La estrategia consiste en acorralar al gobierno, deslegitimar sus fuentes de poder minar su autoridad y promover una desobediencia civil generalizada. Gene Sharp, uno de los principales ideólogos del golpe blando, etiqueta esta dinámica como lucha no violenta del desafío político, considerándola como

una técnica mucho más variada y compleja que la violencia. A diferencia de ésta, es una lucha que emplea armas políticas, económicas, sociales, sicológicas, aplicadas a la población, y las instituciones de la sociedad. A estas armas se las ha conocido bajo diversos nombres, como protestas, huelgas, desobediencia o no cooperación, boicot, descontento y poder popular. Como advertimos antes, todos los gobiernos pueden gobernar mientras, por medio de la cooperación, sumisión y obediencia de la población y de las instituciones de la sociedad, reciban el constante refuerzo de las fuentes de poder que necesitan. El desafío político, a diferencia de la violencia, es el instrumento idóneo para negarle acceso al régimen a esas fuentes de poder.[3]

En los regímenes presidencialistas, como los latinoamericanos, el golpe blando se presenta como una intromisión del Ejecutivo en las competencias del Poder Legislativo y Judicial. Con estos argumentos, el presidente es trasformado en un dictador. Un caudillo que concentra el poder, despojando a la sociedad civil de sus derechos civiles, rompiendo el equilibrio inherente a la división de poderes. De esta manera, el escenario político se encasilla en la dicotomía dictadura versus democracia. A partir de ese momento, la oposición se adjetivará a sí misma como democrática, adjudicando al gobierno el calificativo de comunistas, antidemócratas.

Las libertades individuales, se dirá, estarían amenazadas por políticas colectivistas, izquierdistas, marxistas populistas, que constituyen una amenaza para Occidente:

> ... esta izquierda tiene un proyecto y se funda en el indigenismo, el neoestatismo, el nacionalismo, el militarismo y el populismo [...]. Esta alianza antisistema es enemiga de la globalización [...], son unos frustrados donde concentran sus iras y perversiones, son anti-occidentales y anticapitalistas [...], aglutinan a la izquierda que fracasó en mayo de 1968, a los que jalearon el comunismo y hoy viven con complacencia la pulsión anti-occidental del islamismo yihadista, a los antiglobalizadores altermundistas [...] y las distintas manifestaciones del indigenismo y fanatismo religioso. Su enemigo

---

3   Gene Sharp, *De la dictadura a la democracia. Un sistema conceptual para la liberación* (Boston: Editado por la Institución privada Albert Einstein, segunda reimpresión, 2011), p. 30.

es Occidente. Esta alianza no es sólo teoría. Hay coincidencia de actuación entre Venezuela, Irán y Siria.[4]

A lo dicho se agregaría China, como un enemigo capaz de provocar la desintegración de la cultura occidental. De esta manera, la aplicación de políticas sociales redistributivas en áreas como la salud, la educación, los impuestos, la protección del medio ambiente, la nacionalización de las riquezas básicas o la reforma agraria son consideradas un ataque a la propiedad privada, destinada a la imposición de un orden totalitario. Así, no hay duda alguna de quienes defienden la libertad y quienes, un poder totalitario, identificado con el comunismo.

En esta dinámica entra en juego la guerra psicológica. La política del miedo se generaliza bajo tópicos arraigados, difíciles de combatir, como son las expropiaciones de bienes muebles, la pérdida de libertades personales, el control de la vida privada, una educación carente de valores cristianos con la separación de los hijos de sus padres y un adoctrinamiento ideológico, proselitista y castrador. Así, el marco para movilizar a las *fuerzas vivas* de la sociedad conlleva una batalla internacional, donde la técnica del golpe de Estado blando se considera una parte esencial de la trama urdida contra los gobiernos progresistas y de izquierda. Santiago Abascal, presidente de VOX, sitúa el enfrentamiento en una lógica de buenos y malos. Los malos: aliados con el narcotráfico, la corrupción, la pobreza, el hambre y la muerte del subcontinente, y los buenos, los defensores de la civilización católica. Su principal portavoz, el eurodiputado Hermann Tertsch, explicita:

> Queremos movilizar a las naciones de este inmenso espacio de lengua, historia, cultura y valores comunes para organizar una defensa común de la vida que merece vivirse [...] frente

---

4 Miguel Ángel Cortés, dir., *América Latina. Una agenda de libertad* (Madrid: Fundación para el Análisis y los Estudios Sociales [FAES], 2007), pp. 30 y sig. Presentación de José María Aznar.

a la ideología igualitarista, ecológico-climática, feminista, abortista, de lobbies LGTB y multiculturalismo que representan las fuerzas totalitarias de América que están en gran parte muy organizadas porque tienen una larga experiencia de sinergias siempre coordinadas en determinados espacios [...] el foro de Sao Paulo y el grupo de Puebla.

En definitiva, dirá Santiago Abascal, "defender la democracia en la Iberosfera frente al comunismo". Esta guerra psicológica hunde sus raíces en la década de 1950 del siglo pasado como expresión de la Guerra Fría. Sirvan dos ejemplos. El primero hace referencia a un documento elaborado por la CIA en tiempos del macartismo de título *Manual comunista de instrucciones para la guerra psicopolítica*; en él, se plantea la posibilidad de infiltración comunista en el sistema nacional profesional de salud con el fin de hacer que América sea "más loca". En este sentido, los comunistas tratarían de reclutar médicos y psiquiatras para desquiciar la vida de la población por medio de "tratamientos" que la vuelvan neurótica, que alienten el suicidio y que "mantengan alta la mística de la locura". Al mismo tiempo, la conspiración comunista buscaba destruir la libertad:

… los comunistas han desarrollado una elaborada técnica científica, calculada y dirigida a inutilizar a la juventud estadounidense por medio de ataques al sistema nervioso, promoviendo el deterioro y el retardo mental [...]. La música destructiva de los Beatles simplemente refuerza el sistema excitatorio de la juventud en el punto donde se cruza el sistema inhibitorio: todo esto debilita el sistema nervioso del joven y lo hace sufrir una neurosis artificialmente inducida. Lo horrorizante, y aun fatal, de este estado de destrucción mental, es que estos adolescentes, una vez que han entrado en este estado de excitación e hipnosis pueden ser dirigidos para hacer cualquier cosa y lo harán.[5]

---

[5] Citado por John Saxe-Fernández, "Los fundamentos de la derechización en los Estados Unidos"; en Agustín Cueva, coord., *Tiempos Conservadores. Amé-*

El segundo ejemplo corresponde a la anécdota protagonizada por la madre de Salvador Allende, narrada tal y
como se la comentó a Osvaldo Puccio, secretario personal
del presidente. Mujer de profundas convicciones católicas,
de misa diaria, se presentó ante el confesionario. El sacerdote, que seguramente no sabía quién era, le preguntó:

> ... por quién iba a votar en las próximas elecciones, a lo cual
> doña Laura contestó prestamente que por Salvador Allende
> ¡¿Cómo?! –le inquiere el sacerdote visiblemente alterado–
> ¿no sabe Usted que se trata de un comunista, de un hombre
> malo, que va a destruir iglesias, a encarcelar a los sacerdotes,
> a hacer que violen a las monjas, que les va a quitar los niños a
> las madres para que los eduque el estado? Doña Laura le res-
> ponde con serenidad que nada de eso va ocurrir si Salvador
> Allende sale elegido, porque él es un buen hijo y no va hacer
> cosas malas. ¿Cómo sabe usted que es un buen hijo? –le con-
> mina el religioso con extrañeza–. Muy sencillo –le contesta
> doña Laura–, soy su madre.[6]

Movilizar y provocar la parálisis institucional son los
objetivos del golpe blando. Eufemísticamente considerado
como lucha política no violenta, trata de negar legitimidad al poder legalmente constituido. En este sentido, Gene
Sharp explica el significado de tal decisión al señalar que,

> cuando la gente se rehúsa a cooperar, se niega a prestar ayuda,
> y persiste en esta desobediencia o postura retadora, le está
> negando a su adversario el apoyo y cooperación humanas
> básicas a cualquier gobierno o sistema jerárquico requiere. Si
> lo hace suficiente gente y por un tiempo suficientemente lar-
> go, ese gobierno o sistema jerárquico perderá el poder. Esta
> es la premisa básica de la acción no violenta.[7]

---

rica Latina en la derechización de Occidente (Quito: Editorial El Conejo, 1987),
pp. 65-80.
6   Juan Rocha Gonzalo, Allende, Masón. La visión de un profano (Santiago de Chile: Editorial Sudamericana, 2000), p. 73.
7   Gene Sharp, La lucha política noviolenta, p. 25.

Mermar la autoridad política, romper la confianza, restar poder y cuestionar la legitimidad del orden social son fases del golpe de Estado. Esta estrategia no es nueva. Solo es relevante el papel protagónico de los Poderes Judicial y Legislativo y la movilización activa de las organizaciones que componen la sociedad civil. No se trata de acciones espontáneas; es la agenda de un plan diseñado para conseguir objetivos a largo plazo. Los tiempos del golpe blando son elásticos y responden a una dinámica para socavar el poder legítimamente constituido, buscando la destrucción total de la alternativa anticapitalista.

El golpe de Estado civil-militar, en cualquiera de sus fórmulas, blando o con un protagonismo relevante de las fuerzas armadas, genera y produce violencia. Por consiguiente, las plutocracias latinoamericanas harán uso de una u otra estrategia acorde con sus necesidades. En unas, directamente bombardeando palacios presidenciales y sacando las fuerzas armadas a la calle, y, en otras, movilizando a jueces, diputados, senadores y medios de comunicación social.

Las alianzas que definen las fuerzas golpistas son parte del complejo industrial, financiero, militar y tecnológico construido sobre la militarización del poder, el miedo y el control de la población. Asistimos a una guerra total no declarada, donde el control de las emociones y el dolor se constituyen en dispositivos para el golpe de Estado. En la actualidad, las tecnologías de la información, el uso de algoritmos y la inteligencia artificial son armas "no violentas" para fabricar golpes de Estado. Así, los ideólogos de los golpes de Estado se centran en señalar que

la capacidad de las tecnologías de la información ha transformado la guerra en una cuestión esencialmente de ideas y de epistemología [...] a las claras significa que la guerra de la información tiene que ver con la forma en que los humanos piensan, y lo que es más importante, con la forma en la que toman sus decisiones [...]. Esta redefinición [...] bajo el prisma de la información se resume en una metáfora biológica: la guerra neocortical.[8]

No por casualidad vivimos un tiempo en el que los golpes de Estado y las guerras no declaradas frente al enemigo interno asumen características propias de la transformación del capitalismo analógico al capitalismo digital. Asistimos a la emergencia de la necropolítica y la criminalización del pensamiento. Es una guerra que

> se esfuerza en controlar o en modelar el comportamiento del organismo enemigo, pero sin destruir los organismos. Y esto se logra buscando influir incluso hasta el punto de regular la conciencia, las percepciones y la voluntad de liderazgo del adversario: el sistema neocortical del enemigo. El objetivo es el de paralizar en el adversario el ciclo de observación, de la orientación de la decisión y de la acción. En suma, se trata de anular la capacidad de comprender. Según el coronel de la USAF Richard Szafranski, se trata de hacer operativa esta guerra neocortical. Para Estados Unidos significa reestructurar a nivel mundial sus aparatos de colecta y diseminación de información, colocar en la red las diversas agencias de inteligencia y sus capacidades de análisis.[9]

Quienes formulan las estrategias de los golpes de Estado civil-militar saben que se enfrentan a una guerra total, donde está en juego la sobrevivencia del capitalismo y en la actualidad la hegemonía de los Estados Unidos. Se trata de "fortalecer y generar una fuerza conjunta de control, militar y civil, mejor integrada en torno a las necesidades de la seguridad nacional, abarcando elementos armados y no armados, con presencia o no de armas no letales".[10]

---

8 Armand Mattelart y André Vitalis, *De Orwell al cibercontrol* (Barcelona: Editorial Gedisa, 2015), p. 100.
9 Mattelart y Vitalis, *De Orwell al cibercontrol*, pp. 100 y sig.
10 Mattelart y Vitalis, *De Orwell al cibercontrol*, p. 101.

Hoy hablamos de golpes *blandos, constitucionales, no violentos, de mercado*; en todos ellos, el objetivo es alterar el orden democrático y romper la voluntad expresada en las urnas. Cuando un juicio político se construye mintiendo, estamos en presencia de una circunstancia adjetivada por los juristas como *abuso del derecho* y de ahí el apelativo de ser un golpe de Estado blando, suave o no violento. En sí, se trata de un acto ilícito realizado con culpa, donde el titular de un derecho objetivo o subjetivo actúa de modo tal, que su conducta concuerda con la norma legal que concede la facultad, pero su ejercicio resulta contrario a la buena fe, la moral, las buenas costumbres o los fines sociales y económicos del derecho.

La necesidad de control de las materias primas, el agotamiento de los combustibles fósiles, el calentamiento global, y la consolidación de los BRICS son factores que inciden directamente en las políticas tendientes a perpetuar los golpes de Estado en América Latina. La historia reciente muestra que la técnica del golpe de Estado civil-militar mantiene toda su vitalidad, siendo una opción nunca descartada por las clases dominantes para frenar el avance democrático de gobiernos populares defensores de la justicia social, la igualdad y la lucha anticapitalista.

2. Los nuevos golpes de Estado: Honduras (2009), Paraguay (2012) y Brasil (2016)

Los golpes de Estado en tiempos de guerra muestran grandes diferencias con aquellos que se llevaron a cabo en Honduras (2009), Paraguay (2012) y Brasil (2015). Baste recordar Uruguay 1973, Chile 1973 y Argentina 1976. En primer lugar, los parlamentos fueron clausurados, y el Poder Judicial, amordazado. La justicia militar entró en escena. Durante los primeros años de la dictadura en Chile, se gobernó mediante decretos y bandos militares hasta la promulgación de la

Constitución pinochetista de 1980. En Argentina, la Junta Militar construyó un decálogo de normativas conocido como "Documentos básicos y bases políticas de las Fuerzas Armadas para el proceso de reorganización nacional", derogado en 1983, por el presidente Raúl Alfonsín. En este sentido, ambas juntas militares actuaron con las prerrogativas de un "estado de guerra" y excepción, donde los derechos políticos y civiles fueron eliminados, recurriendo al genocidio, la tortura, el asesinato político y la desaparición forzada de militantes de la izquierda política.

En el caso de Honduras (2009), fue la Corte Suprema de Justicia la encargada de poner en marcha el golpe de Estado. Su papel consistió en emitir una orden de allanamiento y captura del presidente Manuel Zelaya el 26 de junio de 2009. Esta acción se vio complementada por la actuación del Congreso Nacional, en el cual los diputados golpistas nombraron una Comisión de Investigación para dirimir el carácter anticonstitucional de las decisiones tomadas por el presidente. Así, las fuerzas armadas hondureñas se limitaron a cumplir la orden emanada de los tribunales. El presidente Zelaya, retenido en su casa, fue trasladado, por decisión unilateral de sus captores, a Costa Rica, haciendo caso omiso de la instrucción judicial. Podríamos señalar que fue ese el momento insurreccional de las fuerzas armadas. El presidente de facto, Roberto Micheletti, aprobó, de todas formas, dicha acción. Dos años más tarde, en 2011, bajo la administración de Porfirio Lobo, la Comisión de la Verdad y la Reconciliación de Honduras valoró dicha actitud como un exceso de poder e incumplimiento del mandato:

> … de esta instrucción judicial, la Corte Suprema de Justicia no pidió explicaciones ni se registró actuación alguna. Al mismo tiempo, consumada la expatriación del presidente Zelaya, las fuerzas armadas convocaron a funcionarios de los Poderes del Estado y algunos políticos al Estado Mayor, ante lo cual algunos se negaron, pero a los que asistieron se les pidió redactar un comunicado a la población hondureña que explicara lo sucedido. Simultáneamente, otra reunión se estaba

celebrando en el Congreso Nacional. Dos esferas de acción se fueron definiendo, la de la seguridad y manejo del conflicto sociopolítico dejada a las fuerzas armadas y policías; y la definición política partidaria e institucional a cargo del congreso Nacional. *Esta condición, y otras, hacen que el golpe de Estado en Honduras registre particularidades que rebasan el concepto clásico de golpe de Estado en América latina.*[11]

Este mismo informe reconoce, además:

... entre las funciones del Congreso Nacional no tiene atribuciones para destituir al presidente ni para nombrar al sustituto, por lo que colegiamos que el nombramiento del señor Roberto Micheletti como presidente interino de Honduras fue ilegal y que el gobierno que surge entre el día 28 de junio del año 2009 y el 26 de enero del año 2010, es un gobierno de facto.[12]

En la otra cara de la acción del gobierno de facto y los años posteriores, la represión fue ejercida de forma sistemática, procediendo al asesinato selectivo de dirigentes sindicales, la limitación de los derechos humanos, y la persecución de líderes campesinos, militantes de izquierda, defensores medioambientalistas y activistas de las colectividades LGTB. Entre el 2011 y el 2014, se produjeron 101 asesinatos políticos. Y en 2016, los casos de Berta Cáceres, Nelson García y Lesbia Yaneth Urquía formaron parte de esta estrategia del "golpe blando", que marca la complicidad de las fuerzas armadas con los escuadrones de la muerte.

En Paraguay (2012), se desarrolló un guion muy similar. El Congreso Nacional redactó un libelo acusatorio contra el presidente de la república, Fernando Lugo Méndez, de acuerdo al artículo 225 de la Constitución de 1992, en la

---

11 Comisión de la Verdad y Reconciliación, *Hallazgos y Recomendaciones. Para que los hechos no se repitan* (Tegucigalpa: Edición del gobierno de Honduras, 2011), p. 28. El subrayado es del autor.

12 Comisión de la Verdad y Reconciliación, *Hallazgos y Recomendaciones*, p. 26.

que se recogió la necesidad de realizar un juicio político al presidente:

> ... por mal desempeño de sus funciones, delitos cometidos en el ejercicio de sus cargos o delitos comunes [...]. La acusación será formulada por la Cámara de Diputados, por mayoría de dos tercios y corresponde a la Cámara de senadores, por mayoría absoluta de sus dos tercios, juzgar en juicio político a los acusados".

El control político de la Cámara, en manos de la oposición, y un vicepresidente del partido liberal, Federico Franco, cómplice de la acusación, facilitaron el *impeachment*. Solo tres diputados de 80 y tres senadores de 45 pertenecían al Frente Guazú. El juicio político fue cuestión de tiempo; bastó unir argumentos y excusas para activar el procedimiento. El detonante fue la matanza de Curuguaty, el 15 de junio de 2012, donde fueron desalojados los campesinos que ocupaban los terrenos propiedad del oligarca Blas Riquelme, expresidente del Partido Colorado. 17 muertos y decenas de heridos fue el balance de la represión y el motivo esgrimido para poner en marcha el golpe blando. El libelo redactado constó de nueve páginas donde se exponían los hechos que llevaron a la destitución del presidente. Asimismo, constaba de cinco acusaciones, ninguna de ellas fue posteriormente probada tras la destitución. Por su trascendencia en la articulación del golpe blando, se reproduce a continuación:

> 1. Acto político en el Comando de ingeniería de las fuerzas armadas, donde se celebró el II encuentro de latinoamericanos jóvenes por el cambio. Allí señala la acusación, se manchó el honor patrio de las fuerzas armadas al izar los jóvenes banderas con alusiones políticas en sustitución del pabellón patrio; 2. Caso Ñacunday; acusando al presidente Lugo de ser el único responsable como instigador y facilitador de las invasiones de tierra, violando el derecho de propiedad e ingresando a los inmuebles de colonos, al dar su apoyo a los líderes de esas invasiones, proyectando un mensaje a la ciudadanía de avalar los actos de violencia y de los delitos

264 • Democracias asediadas

propiciados por esas organizaciones; 3. Creciente inseguridad, señalando que el presidente Lugo ha sido absolutamente incapaz de desarrollar una política y programas que tiendan a disminuir la creciente inseguridad ciudadana; 4. Firma del protocolo de USHUAIA II, declarándolo un atentado contra la soberanía de la República de Paraguay con el avieso propósito de obtener un respaldo en su descarada marcha contra la constitucionalidad y el proceso democrático de la República. La principal característica del protocolo –subraya el libelo– es la identificación del estado con la figura de los presidentes para, en nombre de la "defensa de la democracia" defenderse unos a otros; 5. Caso de la matanza de Curuguaty [...] Fernando Lugo hoy por hoy –dirá el libelo– representa lo más nefasto para el pueblo paraguayo, que se encuentra llorando la pérdida de vidas inocentes debido a la criminal negligencia y desidia del actual presidente de la república, quien asumió la conducción del país, gobierna promoviendo el odio entre los paraguayos, la lucha violenta entre pobres y ricos, la justicia por mano propia y la violación del derecho de propiedad, atentando de ese modo permanentemente contra la Carta Magna, las instituciones republicanas y el estado de Derecho.

No habría opción para la defensa. Lugo diría más tarde en el discurso, una vez destituido:

... quienes dieron el golpe fueron políticos conservadores. Quienes impulsaron el golpe son los que quieren concretar el negocio de la multinacional Rio Tinto Alcán, traicionando la soberanía energética de nuestro país y los intereses de nuestra nación. Aquellos que estuvieron con el golpe son los que se han lucrado con el modelo de país para poco, donde el destino de nuestra gente era la emigración, por eso inmediatamente anunciaron que no implantarían el impuesto a la soja [...] detrás del golpe estuvieron aquellos sectores que anhelan la pseudo-integración promovida por los negocios ilícitos y la narcopolítica.

El juicio político contra el presidente Lugo tuvo que sortear un último escollo y, no menos determinante, la destitución del entonces ministro de Defensa, general Bareiro

Spaini, cuyo apoyo al presidente supuso un retraso en la estrategia del golpe blando. Para acelerar el proceso, la omnipresente embajada de Estados Unidos presionó para lograr su dimisión, mientras que la Cámara de Diputados y el Senado lo acosaron hasta lograr su objetivo. Una vez eliminado el general Bareiro, el camino quedó libre de obstáculos. El golpe de Estado se encubría bajo el pomposo título de *impeachment*.

El resultado de la estrategia para destituir al presidente Fernando Lugo tuvo efectos inmediatos, como también sucediera en Honduras en 2009. Se repuso la agenda neoliberal, y las políticas públicas de carácter social fueron eliminadas en casi su totalidad. Paraguay "rectificó" y Estados Unidos dio por concluida la operación destitución de Lugo. Sin obstáculos, el programa de la USAID, denominado UMBRAL, se desarrollaría fluidamente. Y para que no hubiese dudas de la eficacia del golpe blando, en las siguientes elecciones presidenciales, el empresario, banquero y terrateniente Horacio Cartes, educado en los colegios más conservadores y religiosos de Estados Unidos, a la par miembro del Partido Colorado y admirador del dictador Alfredo Stroessner, sería electo presidente.

Por último, en Brasil, en el año 2016, la derecha construyó un plan mucho más elaborado, para lograr la destitución de la presidente Dilma Rousseff. En Brasil ya existía un precedente de *impeachment*: el llevado a cabo contra el presidente Fernando Collor de Mello. Mello fue el primer presidente de Brasil elegido por votación directa tras el régimen dictatorial. Durante su mandato fue acusado de lavado de dinero, tráfico de influencias y malversación de fondos públicos. El 29 de septiembre de 1992, la Cámara de Diputados dio luz verde al expediente político, y, el 2 de octubre de ese mismo año, Collor de Mello quedaría suspendido del cargo por 180 días. De Mello buscó frenar el *impeachment*, y optó por renunciar al cargo el 29 de diciembre. Pero la acusación no se paralizó y siguió su curso. Tras la imputación, fue declarado culpable, por lo que perdió todos sus derechos políticos por ocho años. El vicepresidente Itamar Franco lo sustituiría hasta la convocatoria de las siguientes elecciones en 1994. En dicha contienda se impondría el candidato de la socialdemocracia, militante del PSDB, Fernando Henrique Cardoso, exministro de Relaciones y Hacienda durante el breve mandato de Itamar Franco. Curiosamente, Collor de Mello sería rehabilitado años más tarde por la justicia ordinaria argumentándose que la mayoría de las pruebas presentadas en su contra habían sido falsificadas.

El *impeachment* organizado contra la presidenta Dilma Rousseff se ajusta a la figura jurídica de abuso del derecho. Supuso la utilización espuria del procedimiento con la finalidad de cambiar la dirección política de la acción gubernamental. Su vicepresidente, Michel Temer, perteneciente al PMDB, uno de los participantes y promotores de la "conspiración", asumiría la presidencia, dando un giro a la acción gubernamental, dejando sin efecto las políticas sociales implementadas por el PT. No sin antes renunciar a la coalición de gobierno el 26 de marzo de 2016, pero sin abandonar su cargo. El golpe de Estado se produjo bajo los auspicios de una parte del Poder Legislativo y del Poder Judicial, alterando la voluntad general y creando el ambiente propicio para legitimar el golpe blando. Años más tarde, esta estrategia de inhabilitación sería empleada por Jair Bolsonaro, para evitar que Luiz Inácio Lula da Silva concurriera como candidato a las elecciones presidenciales de 2018.

La estrategia consistió en condenar a Lula por supuesta corrupción pasiva. El juez que llevó el caso, Sergio Moro, condenó a Lula el 12 de julio de 2017 a nueve años y seis meses de prisión, por corrupción pasiva. Dicha sentencia significaba la imposibilidad de disputar la presidencia, lo cual llevó al poder al negacionista Jair Bolsonaro. El juez Moro fue premiado por Bolsonaro, que lo nombró ministro de Justicia. En 2023, la Corte Suprema anuló la imputación por los supuestos delitos, desautorizando al juez Moro e iniciando una investigación contra el magistrado por prevaricación. Mientras tanto, en una resolución, la misma Corte Suprema de Justicia señaló que la prisión de Lula había sido un error histórico. Hoy es el presidente de Brasil.

A modo de conclusión

Los golpes de Estado siguen estando a la orden del día. En el siglo XXI, no han desaparecido del horizonte histórico de América Latina, solo que en la actualidad se presentan bajo una máscara de amabilidad, recuperación del orden constitucional y sin el boato que conlleva desplegar los carros de combate en las calles, o los vuelos rasantes de los aviones soltando sus misiles sobre los palacios de gobierno. Menos aún, como parte de un proyecto de involución política, reaccionario y antidemocrático. Amparados en los Poderes Judicial y Legislativo, y con el apoyo siempre necesario de las fuerzas armadas y el imperialismo norteamericano, constituyen un arma para frenar los procesos sociales. El nuevo golpismo está en marcha. Civiles y militares, llenos de odio, inquina y sobre todo anticomunismo, emprenden golpes de Estado frenando las aspiraciones de democracia, justicia social y libertad de millones de ciudadanos. Las fuerzas armadas, educadas en la doctrina de la seguridad nacional, hoy bajo los principios de la lucha contra el terrorismo internacional, el narcotráfico y la contrainsurgencia, redefinen el enemigo interno. La línea roja se ha cruzado hace décadas. La criminalización del pensamiento, la guerra global de carácter neocortical transforma cualquier proyecto emancipador en blanco y objetivo de las plutocracias y los poderes transnacionales que hoy dominan el mundo. En este nuevo tablero geopolítico, las fuerzas armadas asumen una posición subordinada, aunque siguen considerándose salvaguardas de la patria y los valores cristianos de Occidente. No han dejado de conspirar y se sienten seguros en esta nueva posición, además de negociar su impunidad bajo la condición de no ser juzgados por crímenes de lesa humanidad, corrupción o torturas.

En esta lógica, si los objetivos de los golpes de Estado civil-militares consisten en torcer la voluntad popular y derrocar a gobiernos constitucionales democráticamente elegidos, suprimiendo derechos civiles, las organizaciones que pueden emprender su realización hoy se han multiplicado. Los globalistas se han propuesto dominar el mundo y para ello no tienen empacho en contraponer los derechos humanos y defender los derechos del capital y la economía de mercado. En esta dinámica, el complejo industrial, tecnológico y militar impondrá su voluntad apoyándose en organismos internacionales como son la Troika europea, las agencias de capital riesgo, la banca de inversión, o las trasnacionales de la alimentación, la agroindustria, la minería y las nuevas empresas ligadas a la cibernética y la inteligencia artificial. Google, Facebook, Twitter, Amazon, Apple, Microsoft. Los nombres de Mark Zuckerberg, Bill Gates, o Elon Musk constituyen parte de este nuevo poder mundial, capaz de generar un totalitarismo de redes, en medio de la transición del capitalismo analógico al capitalismo digital. Así, los nuevos golpes de Estado se podrán llevar a cabo sin disparar un solo tiro. Ese es el verdadero peligro al cual nos enfrentamos.

Acerca de los autores y las autoras

Leonardo Astorga Sánchez (1987)

Costarricense. Cuenta con un Bachillerato y una Maestría Académica en Historia en la Universidad de Costa Rica (UCR), institución donde actualmente cursa un Doctorado en Historia. Es profesor en la Escuela de Estudios Generales, donde imparte los cursos de Historia de la Cultura y de Seminario de Realidad Nacional: Desarrollo Comunal. Se ha desempeñado como investigador del Centro de Investigaciones Históricas de América Central, el Instituto de Investigaciones Sociales y el Centro de Investigación en Identidad y Cultura Latinoamericanas, todos de la UCR. Ha publicado trabajos sobre Guerra Fría y opinión pública, narcotráfico y estudios de paz. Correo electrónico: LEONARDO.ASTORGASANCHEZ@ucr.ac.cr.

Rebeca Ávila

Es investigadora de doctorado integrado en el Instituto de Historia Contemporánea de la Facultad de Ciencias Sociales y Humanas de la Universidad NOVA de Lisboa (IHC– NOVA/IN2PAST). Beca de la Fundación para la Ciencia y la Tecnología de Portugal (FCT). Estudiante de Maestría en Estudios Sociales Latinoamericanos en la Facultad de Ciencias Sociales de la Universidad de Buenos Aires (UBA). Investiga la violencia racial y política en las políticas exteriores de Brasil y Cuba hacia los países africanos de habla portuguesa en el marco de la Guerra Fría (1961-1989). Sus intereses de investigación actuales se relacionan con la historia internacional, la historia política comparada, la sociología histórica, las descolonizaciones, la Guerra Fría y las relaciones entre América Latina y África.

Randall Chaves Zamora (1993)

Es estudiante doctoral del Lateinamerika Institut (LAI) de la Universidad Libre de Berlín, en Alemania, y es becario del Servicio Alemán de Intercambio Académico (DAAD) y de la Universidad de Costa Rica (UCR). Ha sido docente en la Escuela de Historia e investigador del Centro de Investigaciones de América Central (CIHAC), ambos de la UCR. Su libro, *Rebeldía en la memoria: el movimiento estudiantil contra Alcoa (Costa Rica, 1968-1970)*, obtuvo la Mención de Honor del Premio Cleto González Víquez (2021), de la Academia de Geografía de Geografía e Historia de Costa Rica. Ha estudiado la historia de la juventud, del movimiento estudiantil y de la memoria y actualmente desarrolla una investigación sobre la Guerra Fría cultural y el rol de los Estados Unidos y la Fundación Ford en la historia intelectual de Centroamérica. Correo electrónico: randall.chaveszamora@ucr.ac.cr.

Sofía Cortés Sequeira

Es historiadora costarricense. Es máster en Historia por la Universidad de Costa Rica. Docente en la Escuela de Historia. Investigadora en el Centro de Investigaciones Históricas de América Central y en el Instituto de Investigaciones Sociales de la Universidad de Costa Rica. Actualmente cursa el Doctorado en Historia en esa misma casa de estudios superiores. Investiga temáticas sobre historia social y política, Guerra Fría, izquierdas políticas, movimientos sociales, y temas de historia contemporánea de Centroamérica y Costa Rica. Correo electrónico: sofia.cortes@ucr.ac.cr.

David Díaz Arias (1977)

Es un historiador costarricense y escritor de ciencia ficción. Es profesor catedrático en la Escuela de Historia de la Universidad de Costa Rica. Tiene un Ph.D. en Historia por la Universidad de Indiana (Estados Unidos) y una Maestría en Historia por la Universidad de Costa Rica. Ha ganado el Premio Nacional Luis Ferrero a la Investigación Cultural (2015) y el Premio Cleto González Víquez conferido por la Academia de Geografía e Historia de Costa Rica. Sus temas de especialización versan sobre historia política, historia de la memoria, ritos y rituales estatales, naciones y nacionalismos, guerra civil, instituciones, caudillos, procesos de paz, construcción del Estado y otra diversidad de temas en la historia de Centroamérica en general y Costa Rica en particular. Correo electrónico: david.diaz@ucr.ac.cr.

Carla A. Espósito Guevara (1975)

Es socióloga boliviana de la Universidad Mayor de San Simón. Tiene una Maestría en Antropología Sociocultural de la Universidad Autónoma de Puebla (México); actualmente se encuentra cursando el último año del Doctorado en Sociología en la misma Universidad. Sus temas de especialización versan sobre sociología política, antropología del Estado, racismo, nacionalismo y movimientos sociales. Correo electrónico: ararunday@gmail.com.

Sofia Lanchimba-Velastegui (1987)

Es una socióloga y abogada ecuatoriana interesada en procesos de movilización social y de subjetivación política. Tiene un Doctorado en Ciencias Políticas y Sociales, campo sociología por la Universidad Nacional Autónoma de México (UNAM), una Maestría en Estudios Políticos y Sociales por la misma Universidad y una especialización en Derechos Humanos y Estudios Críticos del Derecho por el Consejo Latinoamericano en Ciencias Sociales (CLACSO). Sus investigaciones se han concentrado en la sociología política con énfasis en el estudio de movimientos sociopolíticos y su relación con el Estado. Ha estudiado trayectorias militantes de izquierda, movilización social, movimiento indígena ecuatoriano, procesos constituyentes (Ecuador y Bolivia), Estado plurinacional, y conceptos y teorías sobre sociología política. Correo electrónico: sofilan25@gmail.com.

Werner Mackenbach

Tiene un Doctorado en Filosofía y Ciencias Sociales de la Freie Universität Berlin y una "Habilitation" (posdoctorado) en Literatura Hispanoamericana de la Universität Potsdam. Es profesor de la Escuela de Historia (teoría y métodos de la historia con énfasis en la historia de los conceptos), del Programa de Posgrado en Historia e investigador del Centro de Investigaciones Históricas de América Central (CIHAC) de la Universidad de Costa Rica. Coordinador de la sede regional Centroamérica y el Caribe del Maria Sibylla Merian Center for Advanced Latin American Studies (CALAS) y del proyecto Connected Worlds: The Caribbean, Origin of Modern World (ConnecCaribbean). De 2012 a 2018, fue catedrático Wilhelm y Alexander von Humboldt en Humanidades y Ciencias Sociales de la Universidad de Costa Rica/Servicio Alemán de Intercambio Académico (DAAD). Fue profesor invitado de universidades en varios países latinos y centroamericanos (México, Chile, Guatemala, Nicaragua, Honduras, Costa Rica) y director del Centro de Información para Centroamérica del Servicio Alemán de Intercambio Académico (DAAD), Costa Rica, de 2003 a 2009. Es coeditor de *Istmo. Revista Virtual de Estudios Literarios y Culturales Centroamericanos* y miembro de consejo editorial de varias revistas académicas (*Centroamericana, Diálogos. Revista Electrónica de Historia, Inter Sedes, Pensamiento Actual, Ístmica, Revista de Historia/Nicaragua, Revista Inclusiones. Revista de Humanidades y Ciencias Sociales, Oficio. Revista de Historia e Interdisciplina*). Correo electrónico: werner.mackenbach@ucr.ac.cr.

Marcos Roitman Rosenmann (1955)

Es un académico, sociólogo, analista político y ensayista chileno-español. Desde 1974, exiliado durante la dictadura del general Augusto Pinochet, reside en España. Doctor en Ciencias Políticas y Sociología por la Universidad Complutense de Madrid, es profesor titular de Estructura Social de América Latina, Estructura Social Contemporánea y Estructura Social de España en la Facultad de Ciencias Políticas y Sociología de la Universidad Complutense de Madrid. Es autor de más de un centenar de artículos publicados en revistas especializadas de América Latina y España, así como referente indiscutible, dentro del mundo académico, en áreas como los procesos sociales y revolucionarios latinoamericanos, el neozapatismo y demás temáticas relacionadas. Tuvo una destacada participación en la preparación, con la coordinación del abogado Joan Garcés, de la estrategia legal tendiente al juzgamiento de Augusto Pinochet luego de su detención en Londres, a pedido del juez español Baltasar Garzón. Correo electrónico: marcosroitmanr@gmail.com.

Alejandro Santistevan Gutti

Es historiador con título de magíster por el Centro de Investigación y Docencia de México (CIDE), registrado ante la SUNEDU. Especializado en investigación académica, trabajo de archivo y redacción de artículos científicos.

Malena Zunino Folle (1990)

Es licenciada en Sociología de la Facultad de Ciencias Sociales de la Universidad de la República (Uruguay). Obtuvo la Beca del Programa de Becas de Integración Regional para Ciudadanos de Latinoamérica y el Caribe del Ministerio de Educación (Argentina) para cursar la Maestría en Estudios Sociales Latinoamericanos de la Facultad de Ciencias Sociales de la Universidad de Buenos Aires (Argentina). Tiene un diploma de extensión en diseño institucional y gestión en sitios de memoria por la Universidad Nacional de Quilmes (Argentina). Sus temas de investigación se vinculan fundamentalmente a estudios de la memoria, perspectivas latinoamericanas, género y derechos humanos. Correo electrónico: malenazunino@gmail.com.

Made in the USA
Middletown, DE
02 July 2024

56690919R00165